21世纪高等学校计算机规划教材

21st Century University Planned Textbooks of Computer Science

现代教育技术

（第2版）

Fundamentals of Computers (2nd Edition)

陈建珍 刘光然 主编

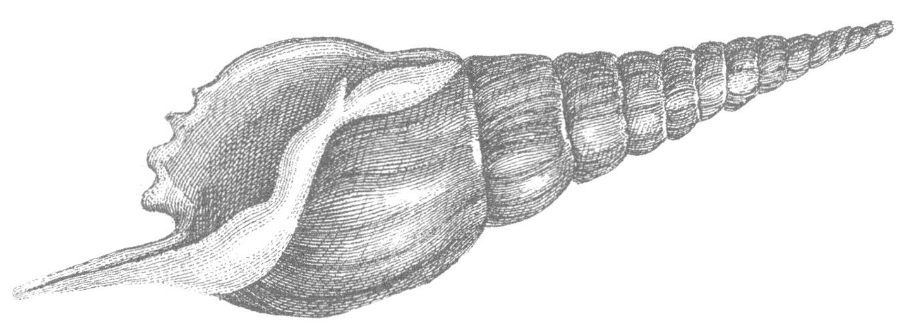

人 民 邮 电 出 版 社

北 京

图书在版编目（CIP）数据

现代教育技术 / 陈建珍，刘光然主编. -- 2版. -- 北京 ：人民邮电出版社，2014.7（2020.1 重印）
21世纪高等学校规划教材
ISBN 978-7-115-34941-5

Ⅰ. ①现… Ⅱ. ①陈… ②刘… Ⅲ. ①教育技术学—高等学校—教材 Ⅳ. ①G40-057

中国版本图书馆CIP数据核字(2014)第061432号

内 容 提 要

本书以教学中遇到的实际问题为切入点，生动形象地把现代教育技术概论涵盖的内容进行了系统而全面的阐述。全书共分 8 个模块，分别介绍了信息化教学基础、教学媒体素材、网络教学信息资源的检索与利用、多媒体演示文稿、多媒体课件、网络课程、教学设计、信息技术与职教课程整合的相关内容。

本书注重理论联系实践，案例丰富，讲解深入浅出，强调实用性和技术性。

本书每一个专题涉及一项基本的教学技能，是针对职技高师的在校生和中高等职业学校师资编写的一本实用性较强的教材，同时也适用于希望提高个人教学技能的广大读者。

◆ 主　　编　陈建珍　刘光然
责任编辑　邹文波
责任印制　彭志环　焦志炜

◆ 人民邮电出版社出版发行　北京市丰台区成寿寺路 11 号
邮编　100164　电子邮件　315@ptpress.com.cn
网址　http://www.ptpress.com.cn
北京捷迅佳彩印刷有限公司印刷

◆ 开本：787×1092　1/16
印张：13.25　　2014 年 7 月第 2 版
字数：349 千字　　2020 年 1 月北京第 7 次印刷

定价：32.80 元

读者服务热线：(010) 81055256　印装质量热线：(010) 81055316
反盗版热线：(010) 81055315

第 2 版前言

现代教育技术是一门培养学生信息素养和教育技术应用能力的课程。我们结合多年的教学实践，尝试编写了《现代教育技术》一书，并于 2010 年 9 月出版发行。此书的出版得到广大读者的认可，也收到了同行的批评与建议，在此深表感谢。

《国家中长期教育改革和发展规划纲要（2010—2020 年）》和《教育信息化十年发展规划（2011—2020 年）》将教育信息化纳入国家信息化发展整体战略，要求部署教育信息网络，推动信息化教学深入应用。随着教育信息化的不断深入，更加凸显信息技术在职业教育领域应用的优势。

为了更好地满足教学的需要，结合实际教学的不断尝试，我们特地对《现代教育技术》一书进行了修订。

《现代教育技术》（第 2 版）强化了第 1 版的特色，以中等职业学校师资（未来的和现在的）为对象，以实用易读为目标，以案例教学为主导，以提高教学技能为宗旨；同时，更加突出实用性、针对性与可操作性。

1. 增加主流技术

本书以模块的形式反映本领域的最新研究成果。删除了流媒体制作以及应用 Authorware 制作课件的相关内容，补充了应用 Flash 制作课件的内容；模块 2 增加电子白板的应用；模块 3 增加微信的应用；模块 6 增加 Web 3.0 应用。

2. 凸显科教结合

模块 1 信息技术在职业教育中的应用案例来自科研项目；模块 4 多媒体演示文稿制作案例来自精品课建设的成果；模块 8 信息技术与职教课程整合的案例来自科研项目。

3. 强化技能训练

每个模块均以实际问题为切入点，力求让学习者立竿见影地解决教学中遇到的类似问题，并在案例中强化理论知识的学习。

4. 更换教学案例

模块 2 教学媒体素材、模块 4 多媒体演示文稿、模块 6 网络课程、模块 7 教学设计都对原有案例进行更换，使之更接近教学需要。

为了方便教师的教学安排，建议学时分配如下表，供广大教师参考。

教学内容	讲课学时	实验学时	实验内容
模块 1	2	2	查阅教育技术在教学中的应用案例
模块 2	4	4	进行图像、视频、动画等素材的创作和处理
模块 3	4	2	进行特定内容的搜集与归纳
模块 4	4	4	根据授课内容进行演示文稿的编排
模块 5	6	4	多媒体课件的制作练习
模块 6	4	4	建立一个网络课程
模块 7	4	4	对规定的授课内容进行教学设计
模块 8	4	4	设计一个信息技术与课程整合的案例
合计	32	28	

本书由刘光然策划，由从事职教师资培养的一线教师编著，其中，模块 1 由陈建珍编写，模块 2 由郭桂英编写，模块 3、模块 8 由胡航编写，模块 4 由张丽霞、郭政阳编写，模块 5 由常承阳编写，模块 6 由菅光宾、胡勇编写，模块 7 由王彩霞编写，全书由陈建珍、刘光然统一修改定稿。

在本书的编写过程中引用了大量专家、学者的著作、论文和网上资源，在此对作者们表示衷心的感谢！同时感谢在本书的写作和出版过程中提供支持和帮助的所有人。

教育技术是一门交叉学科，同时也是一门随着信息技术的发展不断发展的学科，编者对书稿进行了多次修正，但是书中不足之处仍难避免，恳请广大读者不吝指正。

编　者

2014 年 3 月

目 录

模块 1 信息化教学基础

【情境导入】

也许大家在网络上体验过虚拟解剖青蛙的实验。登录界面后，呈现解剖工具箱，包括大头钉、刀、剪、放大镜、显微镜、X 光、镊子、三维移动等工具，人们可以使用工具做非常逼真的青蛙解剖实验，可“剥”开青蛙的皮肤和肌肉观察内脏、骨骼，还可“解剖”眼睛和大脑了解其内部构造。经过一步步的解剖，屏幕上一只青蛙将很快地变为骨架。可见，将信息技术应用于教学，对于学生验证所学知识、了解知识的发生过程、锻炼动手能力和观察能力等方面具有不可替代的作用。

本模块主要介绍信息化教学的含义、理论基础以及信息技术在职业教育领域的应用。

【重点难点】

1. 重点

- 建构主义学习理论
- 视听媒体教学理论
- 教育传播的基本原理

2. 难点

- 信息技术对职业教育的影响

【名词术语】

信息化教学　经验之塔

1.1 信息化教学简介

信息化教学既是对传统教学的继承，同时也是对技术环境下教学新模式探索与建构的过程，是将各类教学模式的结构成分与技术应用条件“整合”的过程。教师是教学模式的实践者和创造者，丰富多变的实践情境是教学模式创新的源泉；信息技术为教学模式的发展提供了丰富的资源、工具以及交流与合作平台。

1.1.1 信息化教学的含义

信息化的概念是在 20 世纪 90 年代伴随着信息高速公路的兴建而提出来的。信息化教学，是与传统教学相对而言的现代教学的一种表现形态，它是以现代教学理念为指导，以信息技术为支持，应用现代教学方法的教学，即以现代信息技术为基础的新教育体系，包括教育观念、教育组织、教育内容、教育模式、教育技术、教育评价、教育环境等一系列的改革和变化。在信息化教学过程中，信息网络是基础，信息资源是核心，信息资源的利用与信息技术的应用是目的，而信息化人才、信息技术产业和信息化政策、法规及标准是其保障。

1.1.2 信息化教学的发展阶段

信息化教学是一个渐进的发展历程，它既没有严格的起点，也没有一个确定的终极目标，是向教育最优化无限趋近的过程。一般认为，信息化教学经历三个阶段：计算机辅助教学、计算机辅助学习、信息技术与课程整合的阶段。

1. 计算机辅助教学阶段

计算机辅助教学简称 CAI（Computer Assisted Instruction），指用计算机帮助或代替教师执行部分教学任务，为学生传授知识和提供技能训练、直接为学生服务。计算机辅助教学主要是利用计算机的多媒体功能，辅助教师解决教学中的某些重点、难点，这些 CAI 课件大多以演示为主。

2. 计算机辅助学习阶段

此阶段逐步从以教为主转向以学为主，也就是强调如何利用计算机作为辅助学生学习的工具，例如，用计算机帮助搜集资料、辅导自学、讨论答疑，帮助安排学习计划等，即不仅用计算机辅助教师的教，更强调用计算机辅助学生的学。这是信息化教学的第二个发展阶段。

3. 信息技术与课程整合阶段

信息技术与课程整合就是在各学科教学中，有效地使用信息技术，达到提高教育质量和学习效率的目的。若从系统论的观点出发，把信息技术与课程整合定义为：将教学系统中的各种教学资源和各个教学要素有机地集合起来，将教学理论、方法、技能与教学媒体很好地结合起来，在整个教学过程中保持协调一致，并发挥系统的整体优势以产生聚集效应。信息技术与课程整合，立足于学科内容改革，目的在于建立学科之间的有机联系。整合是以一种自然的方式来对待计算机，将信息技术作为工具和手段融合到学科课程中，从而在学习学科知识的同时，培养学生的“信息素养”和综合能力。

信息技术与课程整合，不是将信息技术仅仅作为辅助教或辅助学的工具，而是将信息技术作为促进学生自主学习的认知工具和情感激励工具，利用信息技术所提供的自主探索、多重交互、合作学习、资源共享等学习环境，把学生的主动性、积极性充分调动起来，使学生的创新思维与实践能力在整合过程中得到有效的锻炼，这正是创新人才培养所需要的。

1.1.3 信息化教学的特征

从教学实现过程分析，信息化教学具有教材多媒化、资源全球化、教学个性化、学习自主化、活动合作化、管理自动化、环境虚拟化等显著特点。

1. 教材多媒化

教材多媒化就是利用多媒体，特别是超媒体技术，建立教学内容的结构化、动态化、形象化表示。

2. 资源全球化

资源全球化就是利用网络，特别是 Internet，使全世界的教育资源连成一个信息海洋，供广大教育用户共享。

3. 教学个性化

教学个性化即利用人工智能技术构建的智能导师系统，能够根据学生的不同个性特点和需求进行教学和提供帮助。

4. 学习自主化

学习自主化即学生是知识的主动建构者。

5. 活动合作化

活动合作化即通过合作学习的方式进行学习活动，其形式包括通过计算机合作（网络协作学习）、在计算机面前合作（如小组作业）、与计算机合作（计算机扮演学生同伴角色）。

6. 管理自动化

管理自动化即利用计算机管理教学过程，包括计算机化测试与评分、学习问题诊断、学习任务分配等功能。

7. 环境虚拟化

环境虚拟化指教学活动可以在很大程度上脱离物理空间和时间的限制。

拓展阅读：

教育信息化是指在教育与教学过程中，以先进的教育思想为指导，以现代信息技术为手段，以深入开发、广泛利用信息资源为重点，以培养适应信息社会要求的创新型人才为目的，加速实现教育现代化的系统工程。它包含以下六个方面内容：

（1）教育信息化的范围：教育与教学的各个方面；

（2）教育信息化的指导思想：先进的教育思想；

（3）教育信息化的手段：现代信息技术；

（4）教育信息化的重点：深入开发、广泛利用信息资源；

（5）教育信息化的目的：培养适应信息社会要求的创新型人才；

（6）教育信息化的性质：加速实现教育现代化的系统工程。

1.2　信息化教学理论

1.2.1　建构主义学习理论

学习理论是研究人类学习过程的心理机制的一门学问，旨在阐明学习是怎样产生的，学习的过程有哪些规律，如何才能进行有效的学习等问题。学习理论主要有行为主义学习理论、认知学习理论、建构主义学习理论以及人本学习理论等。对信息化教学影响明显的是建构主义学习理论。其基本内容可从“学习观”与“教学观”两个方面进行说明。

1. 建构主义学习理论关于学习观

建构主义学习理论认为，知识不是通过教师传授得到，而是学习者在一定的情境（即社会文化背景）下，借助学习过程中其他人（包括教师和学习伙伴）的帮助，利用必要的学习资料，通过意义建构的方式而获得。对学习的主要观点是：以学习者为中心；学习是学习者主动建构内部心理表征的过程，强调学习过程中要充分发挥学习者的主动性；学习过程同时包括两方面的建构，既包括对旧知识的改组和重构，也包括对新信息的意义建构；学习既是个别化行为，又是社会性行为，学习需要交流和合作；强调学习的情境性，重视教学过程对情境的创设；强调资源对意义建构的重要性。

可见，“情境”、“协作”、“会话”和“意义建构”是建构主义学习环境中的四大要素或称四大支柱。

2. 建构主义学习理论关于教学观

建构主义学习理论要求教学的一切活动要以学习者为中心。学生是信息加工的主体、意义的主动建构者，而不是外部刺激的被动接受者和被灌输的对象；教师是意义建构的帮助者、促进者，而不是知识的传授者与灌输者。

背景资料：

建构主义学习理论解释了如何通过个体与环境之间的交互作用将知识内化为其认知结构的过程，揭示了学习的机制。当代建构主义（社会建构论）观点主要来源于维果斯基的理论。在维果斯基的理论中，强调学习的社会特性，强调儿童对处于最近发展区中的概念学习得最好，强调提供支架或中介性学习的重要性。诸如合作学习、基于课题的学习以及发现学习等课堂教学方法都是以该理论为基础的。

学生要成为意义的主动建构者，就要在学习过程中从以下几个方面发挥主体作用：

◆ 主动建构知识的意义，就要主动去搜集分析有关信息资料，对所学问题要提出各种假设并努力加以验证；

◆ 把当前学习内容尽量和自己已经知道的事物相联系，并加以认真的思考；

◆ 要与“协作”和“会话”结合起来，则学生建构意义的效率会更高、质量会更好。

教师要成为学生建构意义的帮助者，就要求教师在教学过程中从以下几个方面发挥指导作用：

◆ 激发学生的学习兴趣，帮助学生形成学习动机；

◆ 通过创设符合教学内容要求的情境和提示新旧知识之间联系的线索，帮助学生建构当前所学知识的意义；

◆ 为了使意义建构更有效，教师应组织好协作学习（开展讨论与交流），并对协作学习过程进行引导，使之朝着有利于意义建构的方向发展。

拓展阅读：

信息化教学设计是以建构主义作为理论指导。由于建构主义学习理论强调以学生为中心，教学设计从“以学生为中心”出发，并强调培养学生的首创精神和高级思维技能。整个信息化设计过程是非线性的，有时甚至是混沌的。这种教学设计需要懂得教学内容与情境的开发者。其教学的重点是在意义丰富的情境中发展理解，注重信息化的学习环境的创设和学习资源的提供。

1.2.2 视听媒体教学理论

1. “经验之塔”理论

1946年，美国教育技术专家戴尔在《视听教学法》中，研究了录音、广播等视听教学手段如何运用于教学，会产生怎样的教学效果等一系列问题，总结了视听教学方法，提出了视听教学理论。戴尔把人类获取知识的各种途径和方法用一个“经验之塔”来描述，称为“经验之塔”理论。

戴尔将人们获得的经验分为三大类：做的经验、观察的经验和抽象的经验，并将获得这三类经验的方法分为10种，如图1-1所示。

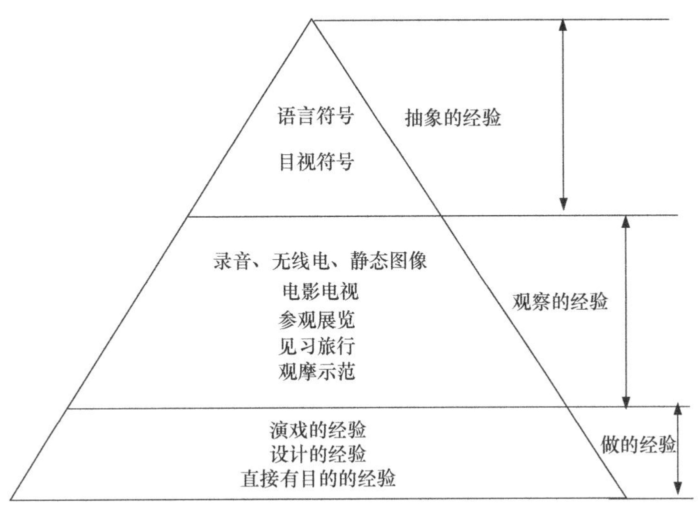

图1-1　戴尔的“经验之塔”

做的经验，包括以下三个层次：

（1）直接有目的的经验。它指直接与真实事物本身接触而获取的经验，是通过对真实事物的直接感知（看、听、尝、嗅、触、做）取得的最丰富的具体经验。

（2）设计的经验。它指通过模型、标本等间接材料的学习获取的经验。模型、标本是通过人工设计、仿造的事物，多与真实事物的大小和复杂程度有所不同，它是“真实的改编”。这种改编，可以使人们对真实事物更容易理解和领会。

（3）演戏的经验。对于我们无法通过直接实践取得的经验，如历史事件、意识形态、社会观念等，我们可以通过扮演某种角色，在接近真实的情况中获得经验，参与演戏与看戏是不同的，演戏可以使人们参与重复的经验，而看戏只能获得观察的经验。

以上三个方面的经验，都包含有亲自的活动，学习者都不仅仅是活动的旁观者，更是活动的参与者，故称为“做的经验”。

观察的经验，包括以下五个层次：

（1）观摩示范。通过看别人怎么做，使学生知道一件事是怎样做成的，以后他自己就可以动手模仿着去做。

（2）见习旅行。它指通过野外的学习旅行，看到真实事物和各种景象，获得经验。

（3）参观展览。它指通过参观展览，使学生通过观察来获得经验。

（4）电影电视。它指通过观看电影、电视获得经验，屏幕上的事物是实际事物的代表，而不是其本身。通过看电影和电视，得到的是替代的经验。

（5）录音、无线电、静态图像。它指通过听觉或视觉的方式来获得经验，与电影和电视相比，抽象层次要高一些。

抽象的经验，包括以下两个层次：

（1）目视符号。主要指图表、地图、示意图等一类抽象符号，它们与现实事物已没有多少类似之处。如在地图上，用圆圈表示城市、乡镇，用线条表示公路、铁路，用曲线表示河流等。

（2）语言符号。语言符号包括口头语言与文字。词语符号是一种抽象化了的代表事物或观念的符号。口头语言是基本的，而文字则是第二性的，文字是符号的符号。语言符号处于“塔”的顶端，抽象程度最高，但在使用时，它们总是与“塔”中其他层一起发挥作用。也就是说，学生在自己的全部学习经验中，程度不同地都在进行抽象思维。

“经验之塔”理论所阐述的是经验抽象程度的关系，符合人们认识事物由具体到抽象、由感性到理性、由个别到一般的认识规律；而位于塔的中部的广播、录音、照片、幻灯、电影电视等介于做的经验与抽象经验之间的视听媒体，既能为学生学习提供必要的感性材料，容易理解，容易记忆，又便于借助于解说或教师的提示、概括、总结，从具体的画面上升到抽象的概念、定理，形成规律，是有效的学习手段。因此，它不仅是视听教育理论的基础，也是现代教育技术的重要理论之一。

2. 视听媒体的教学功能

（1）提高学生视听觉的认知能力

对于视觉材料而言，最基本的要求是所呈现的画面尽可能清晰，不论是亮度、对比度、色度都要符合人们的习惯；合理的构图，使画面变得好看且能理想地表现主题。

对于听觉材料而言，除了语言是否清晰、标准，口齿是否伶俐，表达是否有情感等方面以外，制作时必须选用音、色、情俱佳的人来完成。另外，诸如录音技术、场地、使用环境等条件也会影响到听力的正常发挥。

对于声画合一的视听材料，除满足上述的要求外，还需注意声画合一的合理性，重视整体效应。

（2）视听教学媒体使课堂更具趣味性

视听媒体对教学内容的表达可依据教学材料的抽象程度制作成不同形象层次的形式。它比教师的口授具有更为广阔而形象的空间，能够激发学生的求知动机、吸引注意力、培养技能、提高思维能力、指导思考等，并使其贯穿于整个学习过程中。

（3）缩短教学时间，提高教学效率

好的视听媒体在教师成功的引导下，在较短时间内呈现大量的信息内容并且呈现的教学信息有很高的“清晰度”，能被学生很乐意地接受，从而提高了教学效率。

（4）视听教学媒体改变了学习方式，减轻了教师的劳动强度

由于视听教学媒体的存在，教学活动不再局限于教室或课堂之中，可在任意时空进行，打破了时空的限制。尤其是当设计了供个人使用的视听媒体后，学生可在方便的时间和地点学习。这一便捷之处对于那些既担负工作又希望再学习的人来说显得特别重要。而视听媒体特有的重复播放和复制等功能，大大减轻了教师的劳动强度。

1.2.3 教育传播理论

1. 传播模式

为了方便研究，人们往往首先将传播过程简化为若干个组成要素，然后分析这些要素在传播过程中的地位和作用，以及这些要素之间的相互联系和作用。这就构成了多种多样的传播模式。

（1）拉斯威尔的传播模式

美国政治家拉斯威尔在 1948 年提出的传播过程的模型中，简要阐述了传播行为包括的五个要素：谁（Who）、说什么（Say What）、通过什么渠道（In Which Channel）、向谁说（To Whom）、有什么效果（With What Effect），又称为“五 W 模式”。这是最早见诸于文字的传播模式，如图 1-2 所示。

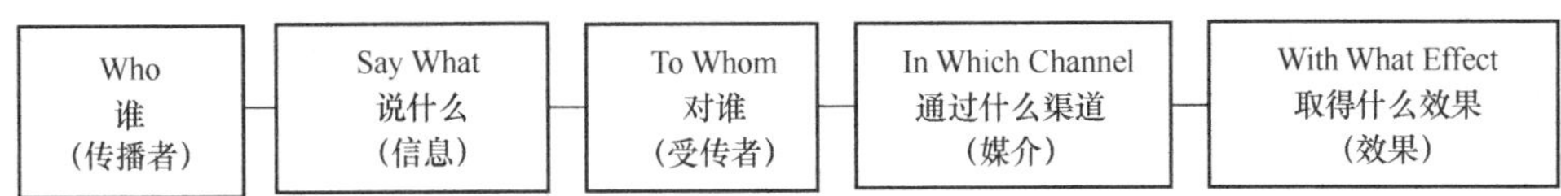

图 1-2　拉斯威尔传播模式

拉斯威尔传播模式明确地说明了传播的概念和过程，以及传播的基本要素（包括传播的信息源、传播内容、传播媒体、传播对象、传播效果），是传播的基本理论。

该模式具有明显的不足，首先它认为信息的传播只是单向流动的线性模式，忽略了传播是循环往复的双向互动过程，同时也忽视了反馈的作用，过高估计了传播的效果。

（2）贝罗的传播模式

美国学者贝罗（David Berlo）于 1960 年提出了"S—M—C—R"模式，如图 1-3 所示。这一模式把传播过程分解为四个基本要素：信源、信息、通道和接收者。

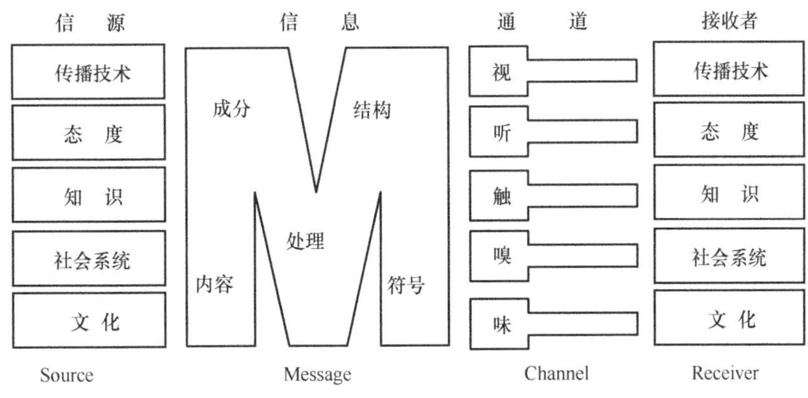

图 1-3　贝罗传播模式

作为信源——编码者，需要考虑他们的传播技术、态度、知识水平、所处的社会系统及他们的文化背景等。

◆　传播技术：信源编码者必须讲究传播的方式，才能保持信息本身的真实性和趣味性。传播技术包括语言（如语言的清晰和说话的技巧）、文字（如写作的技巧）、思想（如思维周密）、手势（如动作自然）及表情（如逼真）等。

◆　态度：传播者是否喜爱传播的主题？是否有明确的传播目的？对接受者是否有足够的了解？

◆　知识：传播者对传播的内容是否彻底了解？是否有丰富的知识？

◆　社会系统：传播者在社会中的地位、影响与威信如何？

◆　文化：传播者的学历、经历和文化背景怎样？

作为接收者—译码者，虽然与信源、编码者处于传播过程的两端，但是在传播过程中，信源（传播者）可以变为接受者，接受者也可以变为信源（传播者）。所以，影响接受者、译码者的因素与传播者、编码者相同。

作为信息，主要决定因素有如下几项：

◆　内容：包括信息的成分及信息的结构；

◆　符号：包括语言、文字、图像与音乐等；

◆ 处理：是传播者对信息选择及安排的符号所做的各种决定。

作为通道，就是传播信息的各种手段和工具，包括视觉媒体、听觉媒体、触觉媒体等。如书籍、报纸、杂志、图画、图表、广播、电影、电视、计算机等，通道的选择会影响信息的传送与接收效果。

该模式说明了在教育传播过程中，影响和决定教学信息传递的效率和效果的因素是多方面的、复杂的，各因素间既相互联系又相互制约，因而要提高教育传播的效果，必须综合研究和考察各方面的因素。

2. 教育传播的基本原理

（1）共同经验原理

教师与学生必须把沟通建立在双方共同经验范围内，才能进行有效的传播；要使学生了解一件事物，教师必须用学生经验范围内能够理解的比喻，引导他们进入新的知识领域。教育媒体的选择与设计必须充分考虑学生的经验。

（2）抽象层次原理

传播的内容必须在学生能明白的抽象范围上进行，并且要在这个范围内的各抽象层次上下移动；既要说出抽象要点，又要用具体事物来支持；讲了熟悉的具体事物，又要分析、综合、推理、演绎得出抽象的概念。

（3）重复作用原理

将一个概念在不同的场合重新呈现，能取得较好的传播效果；同一概念用不同的方式去重复呈现，能增强教育传播效果。

（4）信息来源原理

有信誉的可靠的传播来源对人们有较佳的传播效果；当传者是受者乐于接受的对象时，能取得较好的传播效果。教师应以自己的言行树立为学生认可的形象与权威，同时也要与学生打成一片，做学生的知心朋友。教师选用的教材、资料的内容的来源应正确、真实、可靠。

（5）最小代价律与媒体选择原理

最小代价律：以最小的努力得到最大的收获。

媒体选择原理：预期选择率 = 可能得到的报酬/需要付出的努力。

1.3 信息技术对教育的影响及其应用

20 世纪 90 年代以后，随着计算机技术、多媒体技术、网络技术、通信技术、虚拟技术、智能技术、数字广播电视技术等现代信息技术的成熟和发展，信息技术得到空前的发展并焕发出勃勃生机，不仅对教学模式、教学内容、教学手段、教学方法有着深刻的影响，甚至引起了整个教育思想、教学理论、教育体制的变革。

1.3.1 信息技术对教育的影响

信息技术（Information Technology，IT），是用于管理和处理信息所采用的各种技术的总称。它主要是应用计算机科学和通信技术来设计、开发、安装和实施信息系统及应用软件。它也常被称为信息和通信技术（Information and Communication Technology，ICT），主要包括传感技术、计算机技术和通信技术。

1. 信息技术引发教育观念的变革

（1）信息技术支持素质教育观

在信息技术的支持下，学生可以广泛自主地参与到教师的教学活动中去。通过多媒体计算机、因特网等，学生有机会探索丰富多彩的多媒体信息，获得广阔的知识基础，培养广阔的世界观，激发和培养创新意识，养成创造思维习惯，提高实践能力，培养高效、迅速地处理信息的能力，成为具有探究精神和创新意识的主动学习者，综合素质大大提高。

（2）信息技术支持终身教育观

进入信息社会，知识更新速度加快，新的信息层出不穷，终身学习更成为生活的必需。因此，对于学生来说，重要的不是掌握信息而是获取信息的能力。在信息时代，人人必须学习，必须终身学习，学习成了日常生活必不可少的一部分。

（3）信息技术支持创新教育观

从广义上说，创新教育就是为了使人能够创新而进行的教育。凡是以培养人的创新素质、提高人的创新能力为主要目的的教育都可以称为创新教育。对于学校教育来说，创新教育是指把提高人的创新性当作重要培养目标之一，并在全部教育教学过程中有意加强学生各种创新素质的培养。信息技术为学生和教师的创新性提供良好的教育环境。

2. 信息技术促使教学模式、教学内容发生变化

随着信息技术的发展，在传统的课堂教学模式的基础上，出现了基于多媒体教室环境的多媒体组合教学、基于多媒体计算机环境的个别化自主交互学习、基于多媒体教室网络环境的协商学习、基于校园网络的资源利用与问题探究学习、基于互联网络的远程教学、基于虚拟社区环境的远程协作学习以及虚拟现实仿真等教学模式。

借助于信息技术，教学内容的表现形式则是超文本结构的。这种超文本特性可以实现对教学信息最有效的组织和管理。同时，利用多媒体教学交互性的特点，根据学生的反馈实现双向交流，同时多媒体教学又具有提供外部刺激的多样性特点，有利于知识的获取和保持。因此，在计算机多媒体网络的支持下，每个学生的学习内容都是全新的，学生所做的工作就是从这些大容量的信息中搜集他所需要的进行分析、综合、消化，纳入他已有的知识体系。教师也能够在对学生的教学中随时选取、补充新的教学内容。

3. 信息技术导致教育形式发生深刻的变革

在网络和多媒体系统支持的交互式的学习环境中，学生可以根据自己的学习基础、学习兴趣、学习条件等来选择所要学习的内容和适合个人特点的学习方式，从而改变了传统教学中学生被动参与的情况，使学生能够以自己感兴趣的方式积极主动地参与教学过程，真正体现学习者认知主体的作用。另外，教学活动将不再局限在狭小的教室和学校空间内，家庭式的教育环境和网络化的大学等没有围墙的学校，将会逐步成为现实，从而实现真正意义上的教育开放。

4. 信息技术对师生角色、地位及其相互关系的影响

在信息化环境教学中，教师应成为学生学习的促进者和意义建构的帮助者；教师应成为一名导师和顾问；教师应成为一名研究者、教学软件的设计者。

信息技术的应用，进一步确立了学生学习的主体性；学生参与意识增强了；学生学习呈现多样化；学生的交往意识、能力加强。

信息技术的介入特别是在互联网的支持下，师生的交往关系更趋平等，职称、职位、社会地位等因素的影响减小了，参与者之间的交谈更加坦率和平等。但是由于师生之间面对面的直接交流减少了，可能会导致情感教育的缺失，容易使一些学生出现感情冷漠、性格孤僻等心理问题。

1.3.2 信息技术在职业教育中的应用

信息技术正在快速渗透到社会生活的各个领域、各个层面，影响和改变人们的学习、工作、生活方式乃至思维方式。同时，信息技术为职业教育注入新的生机和活力，彰显其应用优势。

1. 情境创设

教学情境是指在课堂教学中，根据教学的内容，为落实教学目标所设定的，适合学习主体并作用于学习主体，产生一定情感反应，能够使其主动积极建构性学习的具有学习背景、景象和学习活动条件的学习环境。教学情境就其广义来说，是指作用于学习主体，产生一定的情感反应的客观环境。从狭义来说，则指在课堂教学环境中，作用于学生而引起积极学习情感反应的教学过程。它可以综合利用多种教学手段通过外显的教学活动形式，营造一种学习氛围，使学生形成良好的求知心理，参与对所学知识的探索、发现和认识过程。职业教育教学常见情境包括企业与岗位情境，文化与心理体验意境。图 1-4 所示为虚拟车间。

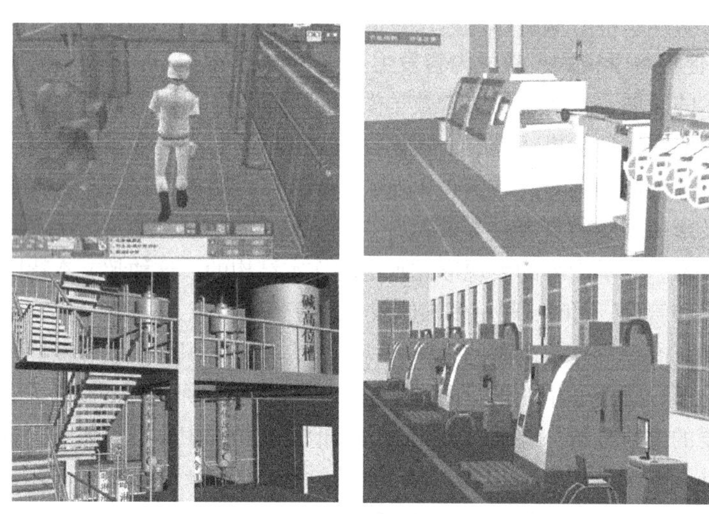

图 1-4　虚拟车间

2. 内容呈现

应用信息技术处理文字、图形、图像、动画、音频、视频等，提高教学媒体的展示力和交互性，丰富教学内容的呈现方式。尤其是对操作过程的模拟演示，促进学生理解。图 1-5 所示为二极管教学课件。

3. 虚拟实验

在交互式虚拟装配环境中，用户使用各类交互设备（数据手套/位置跟踪器、鼠标/键盘、力反馈操作设备等）模拟在真实环境中对产品的零部件进行各类装配操作。在操作过程中系统提供实时的碰撞检测、装配约束处理、装配路径与序列处理等功能。图 1-6 所示为汽车维修虚拟装配训练软件。

总之，随着教育信息化的不断深入，信息技术在职业教育中的应用更加广泛，应用信息技术开发职业教育数字化优质信息资源，包括网络课程、虚拟仿真实训平台、工作过程模拟软件、通用主题素材库等。同时，应用信息技术改造传统专业，进一步推动信息技术与生产技术的融合。

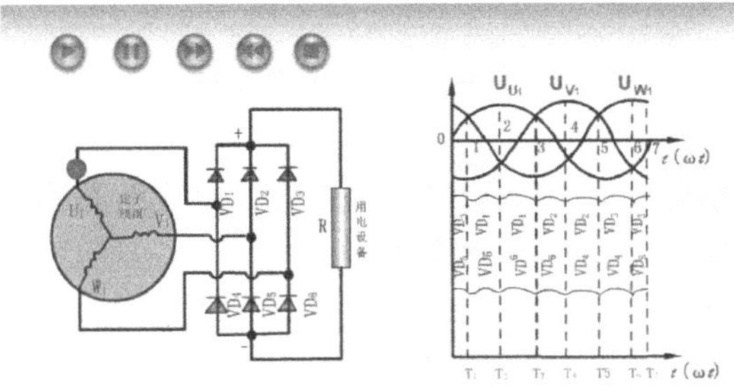

图 1-5　二极管教学课件

图 1-6　汽车维修虚拟装配训练软件

练习与实践

一、练习题

1. 填空题

（1）在信息化教学过程中，__________是基础，__________是核心，__________是目的。

（2）建构主义学习环境中的四大要素指__________、__________、__________、__________。

（3）观察的经验，包括五个层次：__________、__________、__________、__________、__________。

2. 简答题

（1）视听媒体的教学功能有哪些？

（2）教育传播的基本原理有哪些？

（3）信息技术对职业教育的影响表现为哪些方面？

二、教学实践活动

观看一堂所学专业优秀教师多媒体课堂教学情景，完成以下任务：

（1）根据“经验之塔”理论，课堂上采用了哪些手段使学生获得不同层次的学习经验？有何启示？

（2）教师在教学过程中运用了哪些传播原理？举例说明。

三、技术实践活动

通过网络检索，了解信息技术在职业教育中的应用，完成以下任务：

（1）介绍理论教学与实践教学应用的典型案例；

（2）分析应用优势及使用注意事项。

学习资源

- **参考书目**

[1] 刘光然，詹青龙，主编．现代教育技术．北京：人民邮电出版社，2010.

[2] 景亚琴，主编．信息化教学．北京：国防工业出版社，2013.

[3] 彭绍东，黄同成，编著．现代教育技术应用．北京：高等教育出版社，2013.

[4] 祝智庭，主编．现代教育技术——走向信息化教育．北京：教育科学出版社，2002.

[5] 张剑平．现代教育技术理论与应用．北京：高等教育出版社，2003.

[6] 全国高等学校教育技术协作委员会．教育技术理论导读——信息时代的教育与实践．北京：高等教育出版社，2001.

- **相关网址**

[1] 中国教育部网站：http://www.moe.gov.cn/

[2] 中国教育技术网：http://www.etr.com.cn/

- **专家讲座**

现代教育技术精品资源共享课：http://jpkc.wzu.edu.cn/xdjyjs/kc_index.aspx

模块 2 教学媒体素材

【情境导入】

俗话说"磨刀不误砍柴工"，这句老话强调的是"工具的重要性"。在教学过程中也是一样，恰当使用各种媒体素材会使教学活动事半功倍。然而，"教学活动"往往要比"砍柴"复杂得多，要想运用媒体素材，首先要明确各种媒体素材的特征，进而熟练掌握其处理方法，这一模块将主要讲述各种多媒体素材的处理。

【重点难点】

1. 重点

- 各种教学媒体素材的特点
- 各种媒体素材的处理

2. 难点

- 教学媒体素材的选择
- 各种多媒体素材处理软件的使用

【名词术语】

教学媒体　媒体素材

2.1　教学媒体简介

媒体是一切信息进行传递的工具，教学过程中知识信息的传递也要通过媒体来进行。因此，作为教育工作者应该掌握各种媒体的功能特点和使用方法，并且能够根据教学的实际情况灵活地进行媒体的选择。

2.1.1　教学媒体概述

媒体用于存储或传递教与学活动的教学信息时，就称为教学媒体。教学媒体是教学资源的组成部分，为实现特定的教学目标服务。对教学媒体的正确认识、选择和利用是提高教学效率的前提。

1. 教学媒体的分类

教学媒体的分类方法较多，常见的分类如下。

（1）根据现代科技成果的运用情况进行分类

根据运用现代科技成果的情况，教学媒体可以分为传统教育媒体和现代教育媒体两大类。其中传统教育媒体又分为印刷媒体和非印刷媒体，现代教育媒体分为常规现代教育技术媒体和信息技术媒体，如表 2-1 所示。

表 2-1 教学媒体的分类——根据现代科技成果的运用情况分类

类别		媒体举例
传统教育媒体	印刷媒体	课本、图书、挂图、图表
	非印刷媒体	黑板、实物、模型、仪器、标本
现代教育媒体	常规现代教育技术媒体	幻灯、投影、视频展示台、电影、电视
	信息技术媒体	多媒体计算机、网络

（2）根据使用媒体的感觉器官进行分类

根据使用媒体的感觉器官可以将教学媒体分为听觉媒体、视觉媒体、视听觉媒体、综合媒体，如表 2-2 所示。

表 2-2 教学媒体分类——根据使用媒体的感觉器官分类

类别	媒体举例
听觉媒体	口语、录音机、广播、MP3
视觉媒体	印刷品、图片、黑板、标本、幻灯、投影、视频展示台、电子白板
视听觉媒体	电影、电视、录像机
综合媒体	多媒体教室、网络教室

（3）根据媒体的物理性能进行分类

根据媒体的物理性能进行分类，教学媒体可以分为光学投影教学媒体、电声教学媒体、电视教学媒体、计算机教学媒体、网络媒体，如表 2-3 所示。

表 2-3 教学媒体分类——根据媒体的物理性能分类

类别	媒体举例
光学投影教学媒体	幻灯、投影、胶片电影
电声教学媒体	录音机、扩音机、收音机、语言实验室
电视教学媒体	电视机、录放像机、影碟机、录像带、视盘、学校闭路电视系统
计算机教学媒体	多媒体计算机、课件
网络媒体	网络教室、网络课程

（4）根据教学组织形式的需要进行分类

在教学活动中，根据学习者特征和学习内容等因素的不同，教学组织形式可以灵活多样，教学媒体也可以根据教学组织形式进行分类，如表 2-4 所示。

表 2-4 教学媒体的分类——根据教学组织形式分类

类别	媒体举例
课堂展示媒体	投影、幻灯、课堂演示课件、黑板、挂图、模型、标本
个别化学习媒体	书籍、磁带、光盘、点读机
小组教学媒体	投影、白板、实验仪器
远程教育媒体	广播、电视、计算机网络

教学媒体的分类没有清晰的界限，分类方法也是多样的，在实际的教学中教师应该综合分析各种教学要素，对媒体进行正确的选择。

2. 教学媒体的功能

教学媒体在教学应用中能够提高教师的教学效率，帮助学习者进行自主学习，还可以实现远程教育，这些都是教学媒体功能的体现，教学媒体的功能如下。

（1）有利于教学资源共享

备课是教师上课前对课程的准备，包括对各种课件以及素材的制作和整理。有了教学媒体就可以重复多次地使用这些教学资料，教师之间也可以进行相互沟通，共享资料，避免重复劳动。

（2）有利于教学标准化

不同的教师在讲授相同的课堂内容时往往会采用不同的表述方式，选择不同的示例，形成不同的课堂节奏，从而使学生对知识的理解产生不同的效果。使用教学媒体进行教学时，精心设计的媒体素材能够准确、恰当地进行教学内容的表述，实现教学标准化。

（3）有利于创设教学情境

利用教学媒体可以产生形象生动的画面、逼真的音响效果，使学习者尽快进入特定的教学情境，激发其学习兴趣，引发学习动机，带动学习者的情绪变化，达到积极主动参与教学的目的。

（4）有利于提高教学质量和教学效率

教学媒体可以在短时间内形象地将教学内容传递给学习者，充分利用学习者的各种感官，使学习者快速接受信息。设计精良的各种教学软件更是如此，往往收到更好的教学效果。

（5）有利于进行自主学习

教学媒体可以为学习者提供自主学习的良好条件。学习者可以自选学习方式，同样的学习内容可以选择不同的媒体进行辅助学习，还可以自定学习时间、地点和进度，给予学习者很大的灵活性，有利于终身学习的实现。

3. 教学媒体的特征

加拿大的马歇尔·麦克卢汉是20世纪原创媒介理论家、思想家。在他的思想视野中，媒介不是冷冰冰的外在化的存在，媒介就是人的身体、精神的延伸。比如，印刷品是人眼的延伸，无线电广播是人耳的延伸，电视则是人耳和眼睛的同时延伸，传声器是嘴巴的延伸，计算机则是大脑的延伸。每一种新媒体的出现都是一种延伸；而每一项新的延伸，都会使人的各种感官的平衡产生变动，都会对人的能力进行发展。媒介改变了人的存在方式，重建了人的感觉方式和对待世界的态度。教学媒体具有如下特征。

（1）固定性

教学媒体可以记录和储存信息，以供需要时再现。如印刷媒体直接将文字符号固定在书本上；电子媒体将语言、文字、图像转换成声、光、磁信号，固定在磁带或胶片上。媒体的这一特性使以往的先进教育理论、知识财富和丰富教育经验得以保存，并通过教师或者各种媒体传授给学生。

（2）传播性

教学媒体可以将各种符号形态的信息传送到一定的距离，使信息在更大的范围内再现。古代人们常说的“秀才不出门，能知天下事”依靠的就是媒体的这一特性。而在电子信息技术长足进步的现代网络和高速信息公路时代，教学媒体的传播特性为网络教育、远程教育、虚拟实验室等教育形式奠定了基础。

（3）重复性

教学媒体可以重复使用。如果保存得好，这些媒体可以根据需要一次次地被使用，而其呈示信息的质量稳定不变。此外，它还可以生成许多复制品，在不同的地方同时使用。这种重复使用的特性适应了学生逐渐领会、重温记忆的需要，也适应了扩大受益面的需要。

（4）组合性

教学媒体往往能够进行组合使用。教学媒体的组合性有三种表现形式：第一种是将少数几种媒体技术紧密结合从而形成一种新的媒体，如声画同步幻灯、交互视频系统；第二种是根据教学活动的需要，将功能不同的几种媒体加以简单地组合，轮流使用或同时呈示各自的信息，如把幻灯、投影、录音、录像加以组合，在多媒体计算机出现以前，人们把这种组合系统称为多媒体组合教学系统；第三种是利用数字化技术将各种信息，如图、文、声、动画、视频等集成在一起统一处理，例如，计算机多媒体。组合性还指一种媒体包含的信息可以借助另一种媒体来传递，如图片、图表等既可以通过幻灯、投影呈现，也可以通过电视、计算机呈现在屏幕上。教学过程中可以有选择、有计划地进行媒体的组合使用，同时要避免太多媒体的组合，以保证学生把注意力放在学习内容上。

（5）工具性

教学媒体与人相比处于从属地位。即使功能先进的现代化电子媒体，还是由人所创造，受人所控制。教学媒体只能扩展或代替教师的部分作用，而且适用的媒体还需要教师和设计人员去精心编制相应的教材，即使具有人工智能的多媒体计算机系统也不可能完全替代教师。特别是在学生的思想品德、心理问题的教育上，教学媒体的工具性表现得更为突出。

（6）能动性

教学媒体在特定的时空条件下，可以离开人的活动独立起作用。例如，优秀的录像教材和计算机课件可以代替教师上课，智能化地模拟教学过程。精心编制的教学软件一般都比较符合教学设计原理，采用的是最佳教学方案，尤其是由教学经验丰富的教师参与设计、编制的教学媒体，其教学效果可能会更好。教学媒体能动性的存在为学习者实现终身学习提供了有利途径。

知识背景：

马歇尔·麦克卢汉 1911 年出生于加拿大艾伯塔省埃德蒙顿市。他于 1933 年在加拿大曼尼托巴（Manitoba）大学拿到了文学学士学位；1934 年在同一所大学获得硕士学位；此后不久到剑桥大学留学，继续文学方面的研究；1942 年获得剑桥博士学位，并在美国多所大学执教。其间出过许多巨著，在社会上有很大的影响。他于 1980 年 12 月 31 日去世。

麦克卢汉一生勤于学问，拿了 5 个学位，完成了几次重大的学术转向：工科——文学——哲学——文学批评——社会批评——大众文化研究——媒介研究，终于成为 20 世纪最重要的媒介思想家之一。

4. 教学媒体的选择与比较

（1）常用教学媒体的特性比较

国外对于教学媒体特性比较的研究以日本学者板元昂教授的研究成果最具代表性，他在多年调查研究的基础上，提出了如表 2-5 所示的常用教学媒体特性评价表，从功能、目标、成本、使用方式等方面对 13 种教学媒体进行了比较。

我国学者则从媒体的表现力、重现力、接触面、参与性和受控性 5 个方面对教学媒体的教育特性进行比较分析，如表 2-6 所示。

表 2-5　常用教学媒体特性比较

教学特性 \ 媒体种类		教科书	程序课本	黑板	模型	卷片幻灯	电影	投影	电视	反应分析装置	模拟机	录像	教育信息处理器	计算机教学系统
功能	呈现信息	☆	☆	□	□	☆	☆	□	☆	×	□	☆	×	□
	反馈信息	△	□	×	△	×		□	×	□	☆	□	×	☆
	激起反应	□	☆	△	□	☆	□	□	☆	×	☆	☆	×	☆
	控制反应	□	☆	△	△	□	□	△	□	×	☆	☆	×	□
	诊断评价	×	□	×	△	×	×	×	×	☆	□	□	☆	☆
目标	知识	☆	☆	□	□	☆	☆	☆	□		×	☆		☆
	技能	×	△	×	□	×	□	×	×		☆	☆		△
	能力	□	□	□	□	△	□	□	□		□	□		□
	态度	□	△	△	□	☆	□	△	☆		△	△		△
成本	准备的精力	□	△	☆	□	×	□	□	□	△	×	△	×	×
	设备投资	□	△	☆	△	△	△	△	△	×	×	×	×	×
	日常耗费	☆	☆	☆	□	×	△	□	☆	□	☆	△	×	×
	保存性	□	□	☆	□	△	□	☆	□	△	△	☆	□	□
	反复性	□	□	□	☆	△	☆	☆	×	×	☆	☆	△	△
使用方式	便利性	□	□	△	□	△	☆	☆	☆	□	□	□	×	△
	个别指导	☆	□	□	□	×	□	×	□	×	☆	☆	×	☆
	集体指导	☆	□	□	□	☆	□	☆	☆	☆	×	□	□	□
	实用性	☆	□	☆	□	□	□	☆	☆	□	☆	□	△	△

注：☆ 很有利；□ 较有利；△ 困难；× 不利。

表 2-6　各种教学媒体的特性比较

教学特性 \ 媒体种类		教科书	板书	模型	无线电	录音	幻灯	电影	电视	录像	计算机
表现力	空间特性			√			√	√	√	√	√
	时间特性	√	√		√	√		√	√	√	√
	运动特性							√	√	√	√
重现力	即时重现		√			√				√	√
	事后重现	√		√		√	√	√		√	√
接触面	无限接触	√			√				√		
	有限接触		√	√		√	√	√		√	√
参与性	感情参与				√	√		√	√	√	√
	行力参与	√	√	√			√				√
受控性	容易控制	√	√	√		√	√			√	√
	难以控制				√				√		

教学媒体的种类和功能是随着人类科学的进步不断发展的，因此每一时期的比较总结都不能全面概括所有的媒体形式。总之，“并不存在一种万能的超级媒体，各类媒体具有不同的教学特性，关键是要根据教学目标、教学内容、教学对象选择合适的媒体，并充分发挥其长处，才能取得良好的效果”，这应该是教学工作者继续遵循的媒体教学理论依据。

（2）教学媒体的选择

教学媒体的选择要考虑多种因素，教学内容、教学成本、学习者特征等，综合考虑各种条件，应选择教学效果好、经济实用的媒体。简而言之，在保证完成教学目标的前提下用简不用繁、用少不用多。下面举例说明不同教学内容的不同呈现方式。

① 静态的图片、图表等教学内容选择投影教学效果较好。

② 显而易见的学习内容在电视或者计算机中呈现比较合适。

③ 无法获得的教学资料如分子运动、细胞的结构等，采用媒体模拟制作能较好地表现媒体的优势。

④ 对于学习者态度、品德的教育，教师的榜样作用胜于任何媒体。

⑤ 在激发学习者学习兴趣、提高注意力、创设教学情境方面，教学媒体的效果更好。

⑥ 色彩的选择和动态效果的呈现可以增加教学内容的吸引力。

以上是比较常见的教学内容呈现方式，在特定的教学活动中还要具体问题具体分析，这对教师提出了更高的要求，只有熟悉各种教学媒体的特点和功能才能更好地进行知识呈现。下面主要介绍数码相机、投影机、电子白板、数码摄像机、多媒体教室等常用的教学媒体。

2.1.2 数码相机

目前，数码相机已经成为人们获得数字图像的主要手段，给人们的日常生活带来了很多方便，并且可以为教育教学提供丰富多彩的图像素材，如图2-1所示。

图2-1 数码相机

1. 主要性能指标

（1）分辨率

分辨率是数码相机拍摄记录景物细节能力的重要标志。像素数是用来衡量分辨率大小的物理量。数码相机拍摄的图像像素数取决于相机内 CCD 芯片上光敏元件的数量。光敏元件数量越多则分辨率越高，所拍图像的质量也就越高。

（2）光学镜头的规格和性能

光学镜头的规格和性能决定了成像的质量，主要表现在定焦镜头的焦距、变焦镜头的变焦范围、变焦镜头的调焦方式和镜头光圈范围四个方面。

（3）色彩深度

色彩深度描述的是数码相机对色彩的表现能力，目前数码相机的颜色深度都可以达到日常的使用需要，可以生产真彩色的图像。

（4）存储器

存储器容量的大小直接关系到存储照片的数量。用户可以根据自己的需要选择拍摄照片的像素多少，这样可以控制照片文件的大小，像素数越多所需的存储空间就越大。

（5）拍摄速度

拍摄速度是数码相机家族的一条软肋，由于数码相机的存储速度慢，拍摄一张照片要 3～7 秒的时间才能进行下一张照片的拍摄，因此大部分数码相机连拍的速度还很难达到专业摄影的要求。

（6）电源

数码相机的电源直接关系到使用时间的长短。现在常用的是充电电池，小巧轻便，使用专门的充电器进行充电，使用时间也基本可以满足用户需求，如有特殊需要用户还可以多备一块电池交替使用。

2. 数码相机的基本操作方法

（1）安装存储卡

在相机的关闭状态下进行存储卡的安装，安装时注意要使方向正确，放置到位。

（2）应用模式的选择

所有数码相机都有拍摄、查看这两种最主要的应用模式。选择正确的模式才可进行使用。

（3）参数设置

大多数相机会提供一系列参数设置功能，比如，拍摄照片的像素数、闪光灯的控制、焦距光圈的控制等，用户都可以自行设置。

（4）取景、构图、拍摄

按下快门后，CCD 拾取图像，接着相机在短时间内对数据进行读取、处理、保存。这时用户可以在显示屏上看到拍摄到的画面，图像显示后可以继续进行拍摄。

（5）影像文件下载

用户可以在相机里观看拍摄的图片，也可以通过数据线把数据导出到计算机中进行观看。现在大部分相机不用安装驱动程序可直接进行数据的传输。

2.1.3　投影机

投影机主要用于在多媒体教室中显示计算机、视频展示台、VCD、录像机等的视频信号，如图 2-2 所示。投影机在使用时，通常配有较大尺寸的幕布，视频信号通过投影机投射到大屏幕上。作为计算机等设备的延伸，投影机在数字化、小型化和高亮度显示等方面具有鲜明的特点，因此在教学、广告展示、会议等方面都有广泛的应用。

按照结构原理划分，投影机主要分为四类：阴极射线管投影机、液晶投影机、数字光处理投影机和硅液晶投影机。其中，阴极射线管投影机的性能较差，适用于光线暗的环境；液晶投影机又可以分成液晶光阀投影机和液晶板投影机，前者价格昂贵，后者体积小、重量轻、便于携带，较适用于教学、会议等领域；数字光处理投影机适用于开放的环境，其光的利用率较高；硅液晶投影机更具竞争力，其透光率高、分辨率高、色彩丰富。

图 2-2　投影机

2.1.4　电子白板

电子白板是汇集了尖端电子技术、软件技术等多种高科技手段研发的高新技术产品，它通过应用电磁感应、红外等原理，结合计算机和投影机的功能，可以方便地进行办公和教学。电子白板由普通白板发展而来，复印型电子白板是最早出现的电子白板，目前市场上又出现了交互式电子白板，图 2-3 所示为交互式电子白板工作的原理。通过电子笔单击电子白板将控制信号传递给计算机，计算机将视频信号通过投影机输出到电子白板上。

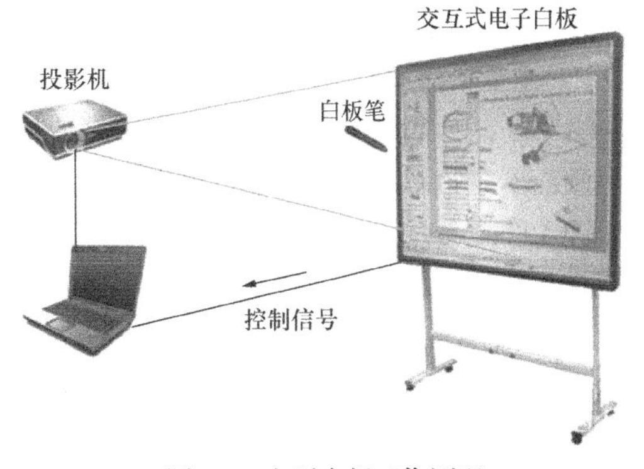

图 2-3　电子白板工作原理

1. 电子白板的基本功能

交互式电子白板可以与计算机进行信息通信，将电子白板连接到计算机，并利用投影机将计算机的内容投影到电子白板上，在专门的应用程序支持下，可以构造出一个大屏幕、交互式的协作会议或教学环境。在操作的过程中，由电子笔代替鼠标和键盘进行操作，可以运行任何应用程序，可以对文件进行编辑、注释、保存等，同时交互式电子白板还提供了更多巧妙的应用，比如，可以放大观看屏幕中的某一部分，或者只显示指定区域的内容，等等。

2. 电子白板的基本操作

鼠标和键盘是现代计算机最为常用的输入设备，对于电子白板来说，主要运用了电子笔、软键盘和手写输入完成与计算机之间的通信。下面主要介绍一下电子笔和软键盘。

（1）电子笔

电子笔可以完成计算机的操作。电子笔的笔尖相当于鼠标左键，笔上的按钮相当于鼠标右键。在使用中，电子笔和鼠标也非常类似，笔尖的位置就是光标的位置，通过单击完成操作。

（2）软键盘

软键盘是通过电子白板浮动工具条中的命令打开，内容结构与硬件键盘完全相同，有了软键盘就可以用电子笔单击软键盘上的按键来完成操作，这样在电子白板前就可进行任何内容输入。

交互式电子白板极大地方便了教学，有利于集中学生的注意力，给课堂气氛注入更多的活力，使教学内容更加紧凑连贯。

2.1.5 数码摄像机

数码摄像机可以用来获得视频资料，为教学提供更多的动态素材，如图 2-4 所示。

图 2-4 数码摄像机

1. 数码摄像机的构成

数码摄像机主要由取景系统、控制系统、成像系统、存储系统和电源系统五个部分组成。取景系统包括镜头、电子取景器和液晶显示屏三部分；控制系统主要完成拍摄过程中聚焦、曝光、色彩等参数效果的设置，是用户应该熟练掌握的内容；成像系统由接收、浏览和保存图像的部件构成，担负着捕捉影像的任务；存储系统由用于录像的录像带和与数码相机一样的存储卡组成；电源系统使用普通电池或者镍氢充电电池，也有的机器使用电量是镍氢电池 2～3 倍的锂电池，并且这种电池可以进行快速的充电。

2. 主要拍摄原则

（1）平，画面中的水平线要平。最好使用带水平仪的三脚架，尤其是拍摄建筑物时，要特别注意画面不要倾斜，这时水平仪可以帮助避免倾斜情况的产生。

（2）稳，镜头不晃动。这对初学者来说是面对的第一个问题，在拍摄中可以使用三脚架进行，在肩扛拍摄时，尽量使用广角镜头近距离拍摄，可以使画面更稳定。

（3）匀，运动拍摄时速度要匀。运动拍摄包括推、拉、摇、移、跟、升、降、甩、旋转等拍摄方式，运动镜头要做到速度均匀并不容易，这需要拍摄者的个人技术、相关人员的配合以及相关设备如轨道车、升降机等设备的运用才能拍出满意的画面。

（4）准，运动镜头的起、落幅要准。构图合理、画面优美是对运动镜头起、落幅的基本要求，要做好起、落幅的拍摄，最好先预演一次。

（5）清，拍出的画面应该是清晰的。要保证画面的清晰首先应该保证摄像机镜头清洁，其次调整焦距时要使图像清晰。在拍摄时无论拍摄的物体远近都应该把镜头推到焦距最长的位置再开始调整，因为此时的景深短，调出的焦点准确，然后再调整到合适的焦距进行拍摄。

2.1.6　多媒体教室

多媒体教室也称多媒体演示室，它是将多媒体计算机、投影、录音、录像等现代教学媒体结合在一起而建立起来的综合教学系统，如图 2-5 所示。它能使教师方便、灵活地应用多种媒体或实施多媒体组合教学，可使教学过程更加符合学生的认知和记忆规律，从而提高教学效果和效率。

图 2-5　多媒体教室

1. 多媒体教室的功能

（1）可以连接网络，这可使教师方便地调用丰富的网络资源，实现网络联机教学。

（2）进行 VCD、DVD、录像等教学资料的播放。

（3）利用大屏幕投影仪显示计算机信息和各种视频信号。

（4）进行各种多媒体教学课件的播放。

（5）利用视频展示台进行资料的展示。

（6）以高保真效果播放各种声音信号。

（7）具有多路输入输出功能，可以随时进行设备扩展，接入其他教学设备。

（8）连接闭路电视系统。

（9）具有集中控制能力，操作方便，使用简单。

（10）可以对教室环境进行整体控制，包括灯光、窗帘等。

2. 多媒体教室的使用步骤

（1）接通系统总电源。

（2）接通中央控制系统电源和各设备电源。

（3）利用控制面板进行信号切换，使视音频播放相应的教学内容。

（4）使用结束后及时关闭系统。特别要注意投影机应该先于其他设备进行关闭，使其尽快通过风扇进行散热，等投影机热量排出之后再关闭系统总电源。

2.2 文本素材

文本是教学过程中不可缺少的信息元素，往往起到高度凝练、概括、点出重点的作用，是人们最常用的信息表达、交流的工具。

2.2.1 文本素材的概念

文本是教学活动中非常重要的一部分，是准确有效传递教学信息的重要媒体元素。教学内容绝大部分是通过文字或者字符传递给学生，像各种概念定义、计算公式、说明注释等，这类教育教学信息在多媒体计算机系统中均作为数字格式的字符数据处理，通常称这些数据为“文本”。文本包括文字、字符、数字、字母等，具有字体、字号、颜色、格式等属性。常用的文本格式有.doc、.txt、.rtf 等，应用时要根据具体的情况确定文件格式，以免出现不能识别的现象。

2.2.2 文本素材的采集和编辑

1. 文本素材的采集

文字素材的获取可以采用以下几种方法。

（1）普通文本的获取

普通文本的获得可以采用专门的文字处理软件 Microsoft Word、写字板等进行加工处理，如果文字量不大还可以直接从多媒体创作软件自身的字符编辑器中进行编辑。获得文本的方式有键盘输入、扫描输入、手写录入、语音录入等。

（2）图形文字的获取

利用 Microsoft Word 中的艺术字功能可以直接得到样式丰富、效果各异的图形文字。除此之外，用 Photoshop、Fireworks 等图形图像处理软件可以得到更为丰富的图形文字效果。

（3）动态文字的获取

在教学过程中，动态字体的使用可以有效地吸引学生的注意力，因此能够制作出各种动态的文字将有利于教学目标的实现。获取动态文字最直接的方法是利用多媒体创作软件，比如，Authorware、Powerpoint、Flash、Cool 3 D 等，可以制作出飞入、逐字显示、文字连接等各种动态文字效果。

2. 文本素材的排版与制作

目前，在知识的传递过程中文本仍然占有重要的地位，可以为学习者呈现大量的教学信息。文本素材的应用首先要注意排版工作。调整段落对齐缩进方式，选用恰当的字体、字号、风格和颜色，特别对于重点和难点内容可以通过不同的格式进行设置，以得到凸显的效果。必要的时候还可以利用多媒体手段，制作发光、闪烁等效果，或者对文字素材进行超链接制作，赋予文本非线性的特征。

普通文本的制作非常简单，可以通过 Word、写字板、记事本等工具直接输入获得，在多媒体系统中，漂亮、醒目的艺术字经常会使人眼前一亮，高度吸引人们的注意力，达到增强作品艺术感染力的效果。

制作艺术字的方法很多，可以利用 Photoshop、Flash、Coreldraw 等软件，当然 Word 同样具有这个功能，并且操作简单，下面就以 Word 2007 为例来介绍艺术字的基本制作方法。

（1）打开 Word 2007 程序，新建文档。

（2）单击“插入”菜单里的“艺术字”，出现各种艺术字样式，如图 2-6 所示。

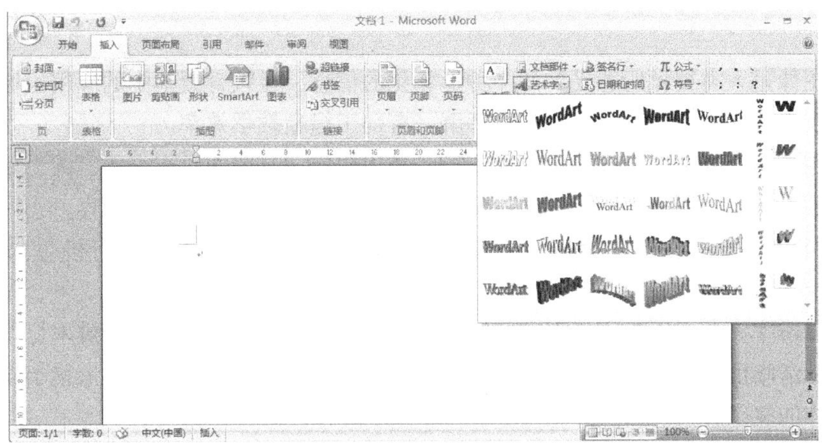

图 2-6　Word 2007 中艺术字命令的位置

（3）选择具体要应用的艺术字样式，本例选择“艺术字样式 21”，如图 2-7 所示。

（4）出现编辑艺术字文字窗口，如图 2-8 所示，在里边键入要输入的文字“艺术字效果”，单击“确定”按钮。

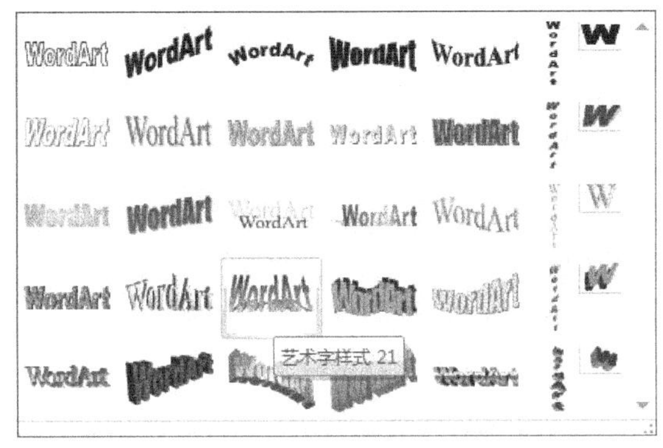

图 2-7　Word 2007 中艺术字样式位置

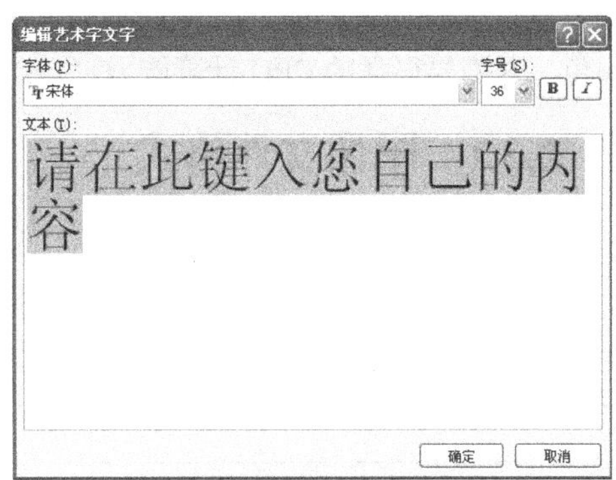

图 2-8　编辑艺术字文字窗口

（5）得到相应的艺术文字效果，图 2-9 所示为最终效果。

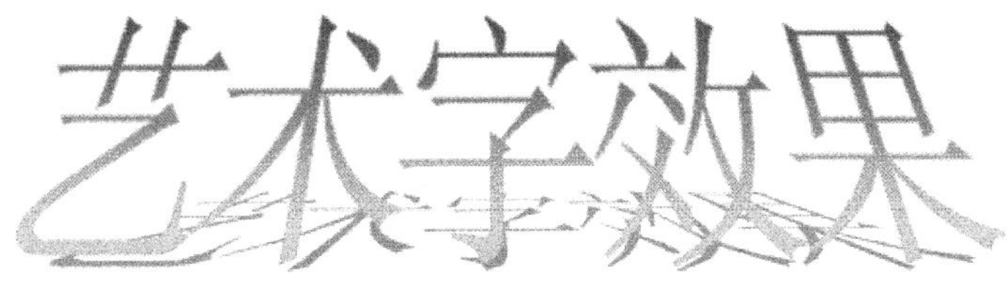

图 2-9　艺术字最终效果

多媒体软件的开发中，如果使用非通用性的字体，应该在该软件的应用环境中安装这些字体；如果艺术字数量不大还可以使用图片文本，这样就省去了安装的麻烦。

2.3 图像素材

图形和图像是人类视觉所感受到的一种形象化的信息，在教育教学中的应用也比较广泛，可以形象地呈现出教学内容，使学习者易于理解，有助于提高教学效率。

图形是用一个指令集合来描述的。这些指令描述构成一幅图的所有直线、圆、矩形、曲线等的位置、维数、大小、形状、颜色。显示时是通过读取指令来显示相应的内容。

图形又叫“矢量图”，可以分别产生和操作画面中的各个部分，任意进行移动、缩小、放大、旋转和扭曲，同时各部分保持各自的特性。

图形与分辨率无关，用户可以将它们缩放到任意尺寸，可以按任意的分辨率打印，而不会遗漏细节或降低清晰度。图形主要用于标志设计、工程制图和美术字等。图形依赖于简单的图元，很难表现物体的复杂属性。

图像是由描述图像中各个像素点的亮度与颜色的数位集合组成。它适合表现层次细致、色彩丰富、包含大量细节的图像。

图像又叫“位图”，它与分辨率有关，用户将它们缩放时会丢失图像的细节，并出现锯齿。

图像需要的存储空间比矢量图形大得多，因为图像必须指明每个像素点的信息。不过，显示一幅图像所需的 CPU 计算量要远小于显示一幅图形的 CPU 计算量，因为显示图像只需将图像写入到显示缓冲区中就可以了，而图形的显示则需要通过 CPU 的计算组成每个图元像素点的位置与颜色，这需要很强的 CPU 计算能力。

2.3.1 图像文件格式

1. GIF

GIF 格式对图像的显示可以分为静态和动态两种形式，最多支持 8 位 256 种彩色，适合保存色彩和线条比较简单的图像，如卡通画、漫画等。GIF 格式支持透明色，支持颜色交错技术，是目前网络上主流图像格式之一。

数字图像的每个像素点由 0 和 1 组成的二进制数进行表示，二进制数位的多少可以决定图像的颜色范围。例如，8 位 256 种彩色是指该图像的每个像素点由 8 位二进制数组成，其表示的颜色范围为 2^8=256 种。

2. JPG

JPG 格式也称为 JPEG 格式，它文件较小，但图像的质量较高，支持 24 位真彩色，适合保存色彩丰富、内容细腻的图像，如人物照、风景照等，是网络上主流图像格式之一。

3. PSD

PSD 格式是 Photoshop 的基本文件格式，能够存储图层、通道、蒙版、路径和颜色模式等各种图像属性，是一种非压缩的原始文件格式。尚未编辑完成的图像可以用 PSD 格式保存，这样就可以继续进行处理。

4. BMP

BMP 格式是 Windows 操作系统的位图图像格式。这种格式比较简单，它存储的图像数据不能压缩，因此文件较大。

5. PNG

PNG 是可移植网络图形图像（Portable Network Graphic）的缩写，是专门针对网络使用而开发的一种无损压缩图形图像格式。PNG 格式支持透明色，支持矢量元素，支持 32 位彩色，支持消除锯齿边缘的功能。因此，PNG 格式的发展前景非常广阔，被认为是未来 Web 图形图像的主流格式。

2.3.2　图像素材的获取

（1）从网络或者素材库中直接获得。通过网络获取图像是比较常见的方式，丰富的网络资源基本可以满足用户的需要；此外，还可以利用市场上出售的各种光盘素材获得大量素材，如小动画、背景图案、动物等。

（2）使用 PrintScreen 键截取屏幕图像。单击 PrintScreen 键可以复制屏幕图像，然后在图像处理软件中进行粘贴就可以了。

（3）利用软件获取图像。比如，SnagIt 软件可以抓取不同类型的图像、文本和视频，超级解霸可以从光盘中截取图像。

（4）利用数码相机拍摄。这是获得数字图像的重要途径，用户可以根据自己的需要进行特定内容的拍摄。

（5）利用扫描仪获取图像。扫描仪可以将已有的图像材料转变成数字图像格式，这样用户就可以用计算机对得到的图像做各种处理和应用。

2.3.3　图像素材处理实例

1. Photoshop 简介

Photoshop 是美国 Adobe 公司开发的具有强大图像处理功能的平面设计软件。Photoshop 广泛应用于影像后期处理、平面设计、数字相片修饰、Web 图形制作、多媒体产品设计等领域，堪称制造各种图像效果的魔术师。

Photoshop CS3 的界面如图 2-10 所示。图中对各类窗口进行了标注。菜单栏里包含着 Photoshop

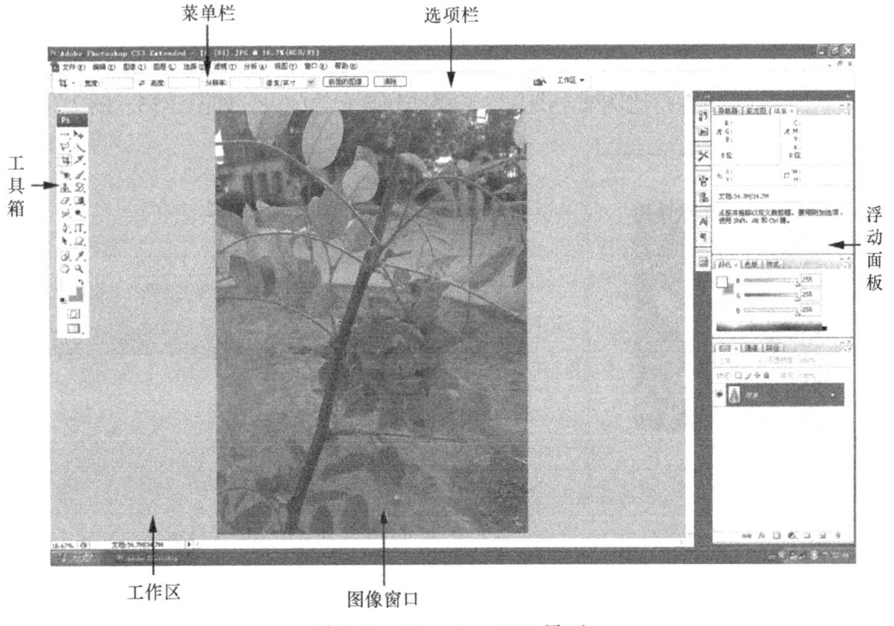

图 2-10　Photoshop CS3 界面

CS3 中几乎所有的命令；选项栏主要用于设置当前工具的基本参数，因此它会随着工具的变化而变化；浮动面板允许随意组合，形成多个面板组，通过“窗口”菜单可以控制各浮动面板的显示与隐藏；工具栏具有重要的作用，可以说对图像的操作都是通过相应的工具实现的。图 2-11 所示为 Photoshop CS3 的工具栏。

2. 图像素材制作实例

各种应用软件的学习，重要的是动手进行尝试，下面举一个实例，用 Photoshop CS3 设计制作中高职课程《邮政业务与管理》的课件界面，效果如图 2-12 所示。制作过程由两部分组成，一是左下角邮票的制作；二是界面的制作。

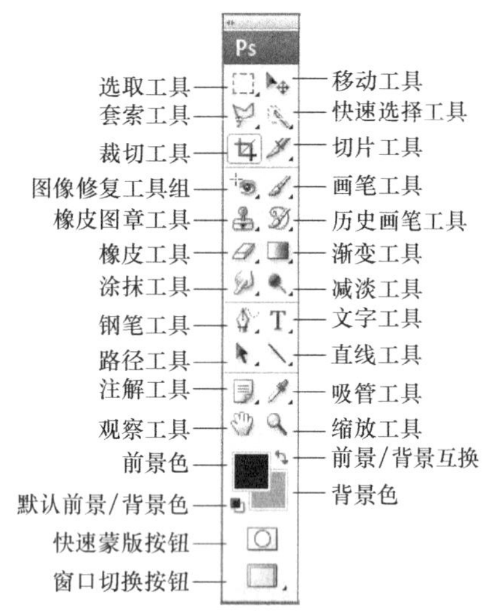

图 2-11 Photoshop CS3 工具箱

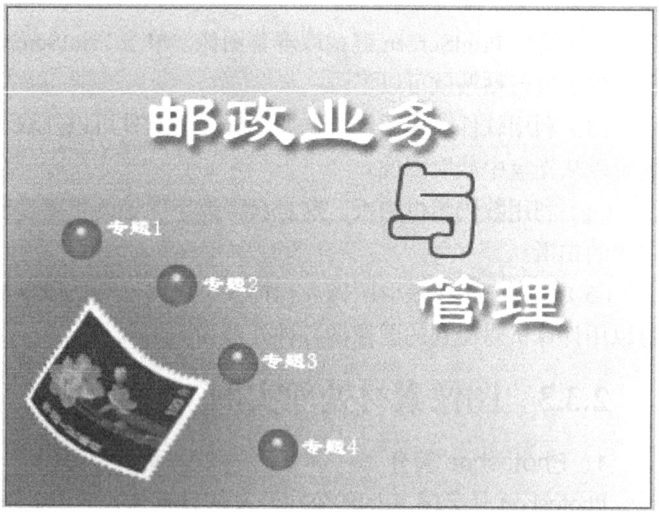

图 2-12 《邮政业务与管理》课件界面

（1）制作邮票

第一步：打开图片“水仙.jpg”，双击图层面板中的缩略图，出现“新图层”面板，输入“水仙”作为图层名称，其他保持为默认状态，单击“好”按钮。

第二步：新建图层 1，并拖曳到“水仙”图层的底部；在“水仙”图层，选择“编辑”|“变换”|“缩放”命令，配合 Shift 键保持比例缩小图片，并移动到画布的中央，如图 2-13、图 2-14 所示。

图 2-13 图像显示

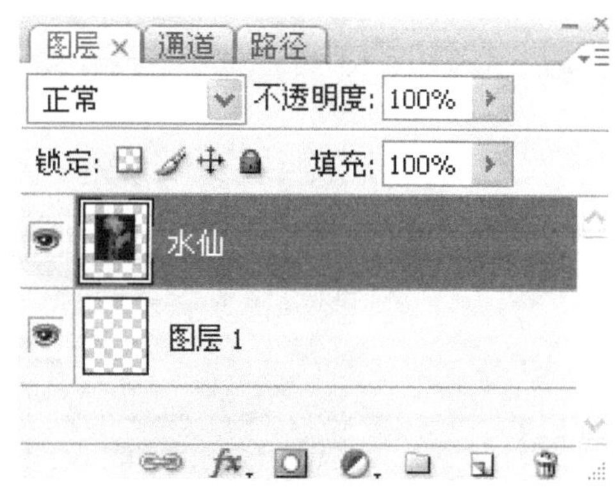

图 2-14 图层显示

第三步：在图层 1 上按住 Ctrl 键，单击“水仙”图层的缩略图，载入选区，选择“选择”|“变换选区”命令，配合 Alt 键，分别在水平和竖直方向对称扩展选区，并在图层 1 的选区内填充

白色，如图 2-15 所示。

第四步：再次选择“选择”|“变换选区”命令，配合 Alt 键，适当缩小选区，如图 2-16 所示。

图 2-15　做出白边效果

图 2-16　缩小选区

第五步：打开路径面板，单击“从选区生成工作路径”按钮，将选区转换成路径，如图 2-17 所示。

第六步：选择橡皮擦工具，设置画笔大小为 6 像素，硬度为 100%，间距为 133%，在图层 1 被选中的状态下，单击路径面板上的“用画笔描边路径”按钮。效果如图 2-18 所示。

图 2-17　选区转变为路径

图 2-18　描边路径效果

第七步：再把路径转变为选区，单击“将路径作为选区载入”按钮，并选择“选择”|“反向”命令，如图 2-19 所示。按 Delete 键，删除多余的白边，取消选择，如图 2-20 所示。

图 2-19　选择反向

图 2-20　删除多余白边

图 2-21　邮票效果

第八步：添加图层 3，在邮票上添加“中国人民邮政”和“100 分”字样，如图 2-21 所示，完成邮票的制作。

（2）制作界面

第一步：新建一个 400 像素 × 300 像素的文件“界面”，选择渐变填充工具，设置由前景色到白色，前景色为绿色，然后用径向填充，并用黑色描边，宽度为 1 像素，如图 2-22 所示。

第二步：新建图层 1，选择椭圆工具，按住 Shift 键画出一个左下角的小圆按钮，填涂绿色。在“样式”面板中，选择 Web 样式命令，如图 2-23 所示，为按钮选择“绿色胶体”样式，并复制出三个按钮放在相应的位置，如图 2-24 所示。

图 2-22　填充效果

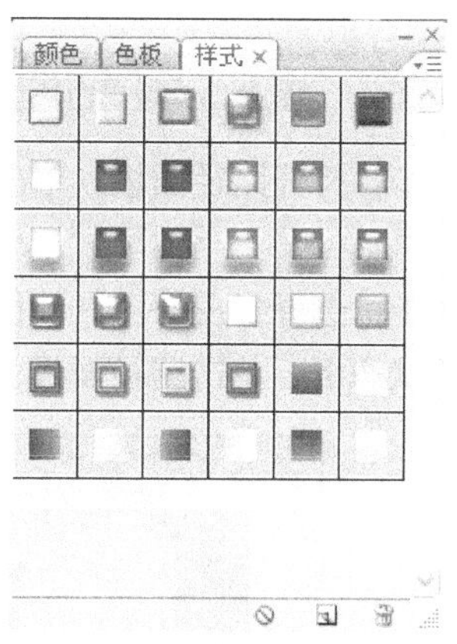

图 2-23　样式窗口

第三步：在界面的中间写上课程名称“邮政业务与管理”，其中“邮政业务”和“管理”用隶书，大小为 48 点，选择图层样式的投影效果，保持默认设置；“与”字体用华文彩云，大小为 60 点，最后的效果如图 2-25 所示。

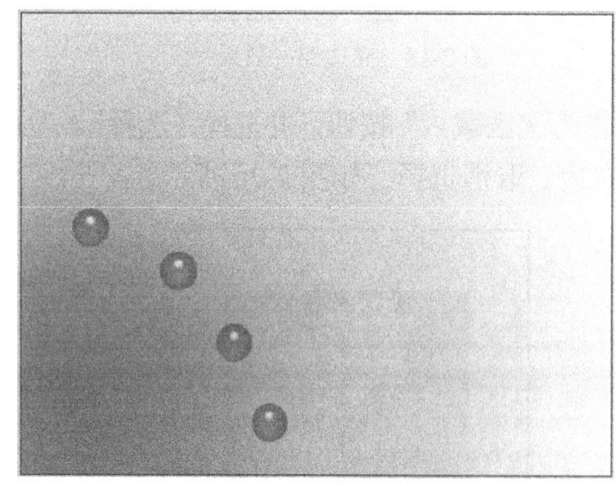

图 2-24　按钮效果

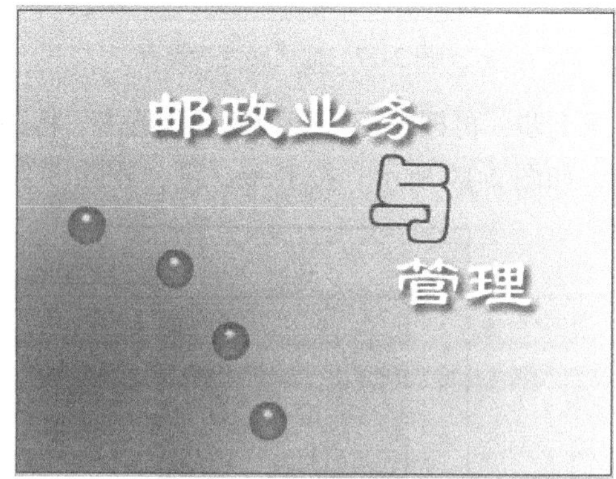

图 2-25　文字效果

第四步：将第一部分做好的邮票复制，粘贴到“界面”文件上来，然后选择“编辑”|“变换”|“缩放”命令，再选择“编辑”|“变换”|“旋转”命令，把邮票斜放到“界面”的左下角，如图 2-26 所示。

第五步：用鼠标拖动网格的不同点，然后选择“编辑”|“变换”|“变形”命令，改变邮票的

外形，如图 2-27 所示。

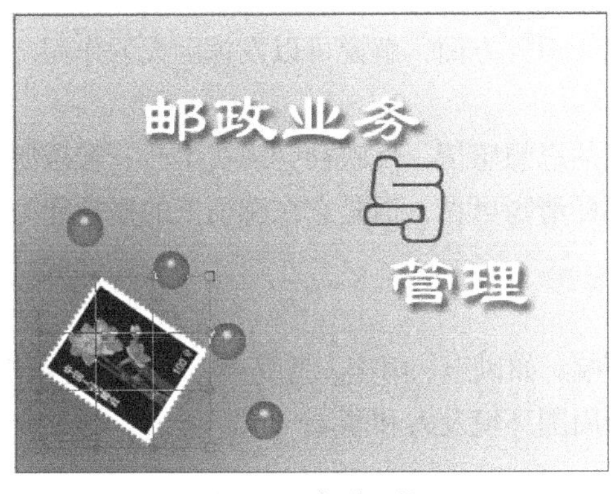

图 2-26　变形工具

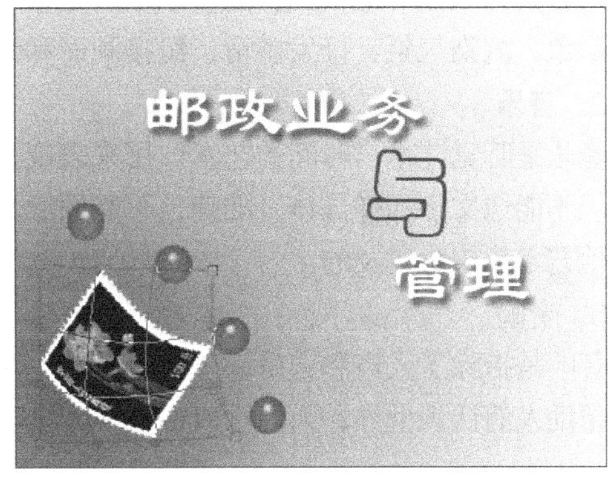

图 2-27　变形效果

第六步：设置邮票图层的透明度为 80%，使其与整体色调更和谐，如图 2-28 所示。

第七步：为四个按钮加上标题，得到最终效果如图 2-29 所示。

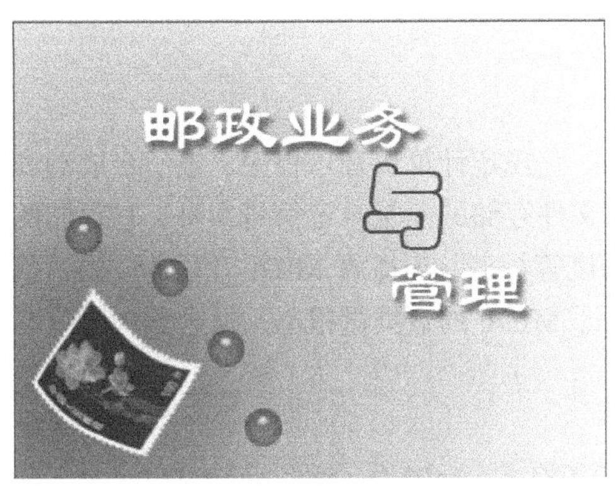

图 2-28　改变透明度效果

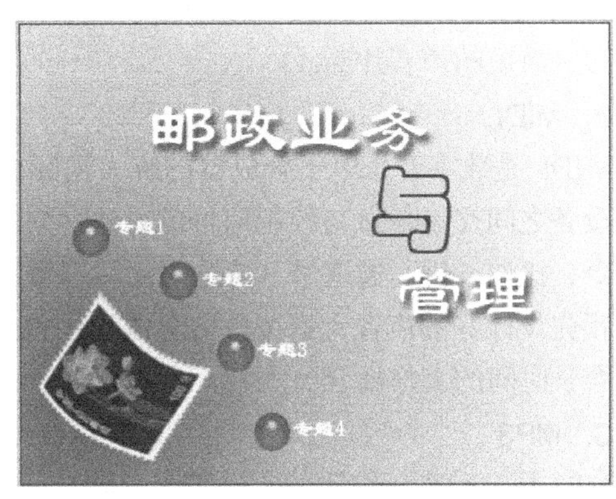

图 2-29　最终效果

2.3.4　图像素材在多媒体课件中的应用

利用图形和图像可以形象、生动地表现教学内容，帮助学习者理解和记忆知识；可以为学习者创设学习情境，激发感官联想，提高学习兴趣；优美的画面还可以提高课件的艺术感染力，降低学习者的视觉疲劳感。

2.4　声音素材

声音是由物体振动产生的声波传到人们的听觉器官所形成的感觉。在信息的获取上，听觉是仅次于视觉的信息获取途径，因此在教育教学中正确地利用声音会促进教学目标的尽早实现。

2.4.1　声音素材的类型

一般教学中要用到的声音可以分为三大类：解说、音乐和音响。下面具体介绍各种类型的声音。

1. 解说

语言具有很强的逻辑性，能够系统、完整地表达概念和理论，因此在配合画面、传递信息、塑造形象、渲染气氛、抒发感情、组接画面和介绍知识等方面，解说可以发挥巨大的作用。

2. 音乐

音乐是听觉艺术、时间的艺术，用来表现人们的思想感情，反映社会现实生活。音乐所表现的思想不能像文字那样具体、准确，不能像绘画那样清晰可见，但是它在感情上的概括能力是任何其他艺术都望尘莫及的。

3. 音响

音响是指除了人声和音乐以外自然界的一切声响，如风声、雨声、鸟鸣声、小河的流水声等。音响帮助人们认识世界，人们可以根据声音来判断周围环境及人和事。

2.4.2 数字化音频的文件格式

1. WAV

WAV 文件是 Microsoft 公司开发的一种波形声音文件。WAV 文件格式的声音数据直接来源于对声音模拟波形的采样，被 Windows 平台及其应用程序广泛支持。它所需要的存储空间较大，适合于存放简短的声音片断。

2. MIDI

MIDI 是数字音乐电子合成器的统一国际标准。它规定计算机音乐程序、电子合成器和其他电子设备之间交换信息与控制信号的方法。MIDI 文件存储的不是声音信号本身，它存储的是一些指令，比如，键、通道号、持续时间、音量和力度等信息。当播放 MIDI 音乐的时候，就是将各种预先设计好的声音元素按乐谱合成为一首音乐。MIDI 的数据量很小，适合作为背景音乐，更适合长时间的工作场合。

3. MP3

MP3 是一种高压缩比的专门用于存储音乐的音频格式，MP3 的全称为 MPEG Layer-3 音频文件。MP3 采用有损压缩方式，以较小的声音失真换来了较高的压缩比，表现能力与波形文件相同；但是数据量较小，所以是目前因特网上比较流行的文件格式。

4. RA

RA 文件是一种新型流式音频文件，在网络上非常流行。在网络速度较慢的情况下也可以流畅地传送数据，它的播放效果与 MP3 不分伯仲，但文件小，经常用于视频会议、远程教学、网络直播等。

2.4.3 声音素材的采集

在教学软件或者课件的制作中，声音是一个非常重要的元素。为特定的环境加上声音效果，可以使学习者产生身临其境的感觉，比如，在认识铁、铝、不锈钢、铜等各种材料的时候可以加入敲击的声音，使学习者的认识更全面、更真切。声音素材的获取主要有以下手段。

（1）从素材库或者网站直接下载。这是一个非常普遍和高效的手段，各种素材库、光盘和网站有着丰富的资源可以利用，不过在查找的时候应该掌握一定的方法，这样才能尽快找到理想的素材。

（2）录制声音。通过利用声音处理软件可以完成声音的录制，比如，GoldWave、CoolEdit 以及 Windows 自带的录音机都可以实现声音的录制，在录制的过程中，要注意周围环境的噪声对录制效果的影响，尽量对环境进行控制；除此之外，选择高质量的麦克风和声卡，以及使用可以减少屏蔽的电缆连接设备，可以录制出更好的效果。利用 Windows 系统自带的录音机进行录音也是非常方便的选择，通过“开始-所有程序-附件”可打开“附件文件夹”，选择录音机选项。打开录音机，单击开始录制开始录音，同时按钮变为停止录制；当录音完成，单击停止录制，会弹出保存对话框，同时停止录制按钮变成继续录制，此时可以选择保存，也可以单击继续录制选择继续录制。

（3）从 CD、VCD、DVD 中截取声音。通过超级解霸软件可以对 CD 音乐进行截取，并把截取内容保存为 MP3 或者 WAV 格式。

2.4.4　音频素材的编辑实例

1. GoldWave 简介

GoldWave 是一个典型的音频编辑处理软件，其操作界面由音频编辑器和播放器组成，如图 2-30、图 2-31 所示。它的功能强大，主要体现在以下五个方面。

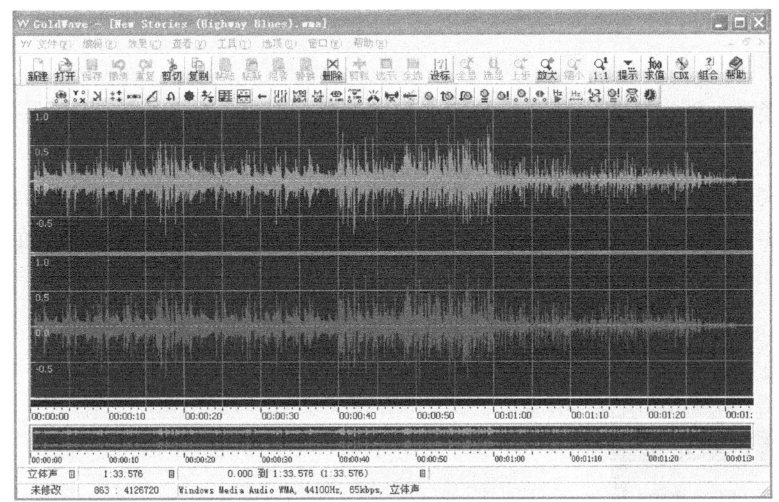

图 2-30　音频编辑器

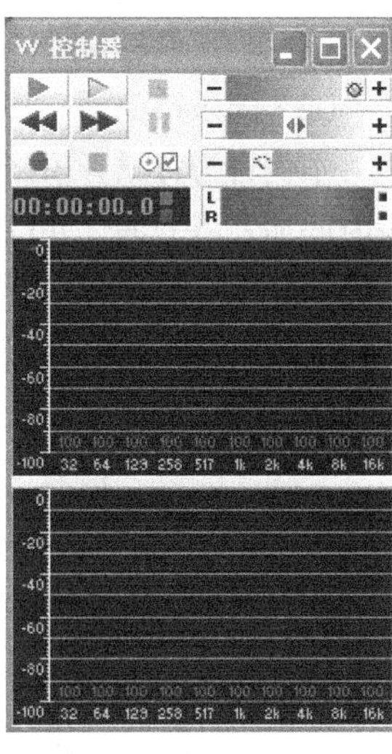

图 2-31　播放器

（1）声音录制。GoldWave 录制声音的声源可以是 CD 音乐，音频电缆传送过来的录音机信号，也可以通过麦克风直接进行现场录音。GoldWave 在录制时不受时间限制，并可以采用不同的采样频率。

（2）声音剪辑。比如，声音文件的裁切，两个或更多声音文件的连接等。

（3）合成声音。根据需要，把多个声音素材进行混合，比如，为诗朗诵加上背景音乐。

（4）制作特殊效果。比如，制作回声，使声音空旷；提高频率，使声音尖利；降低频率，使声音低沉等。

（5）文件操作。比如，保存 WAV 格式数字音频文件，生成 MP3 格式的压缩音频文件，转换声音文件的指标等。

2. 声音素材制作实例

（1）制作回声效果

第一步：打开要进行编辑的声音文件“心愿”，如图 2-32 所示。

第二步：在工具栏中单击回声效果按钮“ ”，出现如图 2-33 所示对话框。

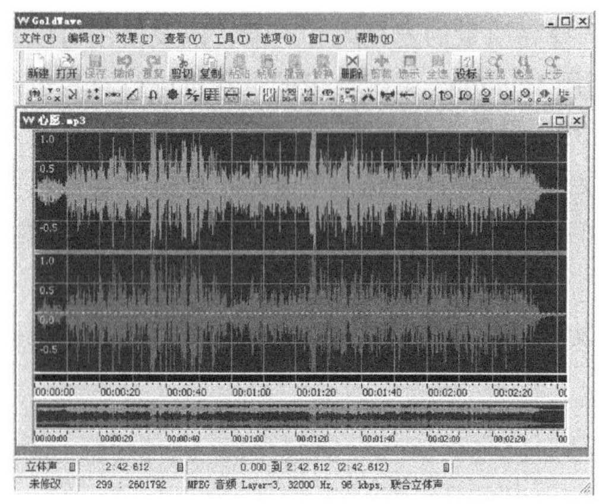

图 2-32　打开文件效果

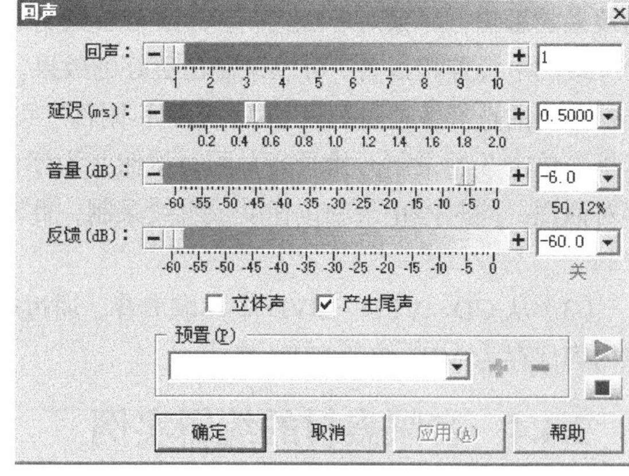

图 2-33　回声对话框

第三步：设置选项，包括回声数、延迟时间、回声音量以及反馈效果，并可以随时单击对话框中的试听按钮进行效果监听，直到满意为止。

第四步：保存文件。

（2）配乐诗朗诵

本例将为背景音乐制作淡入、淡出效果，使音乐的切入和结束更加自然，然后在音乐开始一段时间加入诗朗诵，并以背景音乐结束。

第一步：打开背景音乐文件，为其制作淡入效果。选定要进行淡入的选区，如图 2-34 所示，单击“”按钮，出现如图 2-35 所示对话框，对淡入效果进行设置，单击“确定”按钮，得到如图 2-36 所示的效果。

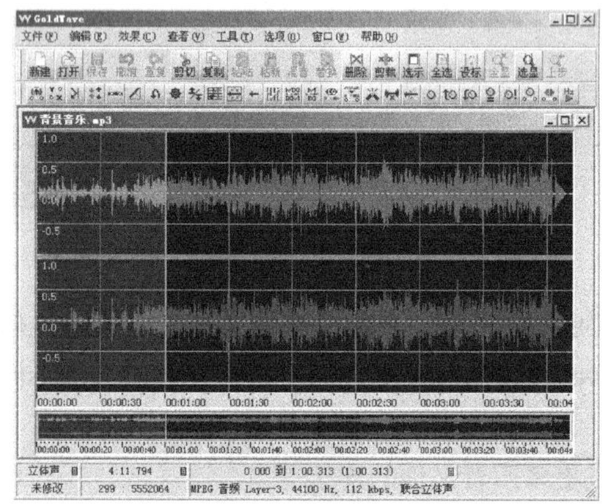

图 2-34　淡入选区

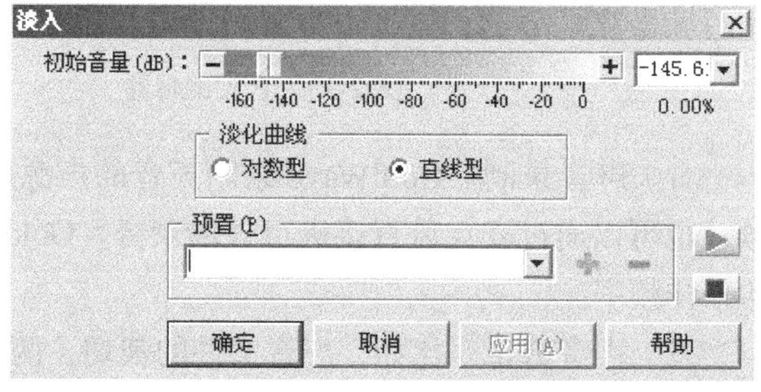

图 2-35　淡入对话框

第二步：为背景音乐制作淡出效果。选定要进行淡出的选区，如图 2-37 所示，单击“”按钮，出现如图 2-38 所示的对话框，对淡出效果进行设置，单击“确定”按钮，得到如图 2-39 所示的效果。

第三步：打开诗朗诵文件，按 Ctrl+C 组合键复制文件。

第四步：在背景音乐窗口中，选定适当的位置单击“编辑”|“混音”选项，此时出现混音对话框，如图 2-40 所示，根据监听效果进行设置，单击“确定”按钮。

第五步：配乐诗朗诵的制作完成，最后效果如图 2-41 所示。

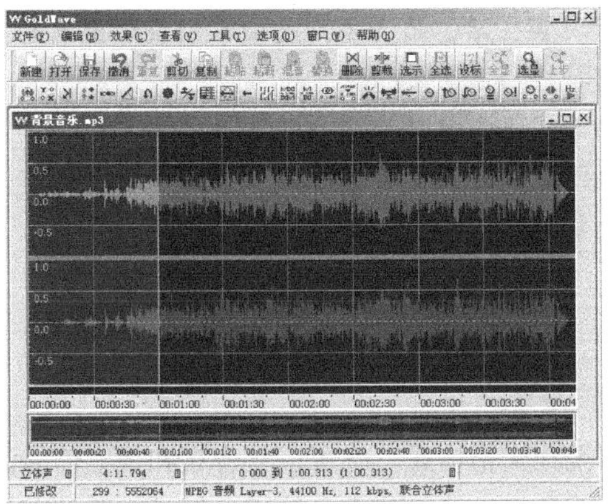

图 2-36　淡入效果波形

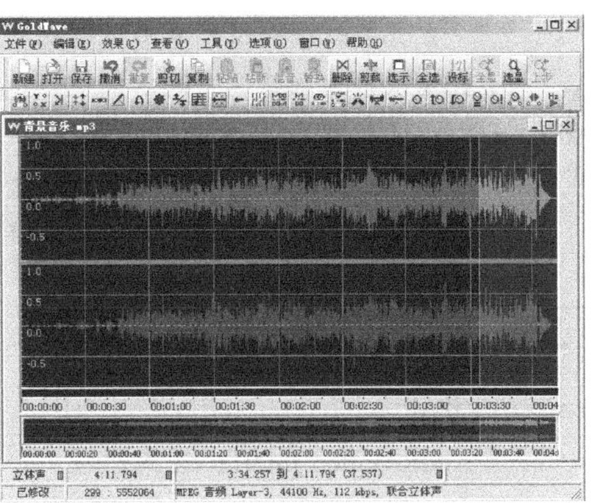

图 2-37　淡出选区

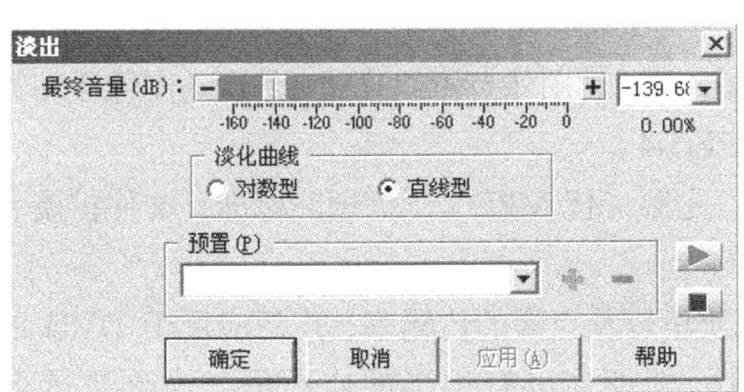

图 2-38　淡出对话框

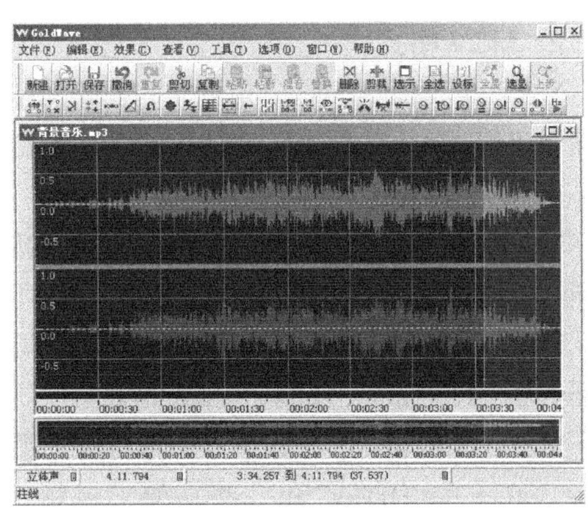

图 2-39　淡出效果波形

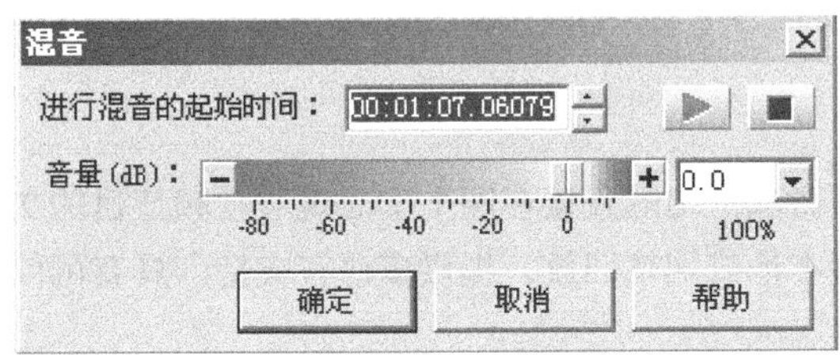

图 2-40　混音对话框

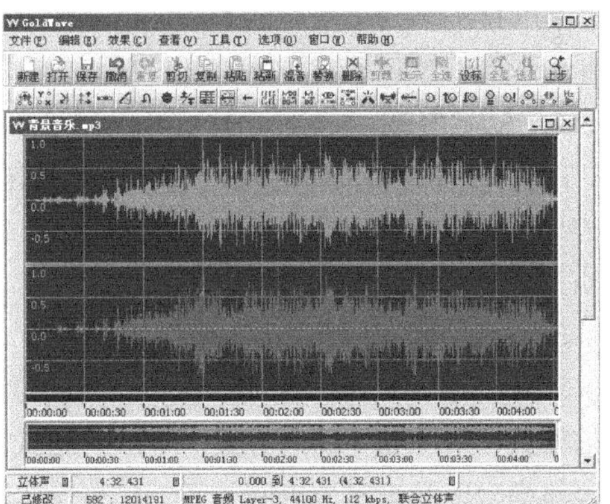

图 2-41　最后效果波形

2.5　视频素材

视频是对现实世界的真实记录，是人类感知外部世界的一个重要途径，由每秒 25～30 帧的静态图像组成。传统的视频信号是模拟信号，由视频卡捕获下来的视频信号为数字化视频信息。

提示

动画和视频的区别主要是视频来源于现实生活，而动画则是由人们设计出来的。二者的播放原理都是基于人类的“视觉暂留特性”。

视觉暂留特性：人的眼睛看到一幅画面或一个物体后，在 1/24 秒内不会消失。

据此，如果每秒更替 24 幅或更多的画面，那么前一个画面在人脑中消失之前，下一个画面就会进入人脑，从而形成连续的影像。

2.5.1 视频文件格式

1. AVI 格式

AVI 是 Audio Video Interfaced 的缩写，即音频视频交错格式。它可以将音频和视频信号混合交错地存储在一起，进行同步播放。这种格式图像质量好，可以跨平台使用，但是需要的存储空间比较大，压缩标准也不统一。

2. MOV 格式

MOV 是美国 Apple 公司创立的视频文件格式，具有较高的压缩率和较好的视频清晰度，可以同时支持 Macintosh 计算机和 Windows 平台，既适用于本地播放也适用于网络传播。

3. MPEG 格式

MPEG 是 Moving Picture Expert Group 的缩写，即运动图像专家组格式，是运动图像压缩算法的国际标准，主要包括 MPEG-1、MPEG-2 和 MPEG-4。

MPEG-1 格式被广泛应用于 VCD 的制作中，是第一代 MPEG 压缩国际标准，文件扩展名包括.mpg、.mlv、.mpe、.mpeg、.dat 等。

MPEG-2 的设计目标是高级工业标准的图像质量以及更高的传输率，广泛应用于 DVD 的制作中，在一些 HDTV 和一些高要求视频编辑、处理上也有相当的应用面，文件扩展名包括.mpg、.mpe、.mpeg、.m2v、.vob 等。

MPEG-4 是为了播放流式媒体的高质量视频而专门设计的，可以利用很窄的带宽传输数据，并获得较好的图像质量，这种文件格式的视频扩展名包括.asf、.mov 等。

4. ASF 格式

ASF 是 Advanced Streaming format 的缩写，是微软开发的可以直接在网上观看视频节目的一种典型的流媒体文件格式。使用 MPEG-4 压缩算法，可以得到比较高的压缩效率和完美的图像质量。

5. WMV 格式

WMV 是 Windows Media Video 的缩写，是微软推出的直接在网上实时观看视频节目的文件压缩格式，采用独立编码方式。WMV 格式支持本地或网络回放，提供多语言支持，具有可伸缩的媒体类型以及丰富的流间关系、扩展性等。

6. RM 格式

RM 格式是 Real Networks 公司制定的音频视频压缩格式 RealMedia 中的一种，可以在低速率的网络上进行影像数据实时传送和播放，如果使用 RealPlayer 或是 RealOne Player 播放器进行在线播放，不需要下载视音频内容。

7. RMVB 格式

RMVB 格式是由 RM 格式升级出的视频文件格式，可以在保证静止画面质量的基础上，大幅度地提高运动图像的质量，在文件质量与文件存储空间上取得了令人满意的平衡点。

2.5.2 视频文件的获取

（1）直接从网站或者素材库中获取。这是查找视频素材的有效途径，能够为学习者提供很大方便。

（2）屏幕动态图像的捕获。可以利用专门的屏幕动态捕获软件如 SnagIt 等，进行屏幕视频的抓取，这种软件的界面友好，易学易用，并且具有比较全面的功能，基本可以满足用户的需求。

（3）从视频光盘中截取。许多视频播放软件都支持视频的截取功能，如超级解霸等。通过这些软件可以从 VCD/DVD 中截取到丰富的视频资源。

（4）自行拍摄。利用摄像机进行视频拍摄，可以根据自身的需求进行构思、构图等的设计，这样就能使作品最大限度地满足需求。

2.5.3 视频素材编辑实例

Premiere 是一款面向广大视频工作者的非线性编辑软件，即数字视频处理软件。它具有友好的操作界面以及强大的视频编辑功能，能够满足大多数低端用户和大部分高端用户的需要。强大的功能、低廉的价格和方便灵活的操作使 Premiere 成为视频工作者首选的工具软件。Premiere 作为专业数字视频处理软件，它的核心技术是将视频文件逐帧展开，以帧为精度进行编辑，并与音频文件精确同步。它具有易学易用、功能全面、支持多种文件格式、直接的 Web 输出等特性。

Premiere 配合计算机上的视频音频卡，可以实现对模拟视频、音频的实时采集、输出；它支持 IEEE1394 接口，能够直接输入 DV 数字视频格式，并进行真正的无损视频编辑处理和输出；Premiere 具有转换处理、特效处理以及运动处理等功能，能够方便地实现传统编辑设备中难以实现的效果。

1. Premiere 的操作界面

Premiere 的操作界面如图 2-42 所示。

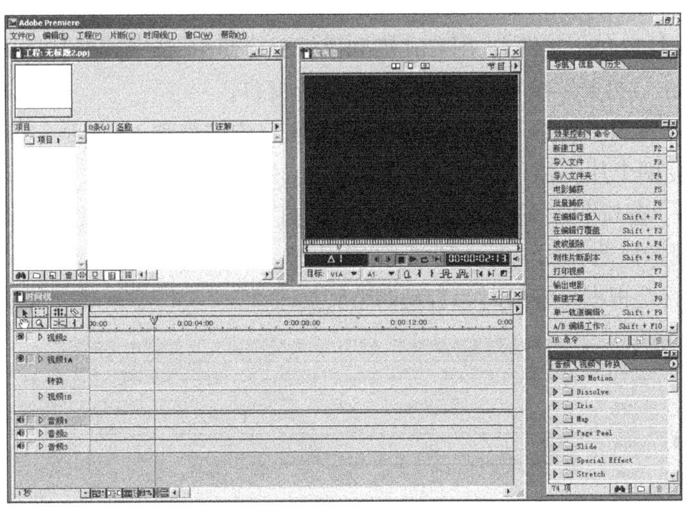

图 2-42　Premiere 界面

“工程”窗口：用于输入和存放原始编辑素材片段。

“监视器”窗口：用于对视频片段的剪辑和预览以及在“时间线”窗口合成影片时的监视和预览。

“时间线”窗口：用于编辑合成工程窗口中的各种素材片段。

"视频、音频、转换"窗口：集中了视频过滤、音频过滤以及转换效果。

"效果控制、命令"窗口：用于对各种特殊效果进行具体的设置以及设定操作命令。

"导航、信息、历史"窗口：分别用于显示"时间线"窗口轨道上素材的整体信息、历史操作等。

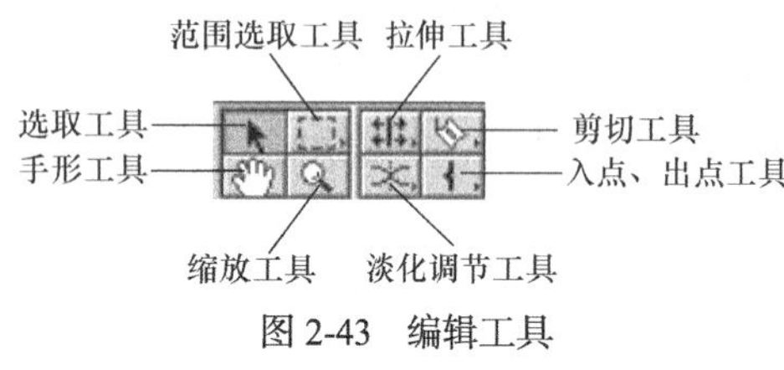

图 2-43　编辑工具

Premiere 时间线窗口中包含了各种编辑工具，如图 2-43 所示，用鼠标在工具栏中有三角形的工具按钮上单击并保持一秒种，即可弹出其延伸的同类工具。各种工具的作用如下。

选取工具：用于进行选择对象、移动对象，调节对象关键帧、淡化器，为对象设置新的入点、出点等基本操作。

范围选取工具：主要用于素材的选择以及进行相应的编辑工作。

拉伸工具：主要用于改变素材的延续时间和速度。

剪切工具：主要用于素材的分割。

手形工具：用来滚动"时间线"窗口中的内容，便于编辑较长的素材。

缩放工具：用来调整显示的时间单位。

淡化调节工具：主要用于制作淡化效果和用作轨迹连接。

入点、出点工具：主要用于制作素材的入点和出点。

2. 视频编组实例

本例将两段视频文件组接起来，并添加了转换效果。

第一步：选择"文件" | "新建工程"命令，在"预装工程设置"对话框的"可用的预设"列表框中，选择"Multimedia Video For Windows"选项，单击"好"按钮。

第二步：选择"文件" | "导入" | "文件"命令，打开"导入"对话框。在对话框中选择 Premiere 安装目录下的 Sample Folder 文件夹，用 Ctrl 键和鼠标配合使用，选中其中"Boy.avi"和"Cyclers.avi"两个文件，然后单击"打开"按钮，将它们导入工程窗口。

第三步：将工程窗口中的 Boy.avi 拖动到时间线窗口中的视频 1A 轨道，将 Cyclers.avi 拖动到视频 1B 轨道，并使两个片段在时间上有重叠。

第四步：选择"窗口" | "显示转换"命令，在打开的转换窗口中打开 Slide 分类夹，选择"Mutlti-Spin"。用鼠标拖动 Mutlti-Spin 到 Transitions 轨迹上 Boy.avi 和 Cyclers.avi 之间，如图 2-44 所示，Premiere 软件会根据重叠的时间自动调整转换时间。

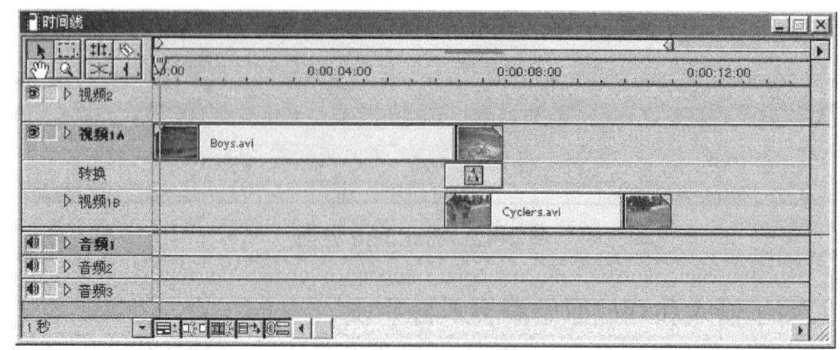

图 2-44　时间线效果

第五步：选择"文件" | "另存为"命令，保存文件。

2.6　动画素材

动画的实质就是通过连续播放一系列画面，给人的视觉造成连续变化的图画，这样就形成了动画。这是利用人的视觉暂留特性实现的，即人的眼睛看到一幅画面或一个物体后，在 1/24 秒内不会消失，如果 1 秒更换 24 幅或者更多的画面，那么前一个画面在人的脑海消失之前，下一个画面就进入了人脑，从而形成连续的影像。这样一张张的画面就组成了精彩纷呈的动画片。

按照空间视觉效果的不同，可以把动画分为二维动画和三维动画，它们的主要区别在于采用不同的方法获得动画中景物运动效果。例如，旋转的地球，在二维动画中需要绘制出一帧帧的地球变化的画面；而在三维动画中，是先建立一个地球的模型并把地图贴到地球球面上，然后旋转模型，每次转动一定的角度即可自动产生一帧动画画面。因此，当辨别一个立体画面是否为三维时，只须看其是否可以任意角度和方向地调整视觉观察点。

动画从产生到现在一直受到人们的喜爱，它可以充分发挥人的想象力和创造力，给人们展现一些客观不存在或者人力达不到的奇妙情境，带给人们更多的视觉享受和视觉冲击力。

2.6.1　常用的动画文件格式

动画是以文件形式存储的，不同软件会产生不同的动画文件格式。常见的动画文件格式如下。

1. FLC 格式

FLC 格式是 Animator Pro 动画制作软件生成的文件格式，每帧采用 256 色，画面分辨率从 320 × 200 至 1600 × 1280 不等。动画文件采用数据压缩格式，代码率较高，通用率较好，被广泛应用于多媒体作品中。

2. GIF 格式

GIF 格式是常用于网页中的帧动画文件格式。GIF 格式压缩比高，有利于网络传输。GIF 格式有两种类型，一种是固定画面的图像文件，另一种是多画面的动画文件。GIF 格式的分辨率为 96dpi，采用 256 色。

3. SWF 格式

SWF 格式是动画编辑软件 Flash 的动画格式，这种格式的动画能用比较小的体积来表现丰富的多媒体形式，是利用矢量技术制作的，不管将画面放大多少倍，画面都会清晰流畅，是目前网络动画的主要形式。

2.6.2　动画制作过程

有人说“做动画的人像上帝一样在创造世界”，因此熟练地掌握动画制作软件是“行使上帝的权利，创造魅力世界”的前提。下面举例说明 Flash 动画制作软件的使用。

1. Flash 简介

Flash 是矢量图形编辑和动画创作的专业软件。Flash 软件主要用于动画制作，使用该软件可以制作出网页互动动画，还可以将一个较大的互动动画作为一个完整的网页。Flash 还被广泛应用于多媒体领域，如交互式软件开发、产品展示等多个方面。Flash 具有支持交互、文件体积小和效果棒等特性，并且不需要媒体播放器的支持，因此其应用范围越来越广泛。Flash 主界面如图 2-45 所示。

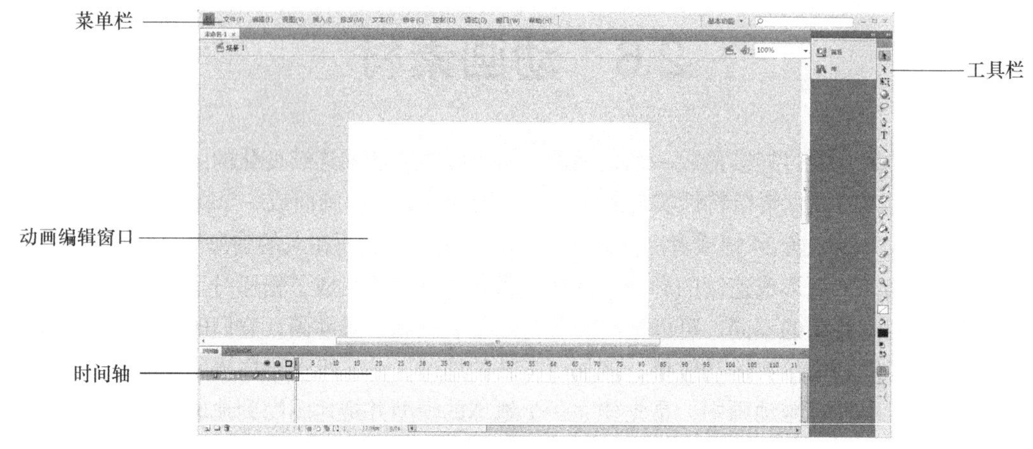

图 2-45　Flash 主界面

菜单栏：包含了 Flash 中所有的命令和方法。

层、帧：动画播放的基本单位是帧，而动画结构是以层为基本单位的，一个精彩的动画往往需要很多的层。

工具栏：提供了编辑矢量图的工具，使用这些工具可以方便地编辑动画元素而不需要调用其他外部程序。

动画编辑窗口：显示动画当前帧的状态，是用户进行动画制作的工作区。

各种面板：右侧的各种面板是辅助工具，可以方便动画的编辑。

时间轴：层和帧显示在时间轴中，因此时间轴用来显示动画的运行过程及不同层之间的关系。

属性工具栏：显示当前状态下的各种属性。

2. Flash 应用实例

（1）制作物体移动动画

制作小球沿路径进行运动的动画。

第一步：启动 Flash，选择“文件”|“新建”命令，建立一个新的 Flash 文档绘制小球，转换为元件。

第二步：创建一个补间动作动画。在“时间轴”面板中单击“添加运动引导层” 按钮，以创建一个运动引导层。

第三步：使用工具面板中的铅笔工具，在运动引导层中绘制出一条运动路径。

第四步：捕捉对象的中心，在起始帧把小球中心移到路径的起点，在结束帧把小球中心移动到路径的终点。

第五步：首先在“时间轴”控制面板中双击第 2 个关键帧左侧的结束帧，选中补间动画的全部帧，然后在属性面板中选中“调整到路径”复选框。

（2）制作物体变形动画

本例将孙悟空变形为一座小房子。

第一步：选择“文件”|“新建”命令，新建一个 Flash 文件。

第二步：选择“文件”|“导入”命令，导入一幅“孙悟空”的图片。

第三步：选择“修改”|“分离”命令，将图片打碎。

第四步：单击第 20 帧，选择“插入”|“关键帧”命令，在第 20 帧中插入一个关键帧删除本

帧上“孙悟空”的图片。

第五步：单击第 20 帧，选择“文件”|“导入”命令，导入一幅“小房子”的图片，将图片移动到舞台的中央。

第六步：选中该图片，选择“修改”|“分离”命令，将图片打碎。

第七步：在第 1 帧和第 20 帧这两个关键帧之间的任意一帧处单击，并在帧属性面板中设置补间为形状。

第八步：选择“控制”|“测试影片”命令，测试动画播放效果。选择“文件”|“保存”命令，保存文档。

2.6.3　实例一　物理演示课件制作

1. 课件功能说明

该课件运行界面如图 2-46、图 2-47 所示。图 2-46 是初始状态，小球在坡顶，图 2-47 是结束状态，小球停在水平面的最右端。课件播放时，小球在重力作用下从坡顶加速滚下，到了水平面，由于受到摩擦力的作用速度逐渐变慢，最后停在水平面的最右端。

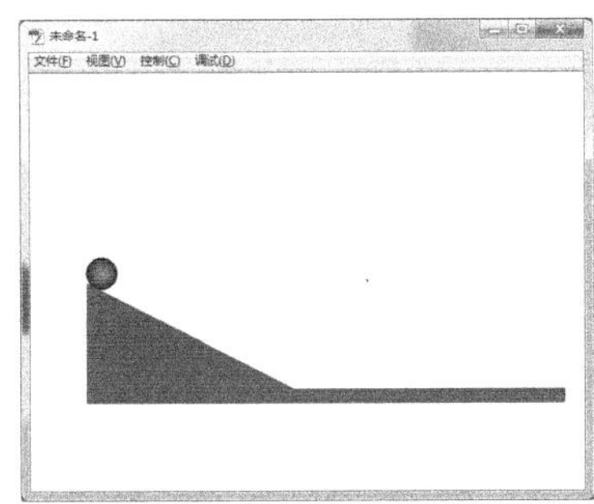

图 2-46　课件初始状态

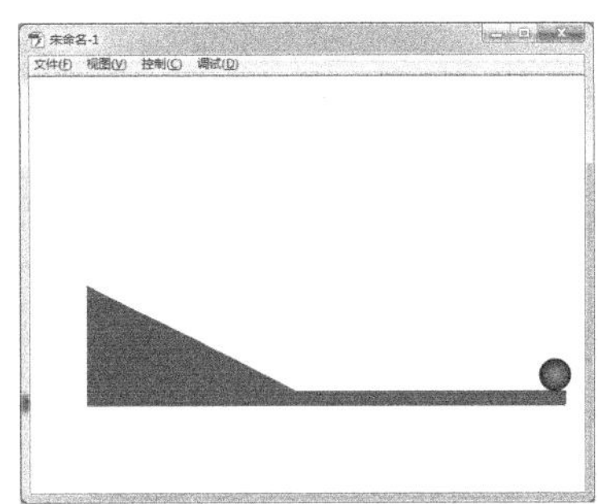

图 2-47　课件结束状态

2. 制作过程

第一步：在 Flash CS4 启动界面选择“新建→Flash 文件（ActionScript 2.0）”。

第二步：在舞台上使用矩形工具绘制下坡图形。

第三步：在舞台上使用矩形工具绘制水平面。

第四步：新建图形元件命名为“球”，绘制正圆，设置放射状渐变填充。

第五步：新建图层，将“球”拖入画布中，在第 20 帧和第 40 帧插入关键帧，如图 2-48 所示。

第六步：在第 20 帧将球移到下坡处，在第 40 帧将球移到最右边，分别创建传统补间动画，如图 2-49 所示。在第 1 帧到第 20 帧设置缓动值为-100，在第 20 帧到第 40 帧设置缓动值为 100。

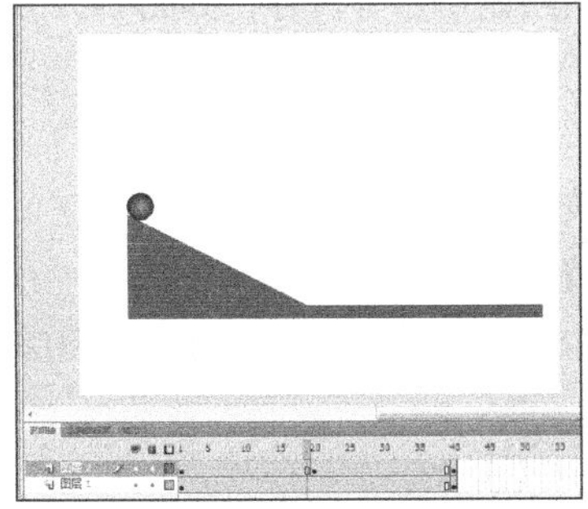

图 2-48　插入关键桢

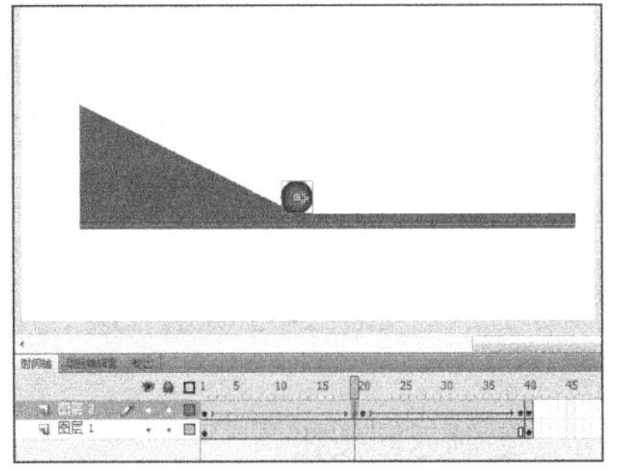

图 2-49　设置传统补间动画

第七步：播放，查看动画。

此例也可以使用补间动画实现。

2.6.4 实例二 牛顿第二定律演示课件制作

1. 课件功能说明

牛顿第二定律是在实验基础上建立起来的重要规律，它是动力学的核心规律，也是学习其他动力学规律的基础。在学习这一内容之前，学生已经掌握了力、质量、加速度、惯性等概念；知道质量是惯性的量度、力是改变物体运动状态的原因；会分析物体的受力。通过本课件让学生了解加速度与物体质量、物体受力的关系，理解牛顿第二定律。

该课件运行界面如图 2-50、图 2-51 所示。图 2-50 是初始状态，图 2-51 是结束状态，单击开始按钮后，两个小车会在重物的牵引下向右运动，由于两个重物质量不同，小车的运动速度也会不同，最后都停在水平台面轨道右端的挡板处。结束后，单击“返回”按钮可以回到初始状态。

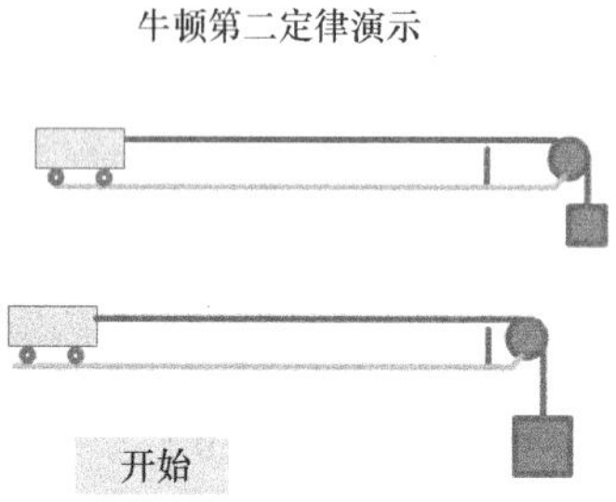

牛顿第二定律演示

开始

图 2-50 初始状态

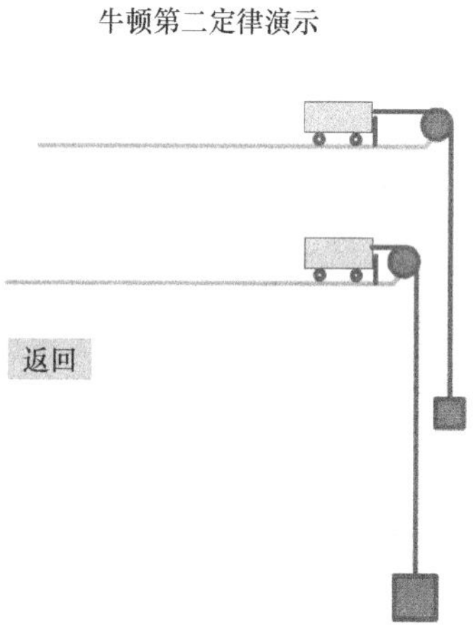

牛顿第二定律演示

返回

图 2-51 结束状态

2. 制作过程

第一步：在 Flash CS4 启动界面选择“新建 Flash 文件（ActionScript 2.0）”。

第二步：绘制小车。

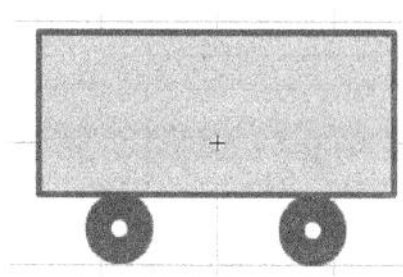

图 2-52 小车

① 新建一个图形元件，命名为“che”；

② 使用矩形工具和椭圆工具绘制小车并保存，如图 2-52 所示。

第三步：绘制开始按钮。

① 新建一个按钮元件；

② 使用一个矩形工具绘制按钮背景；

③ 使用一个静态文本显示按钮上的文字。

按钮制作完成后如图 2-53 所示，这个开始按钮是一个很简单的按钮，只有一个图层，按钮状态也只有一个。

第四步：绘制返回按钮。

返回按钮的制作方法与开始按钮相同，只是背景色不同，如图 2-54 所示。

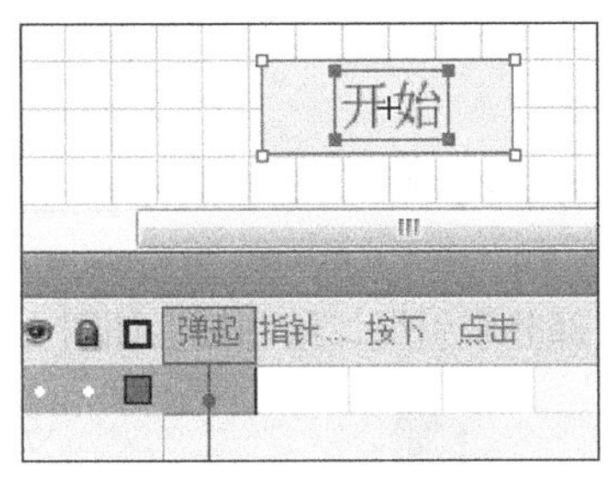

图 2-53　开始按钮

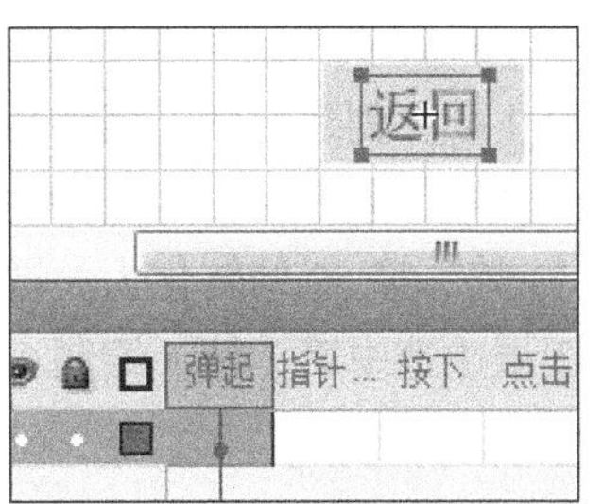

图 2-54　返回按钮

第五步：在第 50 帧插入一个关键帧，使用静态文本在舞台上部中间位置显示课件名称，并在舞台上绘制 2 个轨道，如图 2-55 所示。完成后分别选中第 1 帧和第 50 帧，单击鼠标右键，在弹出菜单中选择“动作”，在代码窗口中输入代码“stop();”。

第六步：插入一个新图层，在靠下方轨道的左端导入小车 1，并设置小车 1 运动动画。

① 将新图层的第 33 帧转化为关键帧；

② 从第 1 帧到第 33 帧设置一个传统补间动画，起点为轨道左端，终点为轨道上的挡板前一点儿位置，注意小车和挡板之间留一点儿距离，如图 2-56 所示；

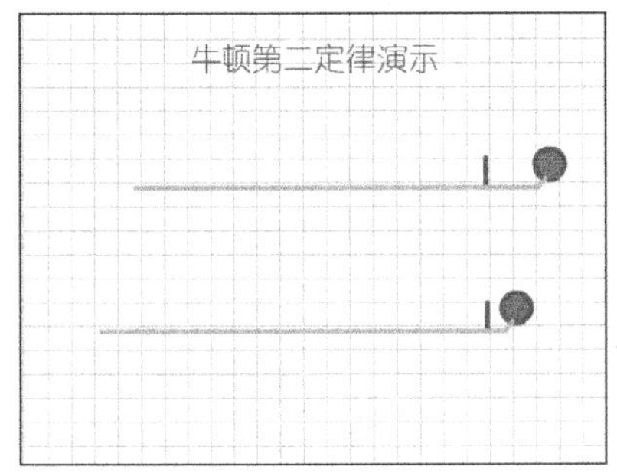

图 2-55　绘制轨道

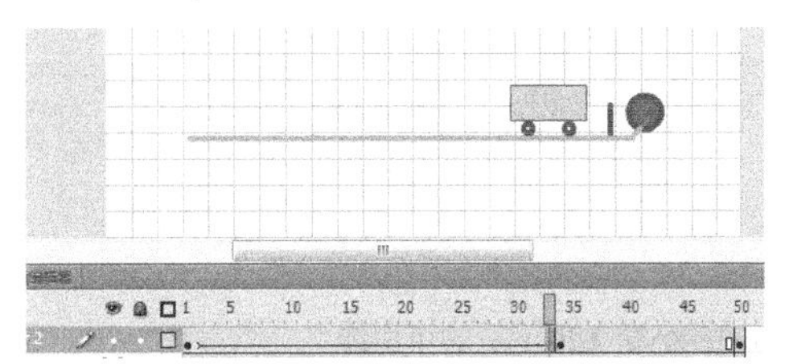
图 2-56　小车 1 传统补间动画终点位置

③ 从第 34 帧开始到第 50 帧结束都将小车 1 紧靠在轨道挡板上。

第七步：插入一个新图层，在上方轨道的左端导入小车 2，从第 1 帧到第 49 帧设置一个传统补间动画，终点同样在轨道上的挡板前一点儿位置，在第 50 帧将小车 2 紧靠在轨道挡板上。

第八步：插入一个新图层，绘制从小车 1 到滑轮之间的牵引绳，并设置牵引绳由长变短的动画。

① 将第 33 帧、第 50 帧转化为关键帧；

② 在新图层中选中第 1 帧，绘制牵引绳，绘制好后如图 2-57 所示；

③ 选中第 34 帧，绘制小车 1 停下后的牵引绳，如图 2-58 所示。

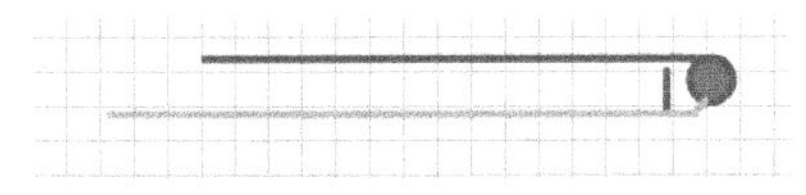
图 2-57　牵引绳

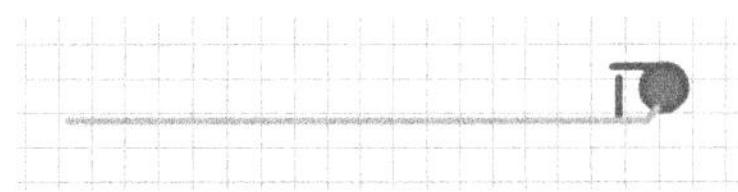
图 2-58　小车 1 停下后的牵引绳

④ 选中第 1 帧，创建形状补间动画。

第九步：插入一个新图层，绘制从小车 2 到滑轮之间的牵引绳，并设置牵引绳由长变短的动画。

① 将第 50 帧转化为关键帧；

② 在新图层中选中第 1 帧，绘制牵引绳；

③ 选中第 50 帧，绘制小车 2 停下后的牵引绳；

④ 选中第 1 帧，创建形状补间动画。

第十步：插入一个新图层，绘制牵引小车 1 垂直部分的牵引绳，并制作牵引绳由短变长的动画。

① 将第 33 帧、第 50 帧转化为关键帧；

② 在新图层中选中第 1 帧，绘制小车运动前垂直部分牵引绳，绘制好后如图 2-59 所示；

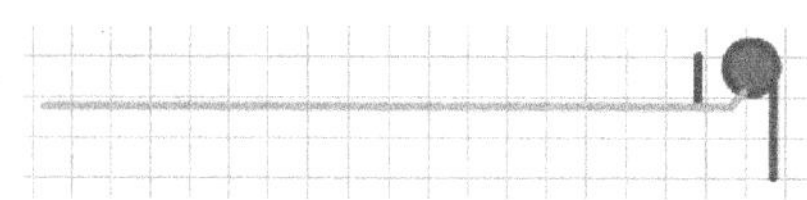

图 2-59　小车 1 牵引绳的垂直部分

③ 选中第 34 帧，绘制小车 1 停下后的牵引绳，如图 2-60 所示。

④ 选中第 1 帧，创建形状补间动画。

第十一步：插入一个新图层，绘制牵引小车 1 的重物 1，并制作该重物运动动画。

① 将第 33 帧、第 50 帧转化为关键帧；

② 在新图层中选中第 1 帧，使用矩形工具绘制重物，绘制好后如图 2-61 所示；

③ 选中第 34 帧，在小车 1 停下后牵引绳的末端位置绘制重物，如图 2-62 所示。

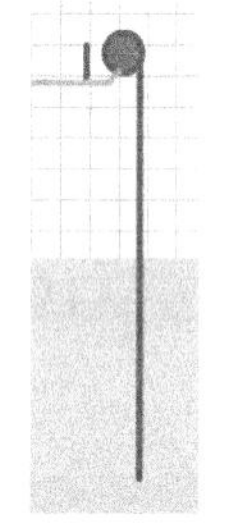

图 2-60　小车 1 停下后的牵引绳

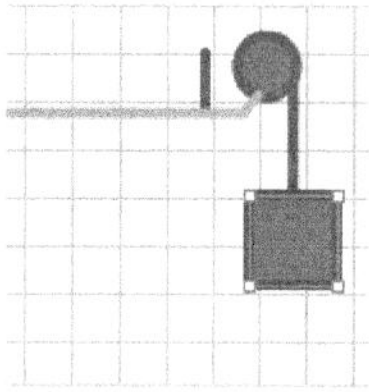

图 2-61　重物 1 位置 1

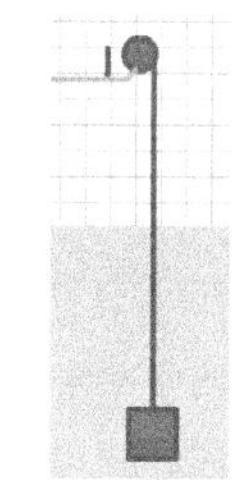

图 2-62　重物 1 位置 2

④ 选中第 1 帧，创建传统补间动画。

第十二步：插入一个新图层，绘制牵引小车 2 的重物 2（重物 2 要明显小于重物 1），并制作该重物运动动画。

① 将第 50 帧转化为关键帧；

② 在新图层中选中第 1 帧，使用矩形工具绘制重物 2，绘制好后如图 2-63 所示；

③ 选中第 50 帧，在小车 2 停下后牵引绳的末端位置绘制重物 2，如图 2-64 所示。

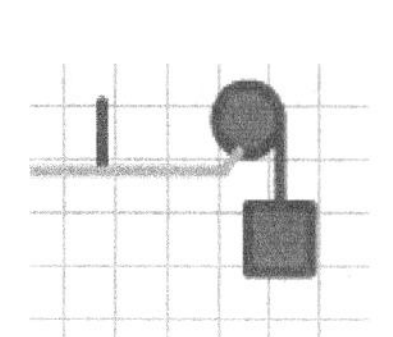

图 2-63　重物 2 位置 1

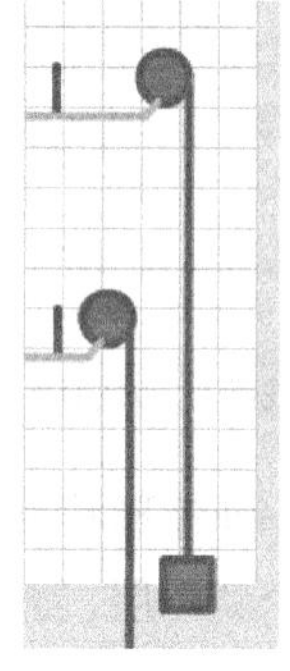

图 2-64　重物 2 位置 2

④ 选中第 1 帧，创建传统补间动画。

第十三步：插入一个新图层，制作按钮控制功能。

① 将第 50 帧转化为关键帧；

② 在新图层中选中第 1 帧，在舞台左下部分适当位置导入播放按钮；

③ 选中播放按钮，单击鼠标右键，在弹出菜单中选择“动作”，在代码窗口中输入如下代码：

```
on (release) {
     play();
}
```

④ 选中第 50 帧，在播放按钮的位置导入返回按钮；

⑤ 选中返回按钮，单击鼠标右键，在弹出菜单中选择“动作”，在代码窗口中输入如下代码：

```
on (release) {
     play();
}
```

提示

处理图像、声音、视频以及动画这些媒体素材的软件有很多种，不止我们介绍的这些，读者可以尝试更多的应用软件，比较它们的功能。

练习与实践

一、练习题

1. 选择题

（1）多媒体计算机是综合处理声、文、图影像信息的技术，多媒体的主要特征是多样性、交互性、_________，这是区别于传统计算机的特征。

A. 多样性　　B. 友好性　　C. 集成性　　D. 易操作性

（2）位图与矢量图比较，可以看出_________。

A. 对于复杂图形，位图比矢量图更快　　B. 对于复杂图形，位图比矢量图更慢

C. 位图与矢量图占用空间相同　　D. 位图比矢量图占用空间更少

（3）波形声音文件是_________文件。

A. WAV　　B. MIDI　　C. MP3　　D. AIF

（4）在动画制作中，一般帧速选择为_________。

A. 30 帧/秒　　B. 60 帧/秒　　C. 120 帧/秒　　D. 90 帧/秒

（5）下列文件格式中，_________是网络动画的类型格式。

A. MOV　　B. AVI　　C.SWF　　D. MP3

2. 填空题

（1）数字音频主要对三种音频信号进行处理，他们分别是__________、__________和_________。

（2）按时空视觉效果的不同，将动画分为_________和_________两种。

3. 简答题

（1）获取图像素材常用的方法有哪些？

（2）图像文件格式有哪些？简述其特点。

二、技术实践活动

项目 1：利用 Photoshop 软件设计一门课程的课件首页。（力求主题鲜明，设计新颖）

项目 2：利用 Flash 软件制作篮球弹跳效果。（注意球在不同位置的形变）

学习资源

- **参考书目**

[1] 刘光然，主编. 多媒体技术与应用. 北京：人民邮电出版社，2005.

[2] 黄大亮，主编. 现代教育技术. 北京：化学工业出版社，2008.

[3] 王云，李志河，主编. 现代教育技术应用. 北京：北京交通大学出版社，2007.

[4] 张剑平，主编. 现代教育技术——理论与应用（第二版）. 北京：高等教育出版社，2008.

- **相关网址**

[1] http://bbs.openedu.com.cn/showtopic-640457.aspx 教学媒体的功能是什么

[2] http://www.ynyj.com/public/course/classForum/viewForum.ao?method=viewCommentInfo&click=click&classForum.id=ff80808122e438be01231324c121515f 教学媒体的概念和分类方法

模块 3 网络教学信息资源的检索与利用

【情境导入】

纷繁复杂的网络世界，浩瀚的网络资源，易让人迷失学习和工作的方向。本模块提供了国内外的专业网络数据库平台，给出了有效寻找网络教学信息资源的方法，介绍了重组网络教学信息资源的方法及典型的网络教学交流工具。通过真实案例，与学习者们一起分享网络教学信息资源创设的情境，体会利用网络教学信息资源和网络教学交流工具学习的快乐。

【重点难点】

1. 重点

- 搜索引擎和国内外专业网络数据库的使用
- 网络教学交流工具的使用

2. 难点

- 重组网络教学信息资源

【名词术语】

网络教学信息资源　网络教学交流工具

3.1 网络教学资源概述

3.1.1 网络教学资源的概念

网络教学资源是指基于网络的、为教学目的而专门设计的或能为教育服务的各种资源。网络教学资源包括网络教学环境资源（硬件）、网络教学支持系统（软件）、网络教学信息资源（资源内容）、网络人力资源（管理者）。其中，网络教学信息资源是核心，其他资源是为网络教学信息资源的建立、传播和利用而服务的，不同于以往以书籍、报刊、磁带、磁盘、广播、电视等为物质载体的传统教学信息资源，网络教学信息资源是一种以网络为承载、传入媒介的新型的信息资源，这种信息资源主要是在因特网上获取的，因此也将基于网络的教学信息资源称为网络教学信息资源；而将其他三者统称为网络教学工具资源。网络教学信息资源是网络教学系统的重要组成部分，是网络教学系统中的信息体系，是实施网络教育的前提和基础。

3.1.2 网络教学资源的特点

网络教学信息资源是网络教学资源的一部分，它一方面具备了普通网络资源的特点；另一方面又体现出了指导者与学习者之间的关系。因此，网络教学信息资源具有以下典型特点。

1. 信息分布的广泛性

网络教学信息资源存在于世界各地联网的主机中，是涉及地域最广的资源。它以超链接的方式将文字、图像、音频、视频等信息链接成超文本和超媒体系统，已经成为全球最大的信息资源库。

2. 信息形式的多样性

网络教学信息资源通过计算机将文本、图形、动画、影像、声音等多种媒体形式有机地联系到一起，集各种媒体之长，图文并茂，生动有趣，使抽象事物形象化，极大地丰富了信息内容的表现力，能够创造良好的学习资源。信息形式的多样性也有助于人们知识结构的更新和重构。

3. 信息获取的快捷性

网络教学信息资源可通过网络终端随时随地获取，打破了其他媒体信息在查找时所必须受到的时间、空间等因素的限制。学习者只要具备了学习的愿景，就能够在任何时间、任意地点获取到自己需要的信息。

4. 信息资源的共享性

网络教学信息资源除了具备一般意义上的信息资源的共享性外，其优势还表现为一个因特网网页可供所有的因特网用户同时访问，不存在传统媒体信息由于副本数量的限制所产生的信息不能多人同时获取的现象。

5. 信息传递的时效性

网络媒体的信息传播速度及影响范围使信息的时效性大大增强，学生能在第一时间及时获得第一手网络教学资料。

6. 信息交流的互动性

互动性是网络的主要特点之一。网络信息一般具备双向传递功能，即用户在接收到相关的网络信息后可针对该信息随时向信源提供反馈。网络用户既是网络教育资源的使用者，也是网络教育资源的发布者。网络教学信息资源是为网络教学服务的，应便于学生通过网络自主学习，便于教师组织网络教学材料，便于教学管理人员对教学效果进行跟踪与评测。信息交流的互动性为教学各个环节的实施提供了技术保障。

3.1.3 网络教学资源的类型

网络教学信息资源主要包括所有网络教学系统支持运行的学习材料。按照《教育资源建设技术规范》的界定，网络教学信息资源主要包括各类网络媒体素材、网络题库、试卷、网络课件、网络课程、教学案例、常见问题解答、资源目录索引、文献资料等。

对于高职院校来说，除了上面提到的教学资源外，还特别要提供针对性强、有利于学习和掌握应用技能的资源类型，如专业多媒体素材、虚拟仿真课件、实况操作视频、情景视频等，以及相关专业的高新技术知识和各种最新动态、相关职业背景前沿等。

1. 专业多媒体素材资源

专业多媒体素材资源主要指与专业学科有关的文本、图形/图像、音频、动画、视频等，这些资料直观形象，可以帮助学生更好地认识、了解、掌握专业知识和技能。如机电专业的多媒体素材应包括：机械结构、零部件、模型、模具、实物等的图片，工作原理或加工过程的三维仿真动画等。

2. 多媒体课件资源

多媒体课件资源主要指基于计算机技术，将图、文、声、像等媒体的表现方式有机结合，对一个或几个知识点实施相对完整的教学，辅助教师与学生的教与学，完成特定教学任务的教学软件。体现高职教学特色的多媒体课件资源主要是虚拟仿真课件和教学游戏课件。

（1）虚拟仿真课件

虚拟仿真课件主要包括虚拟实验室、虚拟设计、虚拟实训等课件资源。这种资源利用多媒体技术、网络技术等营造出一个与真实实验实训模拟仿真的交互环境，使学生身临其境，对学习者的不同操作给出与现实环境相符合的反馈。

（2）教学游戏课件

教学游戏课件主要指有游戏功能的教学或学习课件。例如，在游戏中比拼玩家，数控仿真设计、服装设计等技艺和创造力，给予晋级、奖品等激励，激发学生学习的热情。教学游戏课件需要恰当地利用游戏的特征（模拟、探险、互动以及协作），需要思考如何构建合适的游戏化学习环境，最大限度地开发学生的学习思维。

3. 音视频教学资源

音视频教学资源是指用摄像机拍摄真实的情景后经过制作、转换的数字流媒体资源。主要包括实验实训等实操示范录像、优秀课堂教学录像、提供真实场景的视频资源、卫星电视教学资源—空中视频资源等。

（1）实验实训等实操示范录像

实验实训等实操示范录像可以购买相关的优秀实操示范录像视频资源，也可以由本校优秀教师结合教学需要进行实际演示。在拍摄时，重点难点部分可以分解放大动作细节，强调其关键技巧和须避免的错误，由技术人员录制后，转存到资源数据库中，供老师和学生在网上随时随地观摩领会。

（2）优秀课堂教学录像

优秀课堂教学录像将优秀教师的教学建成网络教学信息资源，教师和学生可以随时随地观摩学习。这样不仅积累了优质资源，而且解决了高职教育学时短、学习内容多的矛盾，帮助学生在课余时间重新学习课堂上没有完全掌握的重点难点。目前，市场上的视频授课录制工具可以完成此项工作，实现在录制授课实况的同时生成包含同步使用的教学课件等计算机信号的网络流媒体视频资源，大大提高了建设这类视频教学资源的效率。

（3）提供真实场景的视频资源

高职教学强调现场性和真实性，因此要给学生提供真实场景的视频资源。如旅游专业，必须给学生提供真实的旅游景点录像，以便于学生了解其风土人情并进行模拟导游练习等。

（4）电视教学资源

电视教学资源种类很多，适用于高职教育的视频教学资源可以分为以下三类。

① 用于专业教学的视频资源。中央教育电视台、空中课堂频道、科技频道、旅游频道等都有与高职专业学科教学有关的系列内容。电教部门事先下载相关电视台网站提供的节目时间表，放到学校内部网上，广泛收集专业教师对电视节目录制的需求信息，根据需求信息制订录制计划，准点录制电视节目，利用现代储录设备可以直接采集成数字影像格式。在截去广告等非教学内容后，经格式转换，将其整合到资源库。

② 用于提高科学人文素养的视频资源。高职学生需要了解本专业所属行业领域的最新科技成果，需要具有创新性，同时高职学生需要提高文化道德法纪等方面素养，使他们走上工作岗位后甘愿吃苦耐劳、刻苦钻研、改革创新，成为生产管理方面的能手。实现这样的培养目标，仅靠在课堂上说教传授是无法达到良好效果的，因此高职院校要重视利用校园网络资源库，有目的、有

针对性地建设相关视频资源，并引导学生学习，动之以情，晓之以理，这样对提高学生的综合素质将大有裨益。《绝对挑战》、《科技博览》、《心理访谈》等电视节目都是可利用的优秀教学资源。

③ 用于进行案例教学的视频资源。电视传媒以其形象性、生动性、时效性最适合进行案例教学。经济管理类的学科资源中积累了大量这类资源，包括《今日说法》、《经济与法》、《百家讲坛》、《绝对挑战》、《焦点访谈》、《新闻调查》等，成为最受师生欢迎的助教助学资源。此外，可以将科技频道、法制频道等节目通过网上直播电视的方式提供给教师学生，使他们随时都可以看到最新的节目。教师计算机配上电视卡和视频采集卡，可以根据自己教学的个性需要，录制教学用的素材和案例等。

4. 网络课程资源

网络课程是通过网络表现的某门学科的教学内容及实施教学活动的总和。它包括两个组成部分：教学内容和网络支撑环境。其中，教学内容是按一定的教学目标、教学策略组织起来的。网络课程主要为教育者和学习者提供为教与学过程创设的网上学习环境。这类资源专业化、学科化方向明确，使用方便有效，高职院校要构建优秀的教学资源必须加强网络课程的建设。资源建设的重点就是以学习环境理论为指导和基础的网络课程的开发。

网络课程中汇聚着电子教案、媒体素材、多媒体课件、试题库、应用案例、实验实训指导、授课视频、在线讨论、前沿动态、学生作品等资源，为教与学提供全方位、多层面的知识。网络课程是传统课堂教学的重要补充，使教学形式更丰富，教学手段更灵活，并且有助于增强学生参与学习的积极性，提高学生的信息素养。

3.2 信息资源

3.2.1 网络信息资源的检索与利用

网络的广泛应用和发展，使世界范围内的信息交流、信息资源共享成为现实。它打破了对时空的限制，拓展了人类信息的空间。但由于缺乏统一的组织和控制，网络上的信息纷杂，要想从大量纷繁复杂、千变万化的信息海洋中及时、准确地找到并获取所需的信息，就需要借助各种类型的网络信息检索工具。一般来说，网络信息检索工具主要可以分为目录检索工具和搜索引擎两大类。

网络信息检索工具是指在网络上提供信息检索服务的一类网站或服务器，其检索的对象是存在于网络信息空间中的各类网络信息。

1. 目录检索工具

目录检索工具是由信息管理专业人员在广泛搜集网络资源并进行加工整理的基础上，按照某种主题分类体系编制的一种可供检索的等级结构式目录。在每个目录类下提供相应的网络资源站点地址，使用户能通过该目录体系的引导，查找到有关的信息。

目录检索工具的主要优点是所收录的网络资源经过专业人员的选择和组织，可以保证质量，减少了检索中的“噪声”，从而提高了检索的准确性。但是由于人工收集整理信息，得花费大量的人力和时间，难以跟上网络信息的迅速发展，涉及信息的范围有限，其数据库的规模也相对较小。

目前最有代表性的目录检索工具是 Google 中的“Google 产品”，如图 3-1 所示。“Google 产品”的一级目录中有“搜索服务”、“探索与创新”、“分享与沟通”等，一级目录下有二级目录，然后逐级链接多级目录，最后与相应的 Web 页相连。如“搜索服务”|“网页目录”|“科学”|“计算机信息科学”|“人工智能”|“中国人工智能网”，如图 3-2～图 3-7 所示。

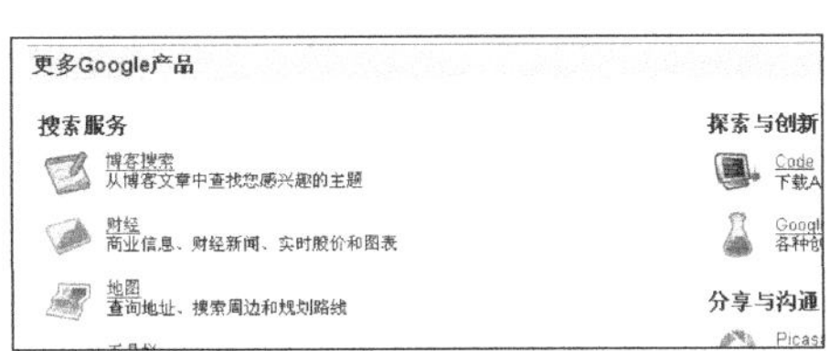

图 3-1　Google 产品

图 3-2　搜索服务

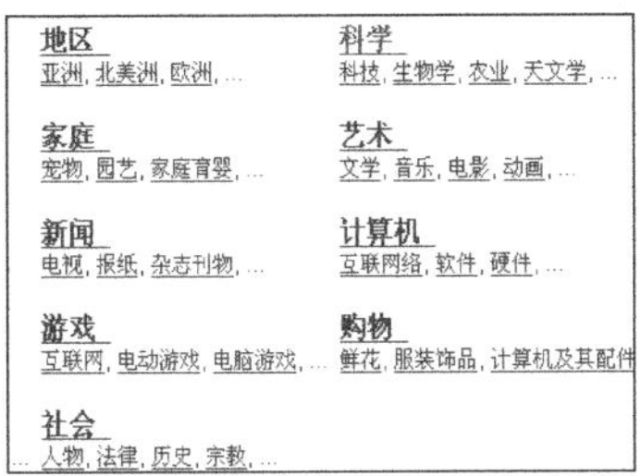

图 3-3　网页目录

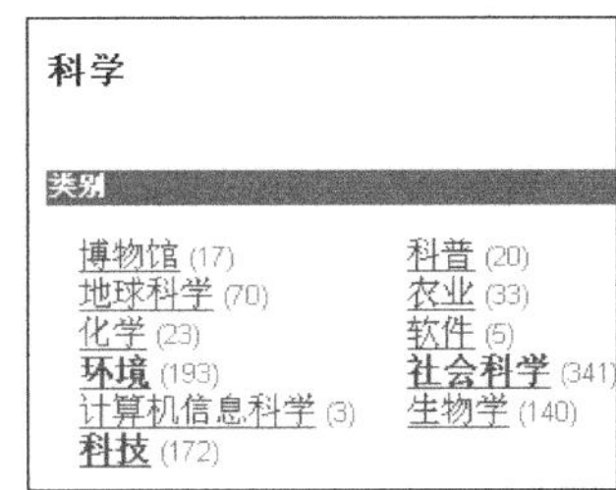

图 3-4　科学

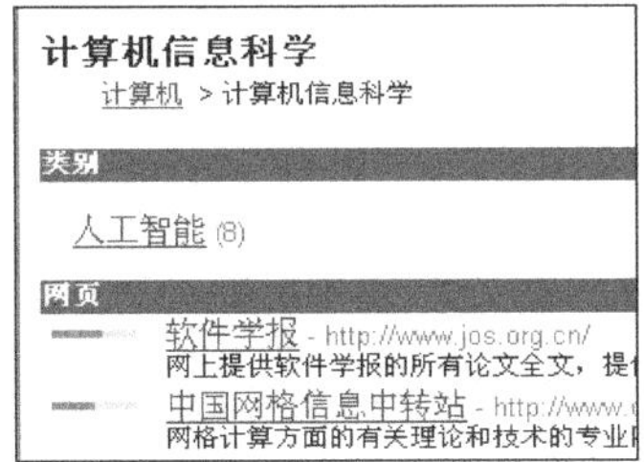

图 3-5　计算机信息科学

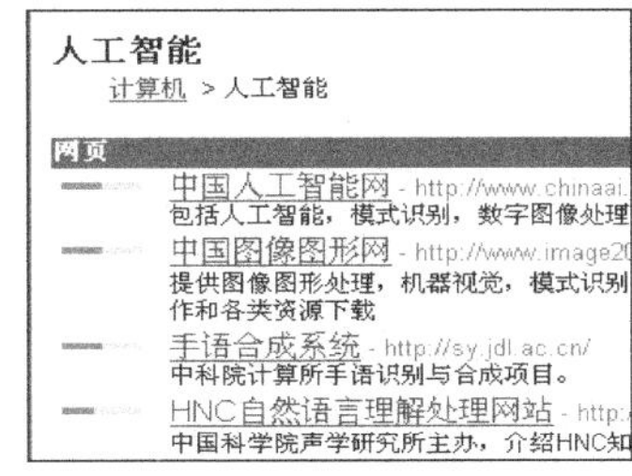

图 3-6　人工智能

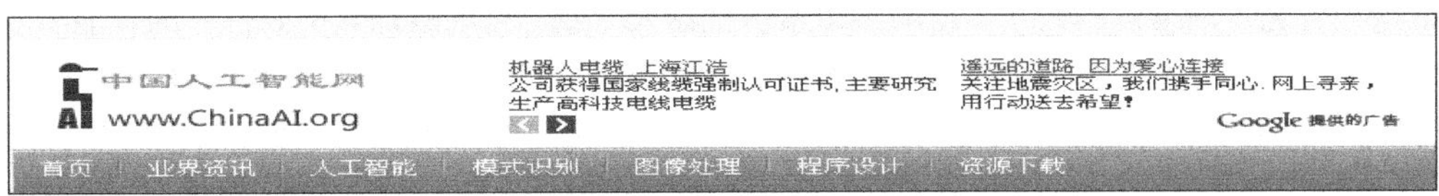

图 3-7　中国人工智能网

在专门的教育资源类网站中，也常常使用目录检索工具。如高等职业教育优质教学资源全库（http://glibdemo.cctr.net.cn/default.aspx），如图 3-8 所示，注册后即可登录获取所需资源。

职业教育相关网站小知识：

（1）以下网站提供高职高专教育的相关资讯。

中国高职高专教育网（http://www.tech.net.cn/）。

中国职业教育与成人教育网（http://www.cvae.edu.cn/）。

（2）以下网站提供多种教学资源和网络课程。

国家精品课程资源网（http://www.jingpinke.com/）。

高职高专教育资源网（http://www.fsa.gov.cn/www_jwgl/jcml/2004gjs/fenkewangzhan/gzgzjxzyw.html）。

图3-8 中国高等学校教学资源网

2. 搜索引擎

搜索引擎使用自动索引软件来发现、收集并标引网页、建立数据库。以网页形式提供给用户一个检索界面，供用户输入检索关键词、词组或短语等检索项。代替用户在数据库中查找出与其提问匹配的记录并返回结果，且按其相关度排序输出。

一方面，使用搜索引擎检索时，无须判断类目、归属，使用比较方便；另一方面，搜索引擎也存在一些缺陷。例如，由于人工干预过少，其准确性较差，检索结果中可能会有很多冗余信息。

（1）搜索引擎的工作原理

搜索引擎的工作过程主要包括信息采集与存储、加工、输出等。

① 信息的采集与存储。搜索引擎一般采用自动方式收集和存储信息，即运用Robots、Eqiders、Worm等被称为“网络机器人”、“自动跟踪索引机器人”或“自动跟踪索引软件”的智能型软件，追寻环球信息网（WWW）上的链接向前搜索，找到Web页并将其调出。搜索引擎软件将自动给该Web页上的某些或全部词作上索引，形成目标摘要格式文件，然后填入网络可访问的数据库。

② 加工（信息索引的建立）。信息采集和存储后，要建立索引查询系统。它是一个同建库系统配套的子系统，建立信息索引就是创建文档信息的特征记录，使检索者能够快速地检索到所需信息，主要进行信息语词切分和语词词法分析、词性标注及相关的自然语言处理、建立检索项索引等处理。

③ 输出（相关性处理并建立索引界面）。一般情况下，网上信息检索的结果往往很庞大，大量的结果信息使检索者无法逐一浏览。因此，搜索引擎还根据文件的相关程度进行排列，最相关的文件通常排在最前面。一般而言，每个搜索引擎确定相关性的方法不尽相同，其中有概率方法、位置方法、摘要方法、分类或聚类方法等。搜索引擎检索界面用于接受用户提交的查询请求，从而进一步找寻相应的 Web 页地址。

（2）搜索引擎检索的基本方法

网络信息的检索有多种方法。因此，可以根据所检索内容的不同，选择合适的检索方法。

① 布尔逻辑检索。常见的有“与”（and）、“或”（or）、“非”（not）等。不同的搜索引擎对该功能的支持程度有所不同，有的是“完全支持”全部以上逻辑运算。另外，在提供运算符号方面也有所区别，有些搜索引擎采用常规的命令驱动方式，即用逻辑运算符进行逻辑运算，有的则采用符号“+”和“−”分别代替“and”和“not”。

② 截词检索。常用的截词方法有左截、右截、中间截断和中间屏蔽四种。通常只提供右截法，而且搜索引擎的截词符通常采用星号“*”。例如，educat*相当于 education、educational、educator 等。

③ 短语检索。在搜索词中将一个短语当作一个独立单元，进行严格匹配，以提高检索的精度和准确度。短语检索不仅规定搜索引擎支持词组的检索，并且采用双引号来强调短语，如“教育技术”。

④ 自然语言检索。直接采用自然语言中的字、词或句子提问式进行检索。

⑤ 多语种检索。提供多语言种类的检索环境供检索者选择，系统可按指定的语种进行检索，并输出相应的检索结果。

⑥ 区分大小写的检索。主要针对检索词中含有人名、地名等专有名词的检索。

搜索小技巧：

（1）选择合适的关键词。

（2）学会使用各种逻辑符号“and”、“or”等，扩大搜索的范围。

（3）分类目录加关键词混合检索。

（4）网页快照。当无法打开某个搜索结果或者打开速度特别慢时，可以使用网页快照。

（5）文档类型限定。可以文件名后跟上文件格式，如“DOC、PPT、PDF”等；也可以根据文档类型搜索，如在 Google 中选取“视频”、“图片”、“音乐”等类型。

（6）用搜索引擎检索到相关网页后，有时会发现所要的文件并没有出现在当前屏幕中。可按 Ctrl+F 组合键，在“查找”对话框中输入待查找的关键词，以便在当前网页中查找相应的内容。

（7）在信息检索中，当一个很长的网址连接不上时，可以试试“右切断网址”的方法。从右至左依次删除网址中斜杠后面的内容，直至链接成功。

3.2.2　学术数据库的检索与利用

专业网络教学信息资源的检索主要依赖于专业的学术数据库。因此，下面对国内外主要的专业学术数据库进行介绍。

1. 国内主要专业学术数据库

（1）维普资讯网（http://www.cqvip.com/）

该网是重庆维普资讯有限公司开发研制的中文电子期刊数据库，收录了 1989 年以来我国自然科学、工程技术、农业科学、医药卫生、经济管理、教育科学和图书情报等学科 12 000 余种期刊的 1 700 余万篇文章的全文，并以每年 100 万篇的速度递增。

维普资讯网小知识：

期刊总数：12 000 余种。

核心期刊：1 810 种。

文献总量：1 700 余万篇。

更新周期：中心网站日更新。

全文质量：采用国际通用的高清晰 PDF 全文数据格式。

学科范围：社会科学、自然科学、工程技术、农业科学、医药卫生、经济管理、教育科学和图书情报。

检索方式：快速检索、传统检索、分类检索、高级检索、期刊导航。

著录标准：《中国图书馆分类法》、《检索期刊条目著录规则》（GB 3793—1983）、《文献主题标引规则》（GB 3860—1983）等。

技术标准：采用自主开发的海量文献搜索引擎技术，提供 B/S 方式的 Web 数据库服务，同时支持 OpenURL 等国际标准协议，为客户单位提供异构数据库的开放连接增值服务。

版权保护：与收录期刊社直接签约，由国家主管部门监督实施版权费用支付工作，严格参照国家著作权法妥善解决版权问题。

维普资讯网快速检索方法：通过首页正中的输入框，输入简单检索条件，在任意字段进行查询，如图 3-9 所示。

进入结果显示页面，可实现题录文摘的查看或下载，及全文下载功能，同时也可进行检索条件的再限制检索或重新检索，如图 3-10 所示。

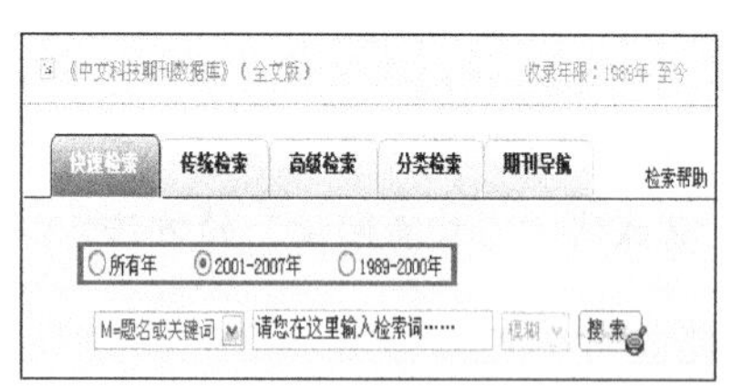

图 3-9　维普资讯网快速检索

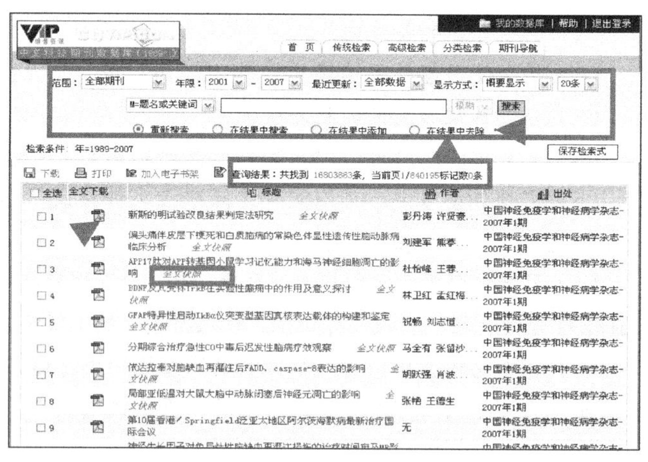

图 3-10　维普资讯网二次检索与检索结果

（2）CNKI 中国知网（http://www.cnki.net/）。

主要应用包括中国期刊全文数据库、中国优秀博士硕士论文全文数据库、中国重要报纸全文数据库、中国医院知识仓库、中国重要会议论文全文数据库。

中国知网为用户提供了在线的使用指南。其个人数字图书馆使用手册网址为 http://epub.cnki.net/grid2008/Help/gerenguan/index.html。

（3）超星数字图书馆（http://www.ssreader.com/）

超星数字图书馆设文学、历史、法律、军事、经济、科学、医药、工程、建筑、交通、计算机和环保等几十个分馆。目前拥有数字图书 10 多万种，包括 51 个学科分类，涉及哲学、宗教、社科总论、经典理论、民族学、经济学、自然科学总论、计算机等各个学科门类。收录年限为 1977 年至今。检索方法如下。

① 下载安装超星阅览器。下载地址：http://www.ssreader.com/download/download.html。

② 下载、安装后启动超星阅览器，进行新用户注册。新用户注册网址：http://reg.ssreader.com/reg.asp。

③ 登录电子书店网址：http://ebook.ssreader.com，查找需要的图书。

④ 图书搜索，如图 3-11 所示。

⑤ 图书分类查找。在网页的左侧可以通过图书分类查找，如图 3-12 所示。

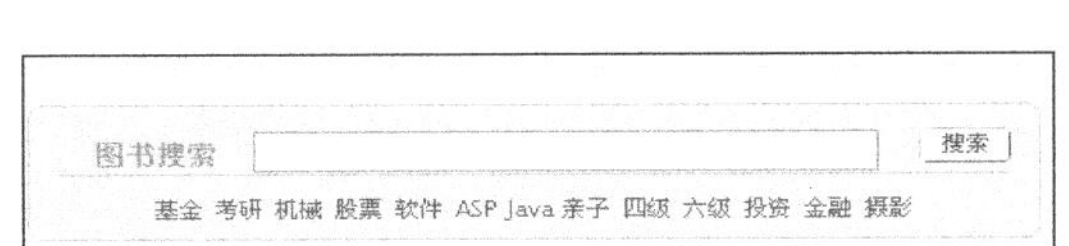

图 3-11　图书搜索图

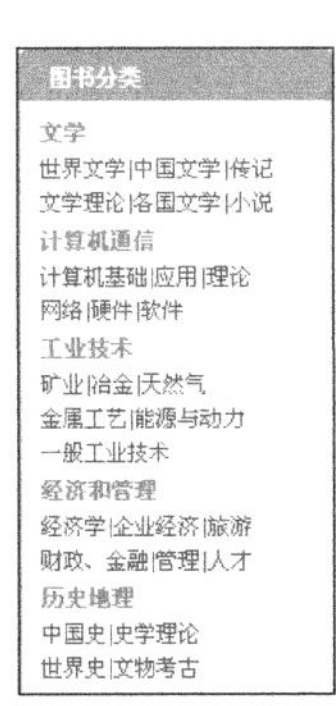

图 3-12　图书分类查找

（4）中国国家数字图书馆（http://www.nlc.gov.cn/）

目前，国家数字图书馆已在因特网上发布 72 万册件、馆域网上发布超过百万册件的电子书。国家数字图书馆将成为世界最大的中文文献收藏中心、中文数字资源基地和中国最先进的信息网络服务基地。

2. 国外主要专业学术数据库

（1）美国

① Wiley InterScience。Wiley InterScience 是 John Wiely & Sons 公司创建的动态在线内容服务，1997 年开始在网上开通。通过 InterScience，Wiley 公司以许可协议形式向用户提供在线访问全文内容的服务。Wiley InterScience 收录了 360 多种科学、工程技术、医疗领域及相关专业期刊，30 多种大型专业参考书，13 种实验室手册的全文和 500 多个题目的 Wiley 学术图书的全文。

② IEEE/IEE。收录美国电气与电子工程师学会（IEEE）和英国电气工程师学会（IEE）自 1988 年以来出版的全部 150 多种期刊、5 670 余种会议录及 1 350 余种标准的全文信息。IEEE（Institute of Electrical & Electronics Engineers）是电子信息领域最著名的跨国性学术团体，其会员分布在世界 150 多个国家和地区。

③ EBSCO。其网址是 http://ejournals.ebsco.com，该公司从 1986 年开始出版电子出版物，共收集了 4 000 多种索引和文摘型期刊、2 000 多种全文电子期刊。该公司拥有 BSP（Business Source Premier，商业资源电子文献库）、ASP（Academic Search Premier，学术期刊全文数据库）等多个数据库。

④ ProQuest。它是博士论文全文，是 UMI 公司的一个分库。收录了 1861 年以来全世界 1 000 多所著名大学理工科 160 万博士、硕士学位论文的摘要及索引，学科覆盖了数学、物理、化学、农业、生物、商业、经济、工程和计算机科学等，是学术研究中十分重要的参考信息源。其网址是 http://proquest.umi.com/pqdweb。

⑤ OCLC。联机计算机图书馆中心（Online Computer Library Center，OCLC），是世界上最大的提供文献信息服务的机构之一。其数据库绝大多数由一些美国的国家机构、联合会、研究院、图书馆和大公司等单位提供。数据库的记录中有文献信息、馆藏信息、索引、名录、全文资料等内容。资料的类型有书籍、连续出版物、报纸、杂志、胶片、计算机软件、音频资料、视频资料、乐谱等。

⑥ Netlibrary。其网址是 http://www.netlibrary.com。Netlibrary 处在美国科罗拉多州波尔德尔市，于 1999 年成立，是世界上向图书馆提供电子图书的主要提供商。Netlibrary 于 2002 年 1 月 25 日成为 OCLC 联机计算机图书馆中心的下属部门。目前，世界上 7 000 多个图书馆通过 Netlibrary 存取电子图书，其中包括哥伦比亚大学、斯坦福大学、加州大学伯克莱分校，以及世界上其他成千的大小图书馆。

小知识：

Netlibrary 是 OCLC 的一个部门，是当前世界上 eBook 的主要提供商。目前提供 400 多家出版社出版的 60 000 多种电子图书，并且每月增加约 2 000 种。这些电子图书覆盖所有主题范畴，约 80%的书籍是面向大学程度的读者。大多数 Netlibrary 的电子图书内容新颖，近 90%的电子图书是 1990 年后出版的。

⑦ Springer。Springer 包含化学、计算机科学、经济学、工程学、环境科学、地球科学、法律、生命科学、数学、医学、物理与天文学这 11 个学科，其中许多为核心期刊。

⑧ Engineering Village。Engineering Village 属于工程索引类电子文献数据库，是工程人员与相关研究者最佳、最权威的信息来源。

（2）英国

① Ingenta。其网址是 http://www.ingenta.com。Ingenta 网站是 Ingenta 公司于 1998 年建成的学术信息平台。在几年的发展中，该公司先后兼并了多家信息公司，合并了这些公司的数据库。

小知识：

2001 年，Ingenta 公司兼并了 Catchward 公司，近期 Ingenta 准备将两家公司的信息平台整合为一体。在整合之前，用户可分别从 ingenta.com 和 catchward.com 查询对方提供的全部信息。整合后可提供全球 190 多个学术出版机构的全文联机期刊 5 400 多种，以及 26 000 多种其他类型出版物。目前，Ingenta 公司在英国和美国多个城市设有分公司，拥有分布于世界各地的 10 000 多个团体用户和 2 500 多万个个人用户，已成为全球学术信息服务领域的一个重要的文献检索系统。

② Blackwell。其网址是 www.blackwell-synergy.com。Blackwell 出版公司是世界上最大的期刊出版商之一，总部设在英国伦敦的牛津，以出版国际性期刊为主，包含很多非英美地区出版的英文期刊。它所出版的学术期刊在科学技术、医学、社会科学以及人文科学等学科领域享有盛誉。

小知识：

Blackwell 出版的期刊不断发展。目前，Blackwell 出版期刊总数已超过 700 种，其中理科类期刊占 54%左右，其余为人文社会科学类。涉及学科包括农业、动物学、医学、工程、数学统计、计算机技术、商业经济、生命科学、物理学、人文科学、艺术、社会及行为科学等。Blackwell 出版期刊的学术质量很高，很多是各学科领域内的核心刊物。据最新统计，其中被 SCI 收录的核心期刊有 239 种，被 SSCI 收录的有 118 种。

3.3　工具资源

3.3.1　百度百科

在职业教育教学中，运用教育技术手段引导学生进行自主学习或作为课堂学习的补充，已经成为教学必不可少的一部分。其中，利用搜索引擎在互联网中获取教学资源、弥补教材的单一性，从而丰富课堂内容，变得尤其突出，“百度百科”平台正好满足对大量知识的需求。

1. 百度百科概述

“百度百科”是百度公司推出的一部内容开放、自由的网络百科全书，是一份涵盖各领域知识的中文信息收集平台。它本着平等、协作、分享、自由的互联网精神，充分调动互联网用户的力量，汇聚上亿用户的头脑智慧，其中不乏专家、学者，所有人共同协作编写百科全书，让知识在一定的技术规则和文化脉络下得以不断组合和拓展，为用户提供一个创造性的网络平台。

与传统的百科全书相比，“百度百科”具有搜索便捷、条目涵盖面广、内容丰富且通俗易懂等诸多优势。它省去了用户去图书馆翻书的繁琐，在网络遍布的当今，实现了“百科全书在身旁”的奇迹。

在职业教育教学中，合理利用“百度百科”，可以很好地弥补高职学生知识面狭窄、理论不足的劣势，增加对理论性知识的理解，让学生在动手的同时明白原理，实现手脑全面发展；百科条目语言通俗，解释图文并茂，浅显易懂，对于高职学生无疑是一大福音；百科条目达百万余条，涵盖面极其丰富，足以满足高职学生的知识需求。

2. 中职《计算机安装调试》课程案例

计算机是一个庞大的系统，涉及诸多 IT 技术及电路知识，仅依靠教材和教师获取知识显然不够。而且，随着科技的飞速进步，硬件发展日新月异，教材的滞后性需要通过其他知识途径弥补。

（1）课程开始前，教师可以布置预习作业：根据教材相关内容，依托“百度百科”平台查找相关条目，初步了解计算机各硬件概念及参数。

学生可以登录 http://baike.baidu.com 页面，键入如“主板”，搜索即可。根据目录，学生可以进行有针对性的阅读。

“百度名片”对“主板”进行了简单的定义。

“简介”则对“主板”进行了简单介绍。

“构成部分”、“芯片”、“分类”、“结构”、“功能”……

清晰而全面的条目足以让学生对于“主板”有足够的理解。

（2）课程过程中，根据教师示范讲解，进行装配和调试。

由于实际教学过程中，示范器材具有单一性，仅就“主板”而言，学生只能看到一种主板类型，而且很有可能现在的教学器材已经落后很多年了。结合“百度百科”的介绍，学生可以了解到，其实主板根据大小分为多种类型：AT、Baby AT、ATX、BTX 等；根据 CPU 插座可分为 Socket 7、Slot1 等，还有很多最新生产的产品。

这恰好弥补了因客观条件所限的示范器材单一、落后问题，使学生的认知不止于课堂，而能与实际生产生活紧密结合，让学生学会装配的同时，学会选购硬件产品。

在实际教学中，如果遇到如下问题：“机器进行正确安装并接通电源后不能正常启动，提示按 F1 键才能进入（启动）系统”，这个时候就可以引导学生，从“百度百科”查找到问题原因：“这可能是由 CMOS 电池没电造成的”。由于示范用机多为老旧产品，所以 CMOS 断电极有可能。让学生换上新电池，机器就会顺利启动，以后学生也就意识到遇到问题可以从“百度百科”找解决方法。

（3）课后，教师可以提出课后问题，引导学生运用“百度百科”获取答案。

当然，在其他教学活动中，也可运用“百度百科”辅助教学，达到良好的教学效果。

在教学过程中，综合整合各种教学资源，善于在信息时代的今天挖掘检索优秀的教学资源，是对教师信息素养的基本要求，也是教育技术的任务所在。相比普通教育，职业教育更需要教师提供大量的、最新的信息资源，对各种形式的教学资源挖掘和运用，可以极大地丰富课堂内容。

当然，“百度百科”也不尽是完美的，开放的编纂制度使其权威性不足、各条目水平参差不齐。这要求教师及学生有一双慧眼，有所取舍，综合各种教育技术手段进行教育教学资源获取和整合，切不可单一化。

3.3.2 QQ 群

1. QQ 群概述

QQ 群是一个群聊的工具。其中有聊天、群共享、群公告、群相册等内容，群主即管理员。和 QQ 相比，这里更适合讨论大家共同关注的问题。就像很多人在一起聊天一样，一个人说话，其他人都能听见，一个问题无须重复。就大家共同关心的问题，可以广泛地参与，广泛地讨论，只要是群成员，任何人都可以发言。不像现实中的讨论，外向性格的人，有更多说话的机会，内向性格的人更多的是充当听众。而这里，没有人知道你的性格是什么，想说就说，不管对与错。不用担心你当时不在线，一旦你上线，别人讨论的内容你都可以一览无余，无须别人传话。

群共享里还可以放一些照片、流行音乐之类的。群公告还可以发布学校的一些通知、注意事项等。这里更便于师生、家长、社会群策群力，集思广益，使学校的管理更加民主化、科学化。这种方式的缺陷在于入群要经群主批准，群需要专人管理，而且申请群需要 QQ 达到一个太阳以上的级别或者是 QQ 会员，群成员还有一定的人数限定。

2. 高职《英语》课程案例

QQ 群在高职英语教学中的应用可以按照以下四个步骤进行。

（1）在学期开学初，将教材按照人文、历史、社会、地理、环境等分成几个单元，一个单元一个主题，师生在一起讨论，学生自由选择相关问题，并在教师的协助下就所选问题组成学习研究小组，进行调查研究，网上搜索，并将自己所整理搜集的资料通过 QQ 群上传至共享或群空间中，实现师生交流，生生交流，资源共享。

（2）教师可以将英语教案、课堂实录、教学感悟等通过 QQ 群中的共享空间提供给学生，也可以给学生提供相关的英语学习资源，资源可以是文字、图片，也可以是音频、视频等各种形式，并根据英语课程学习进度进行动态更新，供群内成员下载、浏览和使用。教师也可以对学生收集上传的小组学习资料加以分类、择优，添加到教学资源库。通过这些方式，师生共同逐步建立英语学习动态资源库；同时利用 QQ 群还可以实现不同学校的资源共享，一方面可以加强校际交流；另一方面也可以减少简单重复劳动，集中优势建设高质量的网络学习资源库。

（3）课下在 QQ 群里，可以创设良好的全英文口语环境，学生可以根据自己的实际情况进行参与，在交流中学生会不知不觉地提高英语对话的水平，掌握一些英语聊天的技巧和方法，以弥补课堂语言交流的不足。学生通过视听，可增加说英语的机会，通过日志可提高英语写作水平，其共享及情景有机结合的语言环境给学生提供了更多的运用所学语言材料的场所，增加了语言实践量，使语言的使用具有更多的变化。

（4）英语教师应该鼓励学生与教师通过 QQ 群实现互动，随时关注 QQ 群的内容，了解学生在英语课堂学习过程中遇到的问题，收集对英语课的意见或者建议，从而对教学行为进行分析和反思，并及时调节教学方法、教学策略等，以便进一步吸引更多的学生，形成良性循环，促进学生更有效地学习。教师还可以有意识地将教学内容与群内容结合，进行在线答疑、个别辅导，以弥补课堂教学的不足。学生也可以动态利用教学资源库的资源进行温习和补充笔记，继续学习上课没有听懂的地方，使课堂教学得到延伸。

在课堂上英语教师还可以适时地组织学生对群内出现的问题进行讨论，使成员在英语学习中的问题得到解决，这样既保证了学习的流畅性，又将 QQ 群的交流与现实交流相结合，而使学习者在群体的分享与交流中进一步提高认识。

3.3.3　微信

1. 微信概述

微信是一款由腾讯推出的提供即时通讯服务的免费社交通信软件。用户仅需要使用少量的流量，就能通过微信实现跨通信运营商、跨操作系统平台的信息传播，通过手机、平板、网页快速免费发送语音、视频、图片和文字，并且还能支持多人群聊。

微信是介于同步工具 QQ 和异步工具博客之间的工具，所以它几乎包含了 QQ 和博客的所有功能。其主要功能包括：30MB 流量发语音、文字消息、表情、图片、视频；朋友圈，跟朋友们分享生活点滴；摇一摇、查看附近正在使用微信的人；扫一扫，可以扫描二维码，方便加群、加关注及获得信息；公众账号，用微信订阅新闻、设提醒，获得关注信息推送；语音聊天室，多人实时对讲；将正在听的音乐摇到手机里；搜索聊天记录，方便迅速翻阅历史聊天，且可以将聊天记录转移到另一个手机上；朋友发来消息的位置可以导航，方便掌握朋友位置。

目前的中学生和大学生主要是“90 后”，他们对新事物充满好奇，也更愿意接受新事物，是最早使用新技术的人群，也是推广新技术的人群。微信这一新媒体具有操作便捷、功能强大、推送信息及时丰富等特点，深受学生的喜爱，在教育中大有可为。其主要的教育应用包括以下几个方面。

（1）随时推送学习内容，支撑泛在学习。微信不仅可以发送文本、图片，而且可以发送视频，学习内容丰富；微信内容不仅可以在计算机上观看，而且可以在手机、iPad 等可以连接网络或 Wi-Fi 的手持设备上观看，学生可以在任何时候、任何地点，利用碎片化的时间学习。它符合学生学习特点，满足学生移动学习和泛在学习的需要。

（2）支持个性化学习需要，优化传统教学。微信可以根据学生的定制向学生推送学习内容，并且可以根据学生的学习习惯和特点提供不同的学习形式，符合学生个性化学习要求，弥补课堂大班化教学无法满足所有学生学习需求的不足。

（3）推送学生和学校信息给家长，满足家校合作需求。微信可以将学生信息和学校新动向发送给家长，让家长及时掌握学生和学校第一手信息；家长也可以及时与学校沟通，将学生近期表现反馈给学校，有利于学校和教师掌握学生的动向。学校和家庭可以根据学生表现及时做出调整，通力配合完成学生教育。

（4）扩大学生与学生，学生与教师的交流。微信的及时通信功能有利于学生的及时提问和教师的及时反馈，可以及时解决学生学习和生活中存在的问题。它能够消除面对面交流中教师的权威感，学生更愿意做思想上的交流，有利于教师根据学生思想动态调整思想教育方向和方式。

（5）促进教师之间的交流协作，促进教师专业发展。微信群功能可以让教师根据兴趣和志向组建和加入群组。微信丰富的内容和形式能够满足教师在群组中交流、协作和学习的要求，并且同步和异步交流方式也可以满足教师时间不易统一的特点，有利于教师进行沟通、交流、互通有无。

2. 高职《数字摄影摄像》课程案例

（1）教学分析

课程实例名称：微信在《数字摄影摄像》之“构图”中的应用。

学习者特征分析：学习者选择天津职业技术师范大学高职学生 30 人。他们几乎人手一部智能手机，且对微信使用熟悉；另外，他们具有网络学习和移动学习的体验，能很好地适应新的学习方式；加之摄影课程已经进行了一半，学生已经具有一些相关摄影知识。

课例分析：以“摄影课程中构图”为选题，建立微信公众平台，使用任务驱动法开展混合学习。学生通过微信的教学辅助功能达到下列要求：牢固掌握摄影构图的基本原理；学会对照片中的构图进行分析和品评；具有较强的实践能力，能拍摄出符合构图要求的照片。

教学方法选择：案例分析法，任务驱动法。

（2）教学过程

① 课前微信公众平台建立和学习内容推送。

第一，微信公众平台建立。教师在微信官网上申请一个微信公号，并且将此微信公号与教师的微信私号绑定，这样教师可以进行消息群发也可以进行单个指导。全班学生对教师的公众号添加关注。教师可以对公众平台进行后台操作，主要包括实时交流、消息发送和素材管理。在这个平台中，教师可以对学生进行分组、管理，也可以与学生实时交流。

第二，在班级大群组的基础上，根据教师意见和学生意愿将学生分组，建立微信群组，方便课后协作学习、分组讨论和实践交流与评价。

第三，教师通过微信平台群发的功能将课程教学目标和计划以文本形式发送给学生，使学生对课程进行初步了解。教师将构图的基本概念以文本的形式发送，并配以图片案例和案例的文字解释。学生进行自主学习。教师布置教学任务，学生使用手机拍摄一张图片，并在图片后附以构图说明，在课前放在好友圈中。

第四，群组内讨论学习，学生在自主学习的基础上对基本概念、学生作品进行分析和讨论，并针对学习内容进行提问。

② 课堂使用微信辅助教学。

第一，教师对教学内容进行进一步的讲解和深化。教师在学生讨论、提问和提交作品的基础上，对学生理解不清的概念进行讲解，对构图的规则进行进一步的演示讲解。在教师讲解期间，学生可以使用微信将疑惑、感想发布在微信公众平台上。

第二，教师用计算机打开微信公众平台，并投影到大屏幕上。在平台中，教师对学生提交的作品进行个别的、有针对性的点评，期间提问一些学生对某些作品进行分析，而没有被提问到的学生可以通过微信发表言论，每个人的发言都可以在大屏幕上看到，然后教师挑选某些新颖的观点要求学生展开群组讨论。最后提问部分小组关于课程理解，每个小组都将对课程的理解发布在微信公众平台上，方便互相学习。

第三，教师对课程内容进行总结，对学生作品做总体点评。然后布置新任务，每个学生对第一次拍摄的景物进行重新构图，进行多次拍摄，并对自己最满意的照片搭配文字，使用微信发布在好友圈中，每个小组对本小组成员的作品进行讨论，并推荐出最好的。

③ 课后使用微信协作学习和评价。

第一，教师挑选案例，通过微信公众平台发送给学生，学生通过小组协商讨论对案例进行评价，并以音频和文本的形式将评价内容发送到公群，学生之间互相学习和讨论，教师给予反馈。学生通过案例的评价进一步学习摄影构图。

第二，教师将小组推荐的作品打乱顺序，隐藏文字说明，以匿名的方式进行群发送，学生对这些作品进行评价，给出自己认为的最合适成绩并配以给分说明。学生之间、学生与教师之间可以随时交换意见；学生可以随时提出疑问，由学生或者教师帮助解答。

第三，每个学生撰写学习总结，将学习感悟、内容总结、自我评价等以任何形式发送私信给教师，如果学生愿意，也可以发送公信，作为其他学生和后来学习者的学习材料。教师根据学生的作品和最后总结对每个学生进行评价并以私信的形式通过语音发送给学生。课程总体实施流程如图 3-13 所示。

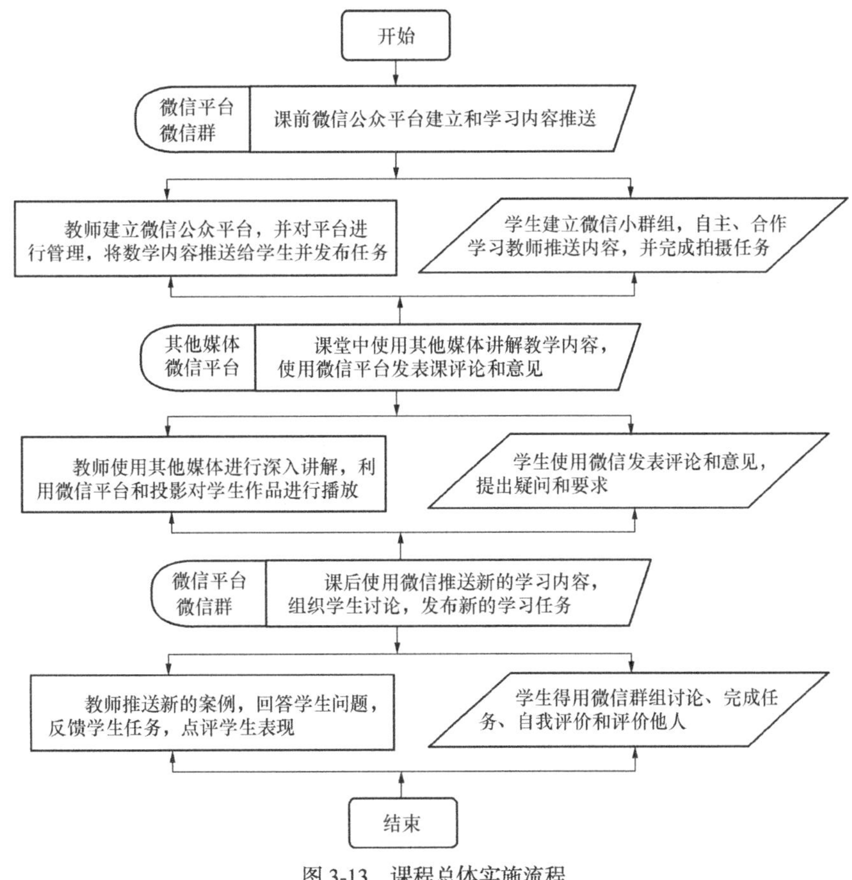

图 3-13　课程总体实施流程

3.《大学英语》课程案例

课题：大学生利用微信搭建英语课堂互动系统。

由于英语课堂教学气氛比较沉闷，来自苏州科技学院计算机专业的大二学生王彦云和同学一起组建了一个六人团队，利用微信公众平台设计了一套简易的英语课堂互动系统，将社交的实时性和参与性引入课堂。整个互动系统由三部分组成，分别是学生的微信端、教师的手机控制端和课堂大屏幕，这三者之间利用微信公众账号“移动语言学习”进行互动，如图 3-14～图 3-16 所示。

图 3-14　互动界面

图 3-15　教师移动端的显示

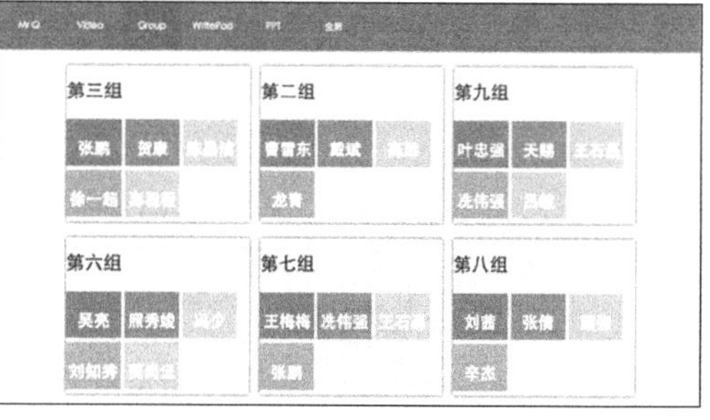

图 3-16　课堂大屏幕的显示

首先是学生的微信端，每个学生在关注“移动语言学习”之后，都会提示和学号进行绑定。绑定之后，学生可以在课堂上利用微信和教师进行互动（互动的结果显示在课堂大屏幕上）。课堂上教师提出的问题，学生可以直接用微信将答案回复给教师，也可以通过微信进行小组讨论；另外，每节课不同的 Presentation 可以通过微信提交，甚至是一些阅读填空类的作业都可以通过微信进行提交。当然，作为一个公众账号，还能接收到各种上课信息，如提醒大家带某本教材，或者临时更换上课教室。简而言之，利用这套系统，学生和教师的互动可以通过微信完成，同学之间的讨论和互动，也可利用微信完成。

其次是教师的手机控制端，教师的移动控制端其实是一个特定的网站（基于微信公众账号进行开发的），教师通过手机、平板等移动设备访问该网站，就会自动出现如图 3-15 所示的控制界面，可以控制课堂大屏幕。通过该控制界面，教师可以发起一个问题到大屏幕上，引导学生利用微信回复答案、收集学生的答案进行点评、控制大屏幕上的消息墙、查看小组讨论的情况等。之前提到的学生可以利用微信提交答案和作业，而教师则可利用这个控制端，选取某个学生的回答进行点评。此外，有时候英语课堂需要视频教学，教师的控制端还具有控制视频播放状态、字幕中英切换、隐藏字母中的关键词等功能。

课堂大屏幕则可以将教师和学生的互动状况展现出来，利用教室的投影仪将画面投射到幕布上。本质上课堂大屏幕也是基于微信二次开发的一个网页，由教师通过手机端进行控制，学生通过微信进行互动。课堂大屏幕由 MrQ、Video、WritePad、Group 和 PPT 几个部分组成，其中 MrQ 是课堂收集问题的模块，有一点类似“微博上墙”的概念，使用它教师只需要描述一个讨论的话题，然后学生将答案用微信发送上去即可；Video 则是英语演示视频，教师可以在移动端进行播放控制和字幕切换控制；Group 是学生的小组讨论（学生已经利用微信公众账号完成分组），教师可以根据颜色的深浅看出每个小组讨论的情况；WritePad 是一个记事本；而 PPT 则可以播放演示文稿，这些均是通过教师的手机移动端进行控制。

总体来说，这个微信课堂互动系统分为三个部分，分别是学生的微信端、教师的手机控制端和课堂大屏幕。在课堂上，学生可以全程利用微信回答问题，参与小组讨论、提交作业、和教师进行互动；而教师可以利用手机控制端查看学生的上课情况，把控整个互动的节奏；然后有一个大屏幕可以连接教师和学生的互动，并将互动情况展示出来。

王彦云表示，现在大班教学课堂气氛沉闷，教师辐射范围有限，难以了解掌握某个学生的学习状态，而利用微信这样的社交方式，则可以实现跨时空的知识分享和交流，并且社交的参与性、实时性是课堂教学的理想状态，因此想到利用微信公众平台开发这样一套课堂互动系统。现在“移动语言学习”这个微信公众账号已经有超过 2 000 个粉丝，全校至少有 4 个英语大班在使用这套系统。在英语课堂上引入微信互动之后，课堂的气氛明显比之前活跃得多。王彦云表示，接下来将为不同的教师定制他们比较感兴趣的功能。

微信的玩法千奇百怪，但将微信作为社交方式引入课堂教学还前所未见。王彦云表示，和现在很火的“在线教育”相比，他们的这套系统专注于课堂互动，毕竟用技术改变现在的教学模式还太激进，但互动是教育的基础，社交的实时性、参与性是课堂讨论的理想状态，而微信又恰好可以同时满足社交性和互动性两大特征。除了继续完善现有的平台，以及为不同的教师开发差异化的功能外，王彦云和他的团队还在尝试进一步将微信和教育相结合。

然而，校园微信公众平台也存在劣势。第一，微信公众平台的信息只能依靠网页进行推送，目前为止还不能用手机、平板电脑等客户端进行推送。第二，微信公众平台发送消息的数量有明显的限制，粉丝数量在 1 000 名以下，每天只能发送一条信息，即使拥有 1 000 名以上粉丝的公众平台，每天也只能发送两条信息。第三，目前微信公众平台只能发送文字、图片、语音这几种形式，还不能发送视频，受载体限制，很难长时间吸引大学生受众。

但是，随着移动互联网的快速兴起、3G 网络业务的深入发展以及智能手机在大学生群体中的普及，微信和校园微信公众平台被越来越多的学生群体使用，微信公众平台的市场巨大。微信产品不断升级，各种功能不断研发，使微信和微信公众平台的功能越来越强大，对校园微信公众平台的发展提供了技术支持。我们有理由相信，校园微信公众平台将会在教育教学领域发挥更大的作用。

3.3.4 “问—答”服务平台

“问—答”服务（Answer-Service）平台是一个基于网页的问题解决工具，任何人都能通过这个基于网页的服务系统提出问题，等待热心的访问者留下他的答案。为公众服务的“问—答”平台，国外有雅虎的 Answer（http://answers. yahoo.com），中文版叫“知识堂”；国内有新浪的 iAsk“爱问”（http://iask.com），百度知道（http://zhidao.baidu.cn）。

“问—答”服务的主要作用体现在以下几个方面。

（1）当学生提出问题后，教师在网站上面留下答案。当其他学生遇到类似问题时，就不必让教师重复回答了，只须在网站上搜索即可看到正确的回答。

（2）如果问题的答案不是很完整，其他教师可以在网站上补充。

（3）不一定是教师，学生也可以参与问题的回答。

（4）学生在家学习需要提问时，“问一答”服务能比电话或其他即时通信工具更好地帮助学生。

（5）不同学科的教师可以通过订阅不同学科或年级的 RSS 频道来了解学生的提问情况。

（6）学生也能利用 RSS 订阅来阅读感兴趣的问题。

练习与实践

一、练习题

1. 名词解释

（1）网络教学信息资源　（2）网络教学交流工具

2. 填空题

（1）网络教学资源包括__________、__________、__________、__________四个方面，其中__________是核心。

（2）网络教学信息资源具有广泛性、共享性、__________、__________、__________、__________六大特征。

（3）网络教学信息检索的基本方法较为丰富，请任意列举三种：__________、__________、__________。

3. 简答题

（1）网络教学信息资源有哪几种基本类型？

（2）网络信息检索工具有哪两类？

（3）简述百度百科与学术数据库的联系与区别。

二、教学实践活动

请以专业的“发展史”为教学单元，搜集相关网络资源，按照以下内容完成教学设计。

1. 专业的起源及发展阶段。
2. 各阶段的代表人物。
3. 各阶段的发展特点，并以案例说明。
4. 专业的发展在社会经济文化中的作用。
5. 结合教育技术理论，应用 PPT 制作成教学课件（包含文字、图片、音乐、视频等资料）。

三、技术实践活动

利用超星数字图书馆，按照以下步骤，检索一本与专业相关的电子书。

1. 检索方法

（1）下载安装超星阅览器，下载地址：http://www.ssreader.com/download/download.html。

（2）下载、安装后启动超星阅览器，进行新用户注册。

2. 新用户注册网址：http://reg.ssreader.com/reg.asp

（1）登录电子书店：http://ebook.ssreader.com/，查找需要的图书。

（2）选择合适的关键词，进行图书搜索和分类查找。

学习资源

- **参考书目**

[1] 马惠君. 浅谈网络教育资源的类型. 科技情报开发与经济，2006（5）.

[2] 黄克斌. 网络教育资源评价研究. 现代远程教育研究，2005（5）.

[3] 赵俊玲，陈兰杰. 国外网络信息资源评价研究综述. 图书馆工作与研究，2004（3）.

[4] 孙爱娟，高职院校网络教学信息资源的重点建设内容研究. 中国教育信息，2007（10）.

[5] 张剑平. 现代教育技术——理论与应用. 北京：高等教育出版社，2008（12）.

[6] David H.Jonassen & Jane Howland. Learning to Slove Problems with Technology. Pearson Education，Inc，2003.

[7] 吴业红. 应用 Blog 在 3ds Max 课程中辅助教学. http://www.xxffbs.com/ArticleShow.asp?ArticleID =1894，2009-12-16.

[8] 张渝江，杨立建，齐伟. Web2.0 在教育中应用. 信息技术教育. 2006（4）.

[9] 刘敏，徐驰. QQ 群在高职英语教学中的应用初探. 教育前沿•理论版. 2009（9）.

- **相关网址**

[1] 谷歌学术搜索：http://scholar.google.com.hk/schhp?hl=zh-CN

[2] 中国知网：http://www.cnki.net/

[3] 维普期刊资源整合服务平台：http://211.81.31.36:81/

[4] 超星电子书：http://sslibbook2.sslibrary.com/library.jsp?username=ssgptjgcsfxy

[5] 天津高等教育文献信息中心：http://www.tjdl.cn/index.jsp

[6] Sciencedirection：http://www.sciencedirect.com/

[7] IEEE：http://ieeexplore.ieee.org/Xplore/dynhome.jsp?tag=1

[8] EBSCO：http://search.ebscohost.com/

模块 4 多媒体演示文稿

【情境导入】

在信息社会中，将多种单一媒体形式的信息，按照某一主题的设计要求进行组合，渲染成满足使用要求的多媒体数字文件的过程，即多媒体信息综合处理能力，形成的产品之一就是多媒体演示文稿。多媒体演示文稿是一种集文本、图形、图像、动画、音频和视频等多种媒体形式于一体的教学课件。教师可以利用多媒体演示文稿演示和呈现教学信息、组织教学活动、辅助课堂教学。

本模块主要介绍多媒体演示文稿的设计，并结合案例分析制作过程。

【重点难点】

1. 重点

- 多媒体演示文稿设计原则
- 多媒体演示文稿使用的注意事项

2. 难点

- PPT 开发技巧
- 画面的艺术设计

【名词术语】

多媒体演示文稿

4.1 多媒体演示文稿的设计

多媒体演示文稿是利用微软公司出品的 Office 软件系列重要组件之一 PowerPoint 来制作的。PowerPoint 是一种演示文稿图形程序，增强了多媒体支持功能，可独自或联机创建永恒的视觉效果。使用 PowerPoint 生成的多媒体演示文稿，称为一个演示文稿文件，文件扩展名为 ppt 或 pptx。演示文稿对象是演示文稿的基本单元，又称演示文稿素材，在创建多媒体演示文稿之前，需根据主题的要求，广泛收集、处理和制作而成。

4.1.1 设计原则

“一堂课是否精彩，关键是教师而不是工具。”多媒体演示文稿（简称 PPT）起到辅助提示作用，帮助教师组织思路，引导教授线索，突出讲解重点，保障演讲有序进行。PPT 将文字转化成图、表、动画等，提供直观视觉感受和体验，将抽象的或默会的理念转化成可视化图像传达给听众。例如，PPT 丰富讲述的事实和内容，利用 PPT 作为多媒体平台，组织丰富的视听材料，讲述动人的故事，或者列举实证资料；PPT 发挥分析论证作用，教师为了分析某事物或项目的运作系统，或内部关系，或发展趋势，利用 PPT 提供分析的图表和充足的资料。PPT 激发情绪和气氛，通过色彩、动画、音乐等元素的运用，使学生与教师之间产生情感互动，煽动情绪高潮，制造课堂气氛。所以，PPT 整体效果的好坏，主要取决于 PPT 的设计。为了设计出相对较好的演示文稿，应遵循以下六个原则，可以将原本混乱的版面变得生动有序。

1. 聚拢原则

将页面上内容相关的或者说存在着关联的内容聚集在一个区域，使整个页面显得有组织、有条理。图 4-1（a）是聚拢前的效果，整个页面没有条理，杂乱无章。图 4-1（b）是聚拢后的效果，段间距大于段内的行距，凸显了内容的相关性。聚拢主要包括四点：相关内容是否汇集、无关内容是否分离、段落层次是否区隔、图片文字是否协调。

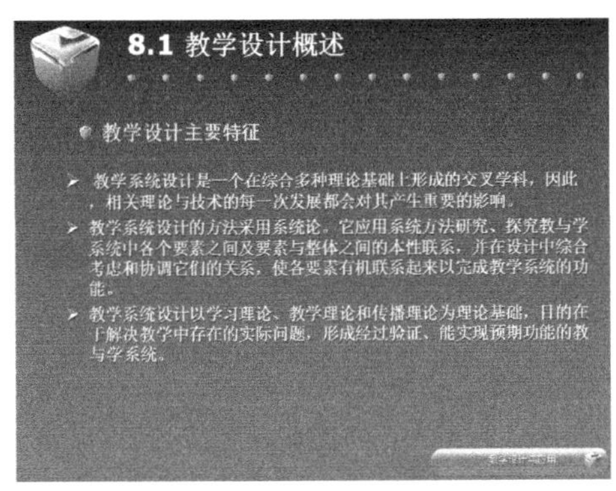

（a）聚拢前

（b）聚拢后

图 4-1 聚拢原则的效果对比

2. 重复原则

在设计时，重复的原则主要体现在：一致的模板、一致的布局、一致的配色、一致的字体，能够体现出页面间设计上的一致性和连贯性。就像盛放快餐的盘子，有放主食的地方，有放菜的地方，一格一格的，应该明确哪些内容放在主食的位置，哪些内容放在菜的位置。图 4-2（a）和图 4-2（b）是同一个演示文稿上使用了重复原则的两张幻灯页，具体实现是借用网络线和对齐线，将各组内容放在不同区域，排放整齐，有所区隔，显得页面整洁而有序。另外，在内容上，重要信息应在每页上出现。

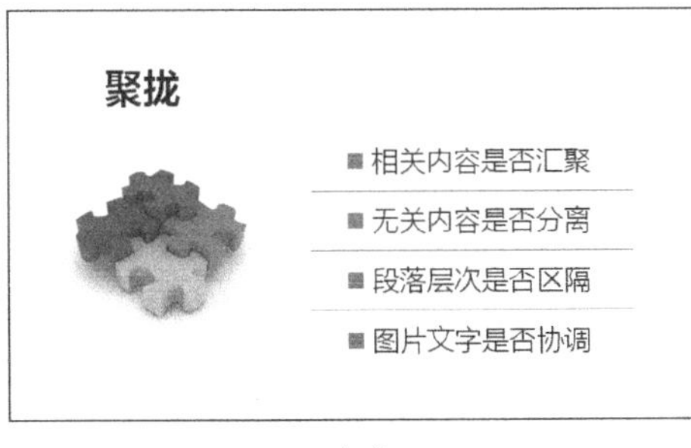

（a）

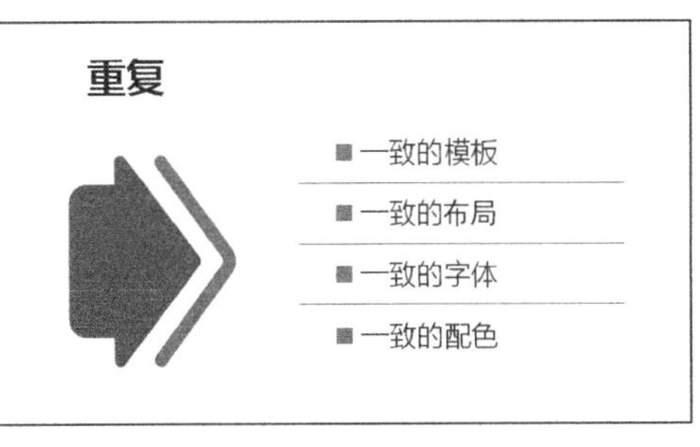

（b）

图 4-2 重复原则的效果对比

3. 降噪原则

颜色过多、字数过多、图形过繁，都是分散读者注意力的“噪声”。图 4-3（a）为没有采用降噪原则的幻灯片，杂乱无章。图 4-3（b）为采用降噪原则后的效果，层次鲜明。

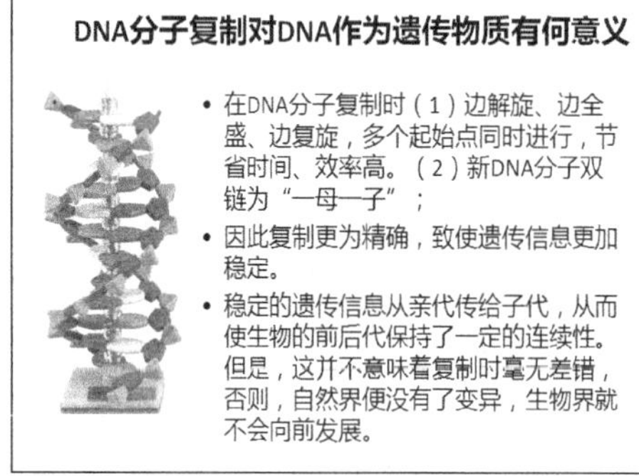

（a）降噪前

（b）降噪后

图 4-3　降噪原则的效果对比

4. 对齐原则

相关内容必须对齐，次级标题必须缩进，方便读者视线快速移动，一眼看到最重要的信息，如图 4-4 所示。

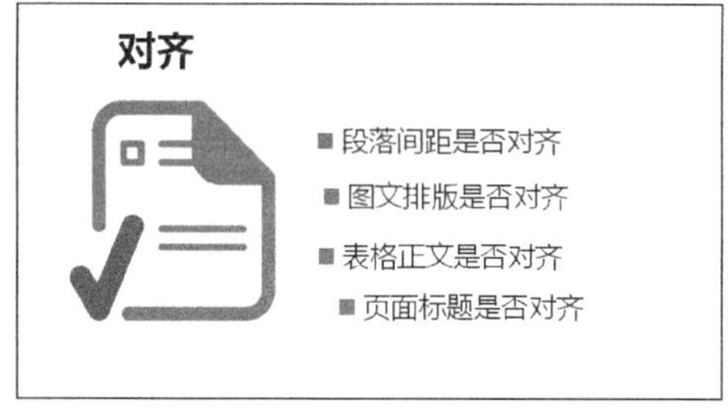

（a）对齐前

（b）对齐后

图 4-4　对齐原则的效果对比

5. 留白原则

页面排得密密麻麻，给人一种压迫感，影响阅读。留白原则即在每个区域周围都要留出一定的空白，让内容能够“呼吸”，既减少了页面的压迫感，又可以引导读者视线，突出重点内容，如图 4-5 所示。

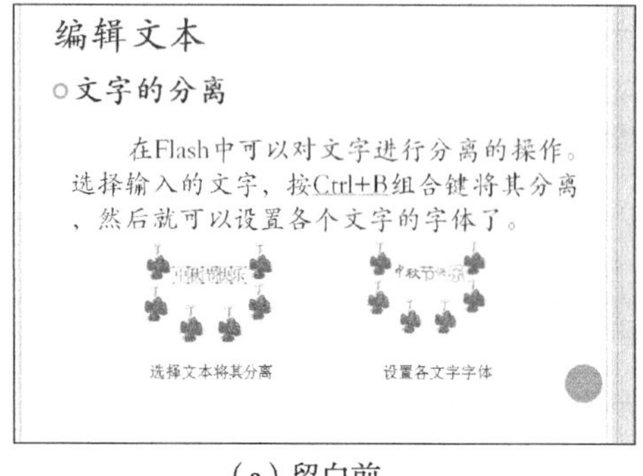

（a）留白前

（b）留白后

图 4-5　留白原则的效果对比

6. 对比原则

加大不同元素的视觉差异，既增加了页面的活泼效果，又明确了重点，方便读者集中注意力阅读重要内容，如图 4-6 所示。

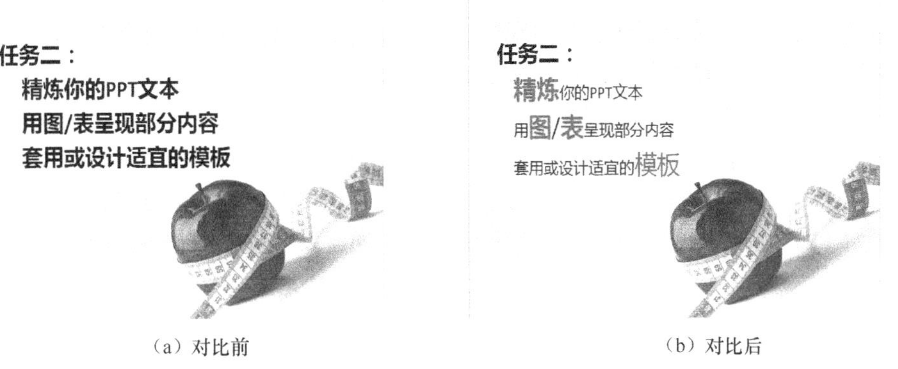

（a）对比前　　（b）对比后

图 4-6　对比原则的效果对比

常见问题：如何使用设计原则呢？

方法：通常在一个页面中，须综合使用设计原则，才能将幻灯片做好。图 4-7（a）为没有使用设计原则的效果，文字较多，杂乱无章。图 4-7（b）第一步采用聚拢原则分成四个部分；第二步采用降噪和重复原则抽取重点，列出层次；第三步使用对齐原则进行对齐，层次鲜明；第四步采用对比原则，明确重点；第五步采用留白原则，使界面整洁，无压迫感。

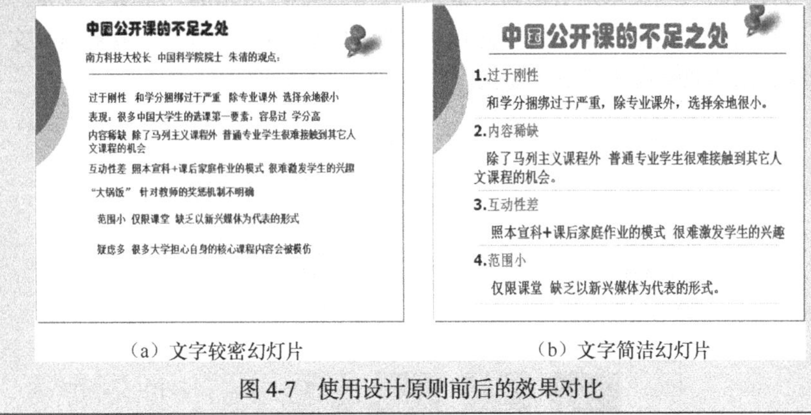

（a）文字较密幻灯片　　（b）文字简洁幻灯片

图 4-7　使用设计原则前后的效果对比

4.1.2　设计五大攻略

1. 少即是多

每一张幻灯片突出一个主题，只写发言要点，将发言要点精炼出关键词，PPT 上呈现的是以列表的形式展现的关键词或短语，而不是你要说的每句话。如果把你要说的每句话都写上，那就不需要你讲了，因为受众扫视屏幕文字的速度比你大声照读文字的速度快得多。应该尽量字少图多，详细的内容可以写在备注里面，或者另外使用 Word 文稿提供辅助学习的讲义和阅读资料；如果你希望为听众提供更多的文字资料，可以将有关的文字资料放在 PPT 的备注中，一方面可以作为发言者讲话的提示；另一方面可以制作阅读材料提供给听众学习。听众在课后可能需要复习资料，没有到现场的人也可以了解相关的内容，带有备注的PPT就像简易讲义一样非常有用。好的PPT片不仅是画面上的简洁，更重要的是文本要义的凝练。

2. 换位思考

幻灯片上面的字体要大，保证坐在最后一排的学生都能够看清楚屏幕上面最小字体；字体和屏幕背景的色彩要对比反差鲜明，如白底黑字、蓝底白字，就像高速公路上的路标一样，很容易让汽车驾驶员从远处看清楚标牌上面的文字。

（1）字体大小和文字行数设置

为了照顾教室后排和两边的学生，通常采用“4×6”建议来设置每页PPT字的多少和行数。

4×6建议：每页最多6行字，每行最多6个词，距离屏幕6小步远可以看清文字，最多6秒钟可以理解PPT内容，如图4-8所示。设计完成后，通常汉字应在28字号以上，整体画面简洁。

图4-8　4×6建议

（2）颜色搭配

内容文字与背景的颜色反差是否清晰，也是影响学生学习效果的一个重要因素。背景是为提升内容而服务，对内容起到支撑作用，不能抢走内容的主导地位。所以，设置内容文字和背景的颜色时，应选择如图4-9所示的清晰匹配色。

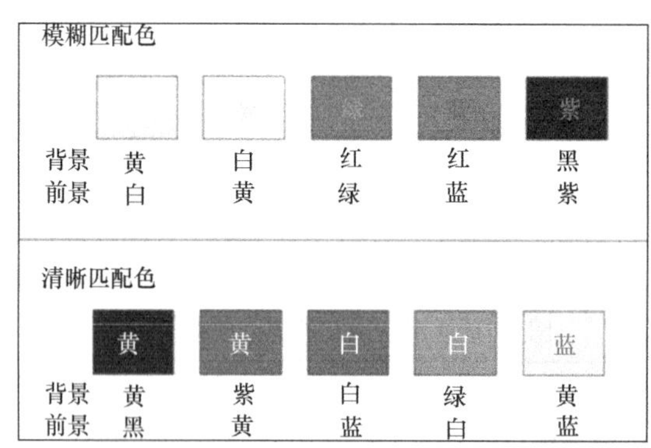

图4-9　文字和背景配色选择

常见问题：如何使PPT文字简洁？

方法：文字的创意，一位日本工程师高桥发明被称为“高桥法”的PPT设计方法，用特别极端简单的方法呈现文字，每一页PPT之上不超过10个文字，采用极大的字体突显在屏幕中央。高桥认为，采用几个巨大文字突出报告关键词，有极强的视觉冲击力，让人难忘，如图4-10所示。

图 4-10　高桥法

3. 逻辑清晰

“逻辑是灵魂，美的是外表”，一个没有逻辑主线的 PPT，设计得非常炫彩，也是无人认同的。学习与教学是一个由浅入深、前后衔接、循序渐进的过程，配合讲演的 PPT 也应当突出讲演主题、清晰表达讲演内容、逻辑层次得当，辅助学习者认知。在设计教学 PPT 的时候，通常采用教学设计原理来设计 PPT 的所有逻辑性。一般先设定大逻辑，即整个 PPT 的逻辑，采用“递进”或“并列”形式组织内容，形成简要、清晰的逻辑主线。然后设计每个页面的小逻辑。页内要清晰地表达层次性，通过采用不同层次的“标题”，包括字体逐层变小、逐层缩进，同级的字体和大小、颜色一致，让观众一目了然整个 PPT 的逻辑关系。除此之外，图示设计也是基于逻辑的，不同的图示蕴含着不同的逻辑结构，如图 4-11 所示。图 4-12（a）采用流动的图示表示学校的发展历程，图 4-12（b）采用图示显示文化的重要性。

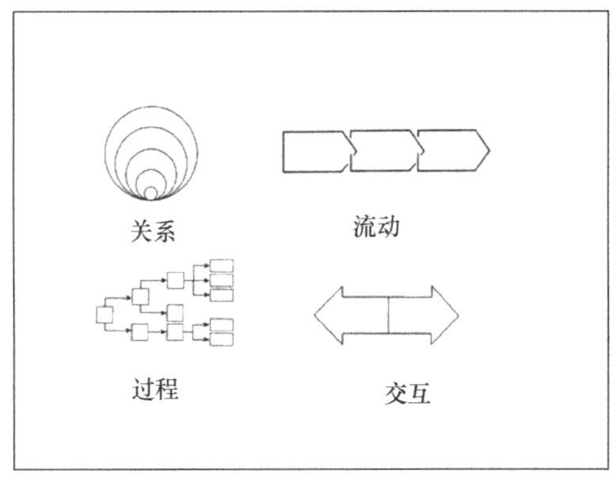

图 4-11　不同图示表示不同的逻辑性

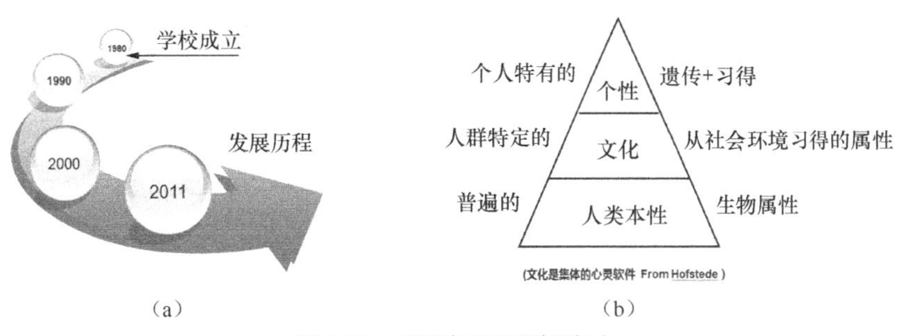

（a）　（b）

图 4-12　图形表现的逻辑关系

【SmartArt】工具可以设计出令人眼睛一亮的立体彩色的逻辑示意图；还可以采用简笔画、图形组织法、概念图、示意图等方法设计 PPT 的逻辑关系；此外，可借助可视化思维工具软件设计幻灯片，如 Inspiration、MindManager。

4. 形象表达

人人都爱美，同样 PPT 的设计也需要形象、美观。众所周知，同样一个内容，图片的冲击力要比单纯的文字强。所以，在设计形象化的 PPT 时，主要从图表和文字两方面讲起。

（1）图表简明

八字箴言“文不如表、表不如图”，简明地指出了用图片来演讲，比单纯的文字能够更好地沟通，能产生更大的视觉冲击力。但图表的使用有一定的规则。

① 背景的选择。

选择背景时，尽量寻找简单的图片，不要有过分的细节，仅仅创造一个视觉环境，以免分散注意力。背景上面须留出大面积的纯色部分，用于承载页面内容。图 4-13（a）呈现的界面整洁、内容一目了然。图 4-13（b）背景较凸显，喧宾夺主。如果想实现较好的效果，把背景的透明度调高些，应用模糊效果，页面整体效果会更佳。

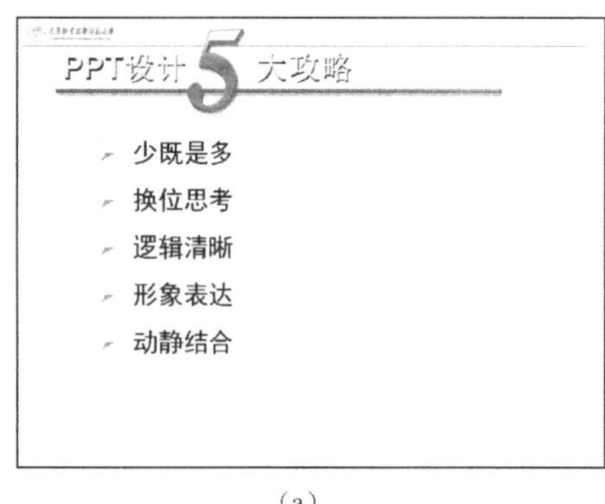

（a）

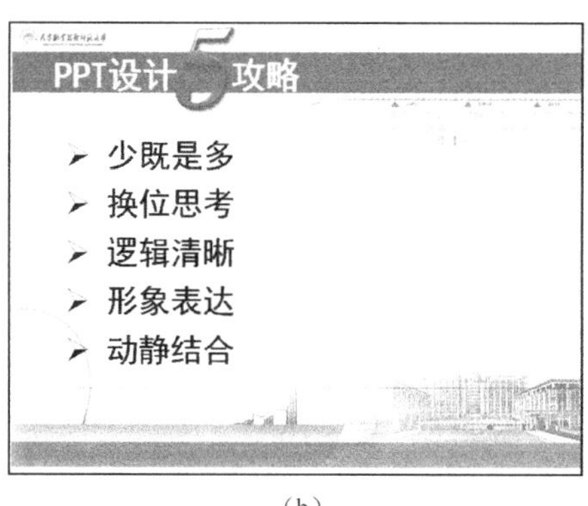

（b）

图 4-13　背景图片选择对比

② 图表的使用。

为了吸引学生认真学习，对于较抽象的数字及文字通常选择软件自带的统计图以及动人的照片、漫画、风光，最好能够配合主题准备一些真实的特写照片，配上简练的文字，可以达到极佳的视觉效果。图 4-14（a）采用图表统计数字，对比一目了然；图 4-14（b）采用文字显示数字，对比效果较差。

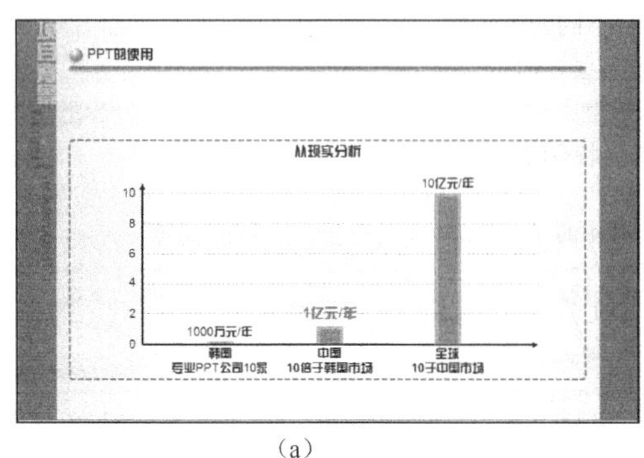

（a）

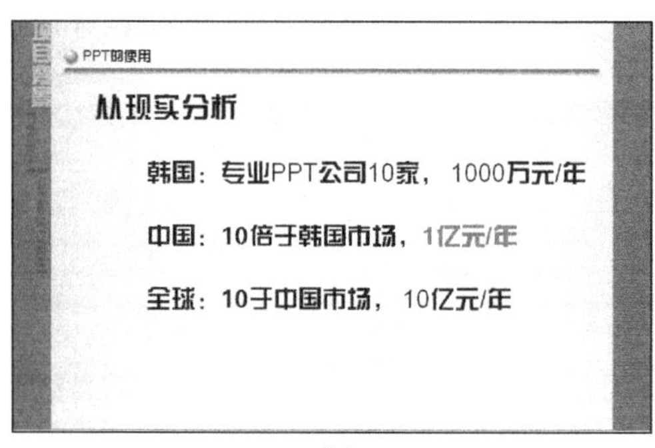

（b）

图 4-14　图表的使用对比

（2）文字艺术

页面文字设计的核心是字体：标题（副标题）、正文强调文字：需要学生注意的细节也要统一字体：如标签、图表说明。然后要关注字体间距。段落起始要点项目文字要对齐，各段间要有间隔。页面上的文字有“呼吸”的空间，学生才能更轻松地读取信息。

为了获得好的效果，人们通常会在幻灯片中使用一些非常漂亮的字体，如图 4-15 所示嵌入 TrueType 字体，提升整体效果。可是将幻灯片复制到演示现场进行播放时，这些字体变成了普通字体，甚至还因字体而导致格式变得不整齐，严重影响演示效果。

图 4-15　嵌入字体效果

常见问题：如何获得恰当的图片？

方法：使用简笔画，用 Photoshop 处理图片素材，添加声音，打造自己的图片库，如图 4-16 所示。也可以利用 PPT 的【自选图形】、【绘图】工具、【插入组织结构图】或 Windows 的【附件/画图】工具来设计可视化图形。网络上的丰富图片也可以进行二次设计、修改，以适合当前演讲内容，当然，你需要记住一些搜索图片的网址，才能分享全球优秀的图片。

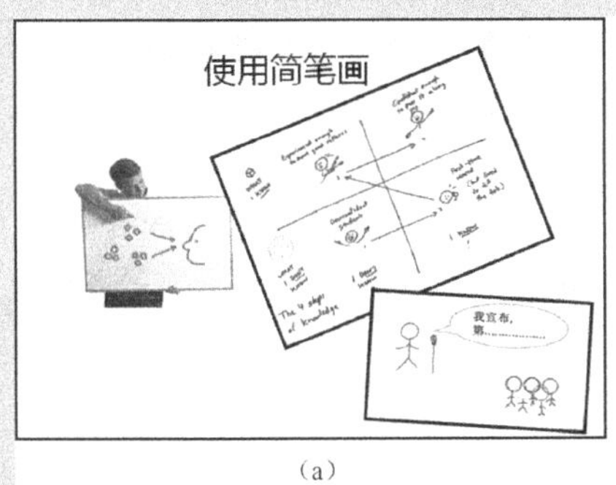

（a）

（b）

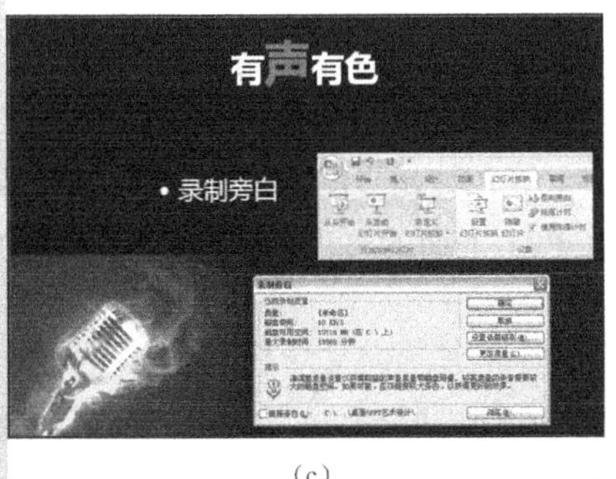

（c）

（d）

图 4-16　图片的收集

在 PowerPoint 中，选择“文件”|“另存为”命令，在对话框中单击“工具”按钮，在下拉菜单中选择“保存选项”，在弹出对话框中选中“嵌入 TrueType 字体”项，然后根据需要选择“只嵌入所用字符”或“嵌入所有字符”项，最后单击“确定”按钮保存该文件即可。

5. 动静结合

明确使用动画的目的，不要采用过多无意义的动画设置，宣传类的 PPT 可以使用复杂的动画设置以求眼球效应，教学类/汇报类 PPT 则要突出实用性，过多炫技反而分散了注意力。使用动画最终要有利于吸引注意聚焦关键内容。一般情况下，不使用慢速的动画设置，注意几个动作之间的衔接设计才能产生良好的动画效果，如图 4-17 所示。

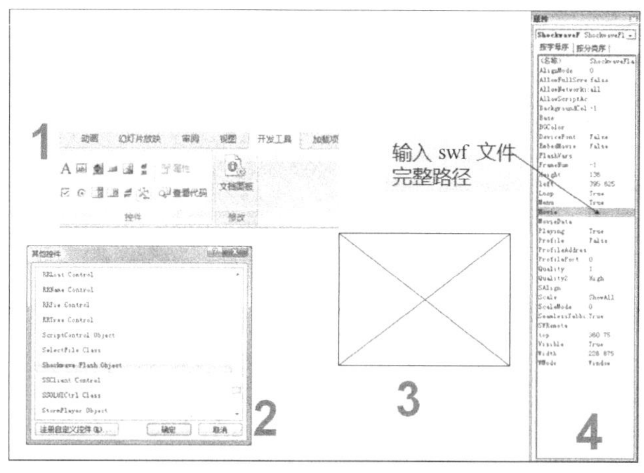

图 4-17 添加 Flash

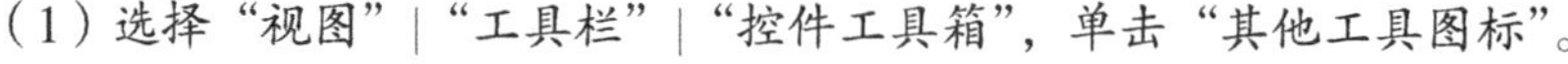

（1）选择“视图”|“工具栏”|“控件工具箱”，单击“其他工具图标”。

（2）从下拉列表中选择“ShockWave Flash Object”选项，鼠标变成“+”形状，画出适合大小的矩形区域，也就是播放动画的区域 。

（3）单击“控件工具箱”上的“属性”按钮，在弹出的属性对话框中的“Movie”中输入“.swf”文件路径及名称，并调整“play”、“quality”、“loop”等其他属性。

4.1.3 设计常见误区

世界著名的幻灯片共享网站上面的一份资料介绍说，目前世界上，每天至少有 3 亿人在看 PowerPoint。我们无须追究这个说法的数据是否准确，至少我们可以看到在我们的周围，PPT 已经成为人们学习和交流的重要的信息技术工具。一般人使用 PPT，只使用了 PPT 的打开文件、输入文字、插入图片和声音、设置属性、保存、播放演示等几种初步的功能。这就是 IT 界流传的二八定律（80%的人只是用了一项技术的 20%功能）在 PPT 上面的再现。那么，对 PPT 的使用存在哪些常用误区呢?

1. 把 PPT 当作发言稿来撰写

许多讲演者仅仅把 PPT 当作发言稿来撰写，使用 PPT 替代发言稿，显得没有重点，逻辑不明，没有充分发挥 PPT 在报告讲授过程中的视觉辅助作用，如图 4-18 所示。这导致听众往往努力去阅读屏幕 PPT 上面的文字发言稿，干扰和分散了听众对讲演者本人发言的注意。

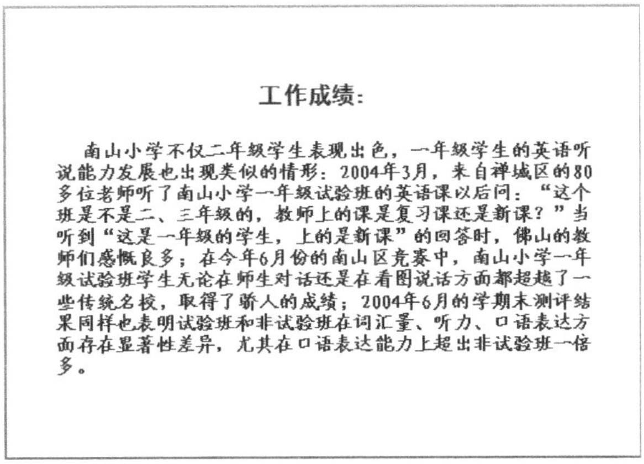

工作成绩：
南山小学不仅二年级学生表现出色，一年级学生的英语听说能力发展也出现类似的情形：2004年3月，来自禅城区的80多位老师听了南山小学一年级试验班的英语课以后问："这个班是不是二、三年级的，教师上的课是复习课还是新课？"当听到"这是一年级的学生，上的是新课"的回答时，佛山的教师们感慨良多；在今年6月份的南山区竞赛中，南山小学一年级试验班学生无论在师生对话还是在看图说话方面都超越了一些传统名校，取得了骄人的成绩；2004年6月的学期末测评结果同样也表明试验班和非试验班在词汇量、听力、口语表达方面存在显著性差异，尤其在口语表达能力上超出非试验班一倍多。

图 4-18　文字过多

2. 字体颜色与背景颜色混为一体

讲演者在 PPT 上面写满了密密麻麻的文字，或者字体的颜色与背景的颜色混为一体，或者塞满了各种图表与曲线，听众看起来十分费力；有时候讲演者看着屏幕读 PPT 讲稿，讲课变成了照本宣科，让人昏昏入睡，如图 4-19 所示。

我愿是、、、、、、
行人

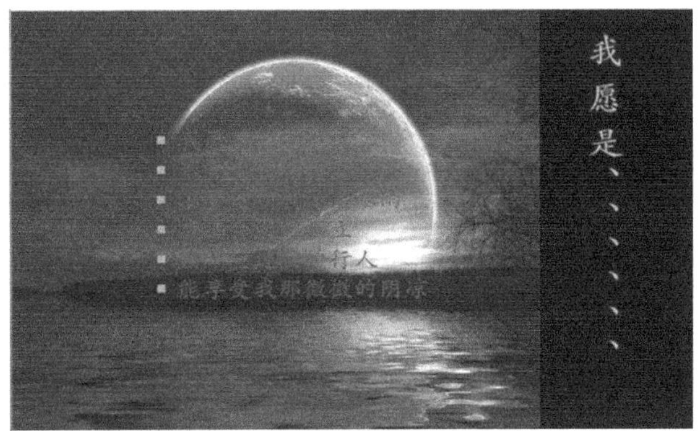

图 4-19　配色问题

3. 标准模板，千人一面

大多数人设计使用 PPT，选用标准的模板，以文字表达为主，人们在各种场合看到的 PPT 千人一面，没有特色，不能够给听众留下深刻印象，教学效果平平，如图 4-20 所示。

单击此处添加标题
单击此处添加副标题

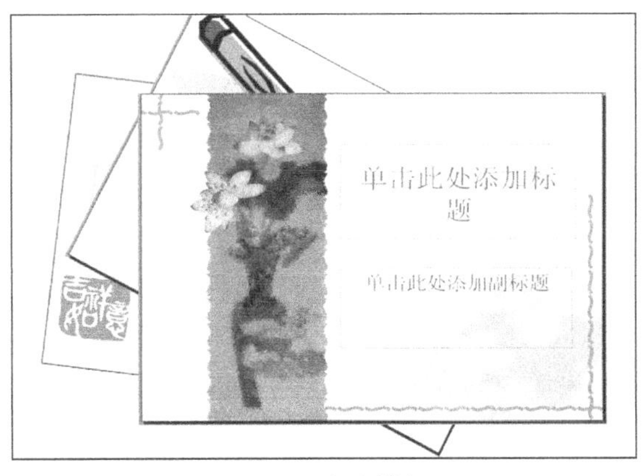

图 4-20　标准模板

4. 所见即所得

讲演者在自己的计算机屏幕上面设计 PPT，无论字体大小、色彩、图片细节都看得十分清楚，但是到了会场，投影机将 PPT 投射到墙上或屏幕上，坐在后面的听众却感觉一头雾水。要记住，听众不是坐在办公桌边看你的 PPT，如图 4-21 所示。

图 4-21　投影后的 PPT

提示　讲演者做好 PPT 后，最好提前找到投影机将 PPT 投射到墙上或屏幕上，查看投影后字体大小、色彩、图片细节是否清楚。

5. 把 PPT 当成 Word 使用

讲演者把 PPT 当成 Word 使用，或者干脆从 Word 文件中把相关段落复制到 PPT 中，在报告会场上，要么是讲演者的语速远远落后于听众看完屏幕上面文字的速度，要么是观众在会场上根本无法细读 PPT 上面的文字段落。如图 4-22 所示，要区分 PPT 和 Word 的不同功效。

图 4-22　区分 PPT 和 Word

4.2　多媒体演示文稿的制作

4.2.1　制作过程

多媒体教学演示文稿的制作过程包括确定选题、创作脚本、素材制作和收集、多媒体教学演示文稿详细制作、测试。

1. 确定选题

在综合分析教学内容、教学大纲、教学目标、学生的认知特点和教学活动的基础上，明确具体的任务和要求、教学目的以及重难点。

2. 创作脚本

创作脚本是组织信息的第一步，主要根据选题，对内容进行分析，主要包括分析演示的每个要点，确定每个要点需要幻灯片的数目，以及对每张幻灯片上的具体内容、媒体表现形式、屏幕的布局、图文比例、色调、显示方式、交互方式等进行规划。

3. 素材的制作与收集

根据媒体表现形式，准备所需要的素材，并对素材进行分类管理。例如，图形和图像可以采用 Photoshop 软件制作、照相机拍照、视频文件截图、网络下载等方法得到；文本素材可以通过键盘输入、语音输入等方法获得。

4. 多媒体演示文稿详细制作

根据预先编写的创作脚本，利用 PowerPoint 软件，结合制作技巧将多媒体信息进行集成，形成多媒体演示文稿。

5. 测试

课件制作完成后，必须进行彻底检查，以便改正错误、修补漏洞，并对课件进行优化。

4.2.2　实例一　《现代教育技术》多媒体演示文稿制作

为了对演示文稿整个制作过程以及制作技巧有所了解，以《现代教育技术》课程中“多媒体演示文稿的设计”为例，根据多媒体课件的制作步骤，系统地介绍演示文稿从设计到制作的整个过程，并详细介绍演示文稿中不同媒体的添加方法。

1. 确定选题

《现代教育技术》课程为培养学生信息素养和教育技术应用能力的课程。其中，多媒体演示文稿在专题演示、成果展示和讲授课程中有着重要的应用。

《现代教育技术》课程的授课对象是大学三年级的学生。这些学生已经具有一定的软件使用能力，为学好这门课打下夯实的基础。

多媒体演示文稿的设计主要包括设计原则、设计攻略和设计常见误区三部分内容。

通过以上的分析，根据教学大纲，明确教学目标和课程的重难点。

教学目标：掌握多媒体演示文稿的设计原则，了解设计攻略、设计常见误区，并能够掌握多媒体演示文稿的制作方法。

重点：设计原则。

难点：设计原则。

2. 创作脚本

脚本的创作是信息组织的第一步，是制作多媒体演示文稿关键的一步。主要从内容组织形式、整体风格两个方面详细制作。

（1）内容组织形式

为了更好地便于学生的接受和理解，内容以多媒体的形式组织并展示，采用问题导入——知识讲解——总结归纳——知识点回顾的教学方案。

① 问题导入。

“多媒体演示文稿”以二八准则引申出我们对 PPT 的了解，以图片的形式对其内容进行简洁明了的总结。

② 知识讲解。

多媒体演示文稿设计的知识点包括下列内容：

多媒体演示文稿的设计原则，介绍 PPT 制作的基本原则；

设计五大攻略，在掌握基本原则后如何让 PPT 更好；

设计常见误区。

③ 总结归纳。

课程小结对整堂课内容进行总结，向学生展示课程的教学目标、重难点。

④ 知识点回顾。

课程的检验通过练习制作 PPT 检验学生的掌握情况，找出其不足，查漏补缺。

（2）整体风格

风格统一、色彩协调是多媒体演示文稿的重要设计原则。一个优秀的多媒体演示文稿，其整体的风格、布局应该是相统一的。“幻灯片母版”的功能是使演示文稿中所有幻灯片具有一致的外观，并对演示文稿中幻灯片样式的修改进行统一更改，节约时间。所以，整体风格的实现一般采用“幻灯片母版”来实现。整体风格包括屏幕布局、色彩搭配、字体选择等方面内容。

① 屏幕布局。

屏幕布局包括演示文稿的首页布局和正文布局。通常，首页主要给出内容的标题和副标题（副标题可以没有），醒目、简洁，采用居中的屏幕布局，如图 4-23 所示。正文除了显示主要的讲授内容外，还要明确主旨内容。通常采用上下两分屏布局，上面居中显示大标题，醒目；下面给出主要内容，如图 4-24 所示。

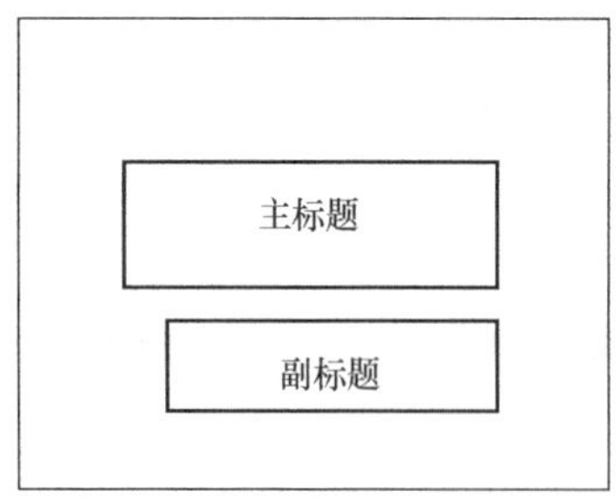

图 4-23　首页屏幕布局

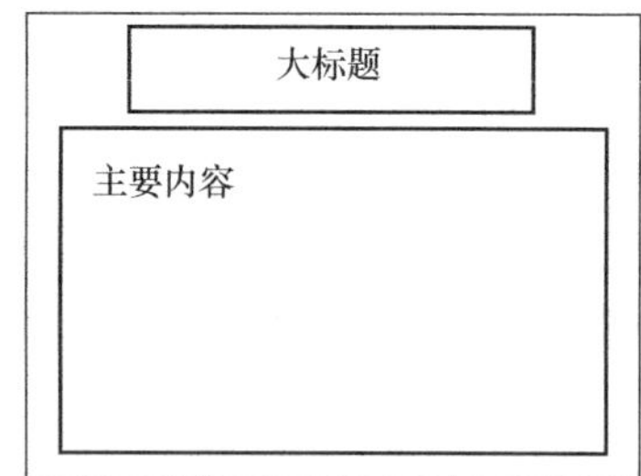

图 4-24　正文屏幕布局

② 色彩搭配。

演示文稿的色彩和谐、统一采用母版实现。在“多媒体演示文稿”演示文稿中，背景采用白色，前景色采用黑色为主。在幻灯片中添加的自定义图形中，背景色以白色填充，前景色以深色填充。

③ 字体选择。

文本素材是演示文稿中最主要的表达媒体，对内容起到大纲总结的作用。其字体的选择也决定了幻灯片的整体风格。例如，首页大标题采用艺术字，正文一级标题采用黑体，二级标题采用楷体，页面较美观。个别内容的强调可通过修改字体颜色、添加阴影等特效来实现。

3. 素材的制作与收集

素材的制作与收集主要是对图形、图像、声音、视频等素材的收集。文本素材一般采用键盘输入的形式来实现。在“多媒体演示文稿”课程的演示文稿中仅对图形图像进行制作与收集。

在“多媒体演示文稿”演示文稿中，首页的背景需要突出主题，采用白色背景、“多媒体应用”为主题的图片。效果如图 4-25 所示。

图 4-25　正文幻灯片截图

4. 制作与技巧

一个演示文稿文件由若干张幻灯片（页）组成，每张幻灯片上可以放置文本、图片、图形、音频、视频和动画等元素，这些元素统称为演示文稿对象。

（1）新建空白演示文稿

单击“Office 按钮”下拉菜单下的“新建”命令，在弹出“新建演示文稿”对话框中选择“空白演示文稿”。单击“创建”按钮完成空白演示文稿的创建并打开，如图 4-26 所示。便于以后编辑的方便，单击选中的文本框并删除，只留下空白页。

图 4-26　新建空白演示文稿

技巧

选中多个对象，可以按鼠标左键拖动出一个虚线框，被虚线框围住的对象都被选中了，简称“框选”。可以同时操作被框选的多个对象，如移动、删除、复制粘贴以及对象的组合等。

（2）添加幻灯片的母版

切换到幻灯片母版视图，选择“视图”|“幻灯片母版”命令，打开“幻灯片母版”功能区，并新建一幻灯片母版，如图 4-27 所示。幻灯片母版名字为“office 主题”，鼠标右键单击可以重新命名。此母版包括标题幻灯片版式、标题版式、标题与内容版式、两栏内容版式等。

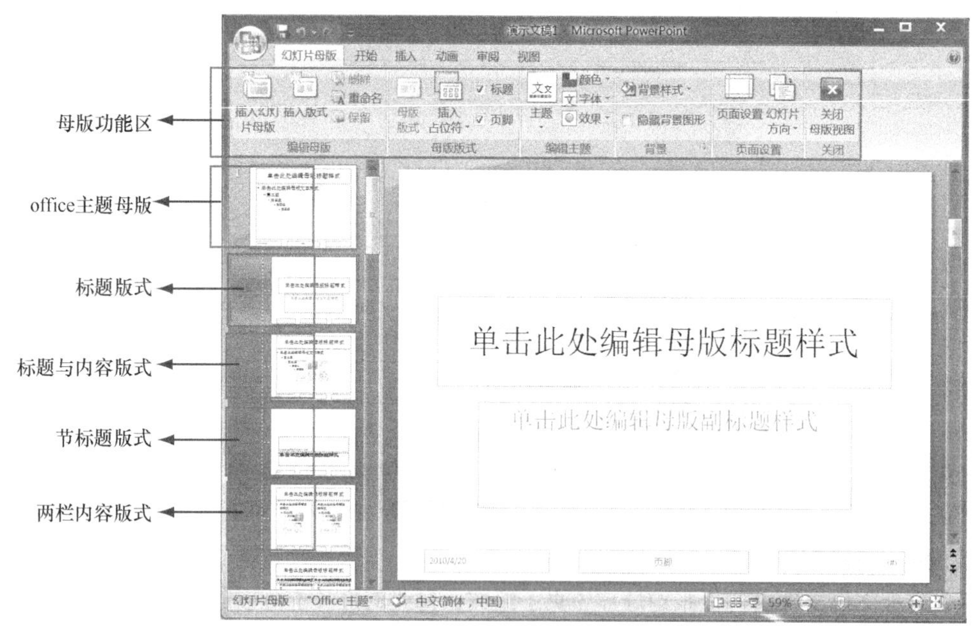

图 4-27　幻灯片母版

图 4-28　设置背景格式

① 背景的添加。

选中“office 主题母版”，在编辑区右击幻灯片，在弹出下拉菜单中选择“设置背景格式”。弹出“设置背景格式”对话框，如图 4-28 所示。选择“纯色填充”，颜色为白色。最后，单击“全部应用”按钮使设置应用于所有的母版版式，单击“关闭”按钮关闭对话框。

② 标题版式设置。

单击“标题版式”，选择幻灯片功能选项卡“插入”，单击“图片”，在弹出的对话框中选中背景图片文件，然后单击“打开”即可。右击添加的图片，选择“置于底层”，如图 4-29 所示，方便编辑标题和副标题。通过微调图片的占位符来调整图片的位置、大小。

③ 标题与内容版式设置。

单击“标题与内容版式”，选择幻灯片功能选项卡“插入”|“图片”，在弹出的对话框中选中收集的修饰图片，然后单击“打开”即可。右击添加的图片，选择“置于底层”。通过微调图片的

占位符来调整图片的位置、大小。

对于母版或普通视图幻灯片的相关操作，除了使用右键下拉菜单外，还可以使用功能区中的快捷方式。例如，对背景格式的设置，可以选择幻灯片功能区中的“背景样式”中的“设置背景格式”，或“背景”旁边的小箭头“”打开“设置背景格式”对话框。

对母版的背景设置时，除了纯色填充外，还可以采用渐变填充、图片或纹理填充。纯色填充的背景为选择的某一种颜色，颜色较单一。图片或纹理填充背景时，可以从“纹理”、“文件”、“剪切板”和“剪切画”中，选择一幅图片作为背景，并对其图片的透明度等参数进行设置，实现较好的效果。

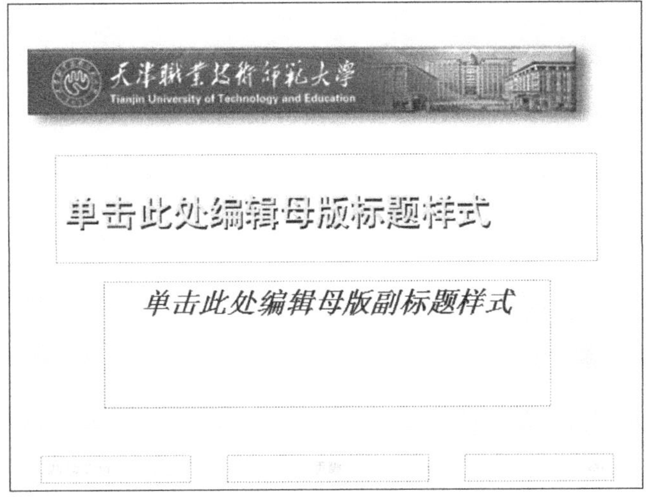

图 4-29 标题版式添加背景效果图

占位符为一种带有虚线边缘的框。在这些框内可以放置标题及正文，或者是图表、表格和图片等对象。每个占位符都有尺寸控点，尺寸控点是出现在选定对象各角和各边上的小圆点或小方点。

如果要调整占位符的大小，单击要更改的占位符，指向它的一个尺寸控点。当指针变为双向箭头时，拖动该控点就可更改大小；如果调整占位符的位置，鼠标指向占位符的一个边界，当指针变为四向箭头，即可将占位符拖动到新位置；如果更改占位符内文字的字体、字号、大小写、颜色或间距，则选择要修改的文字，从“字体”组中单击所需选项即可。

单击“单击此处编辑母版标题样式”的占位符，在“开始”选项卡中“字体”功能区修改字体（黑体）、大小（56 号）、颜色（黑色）和特效（粗体）。在“段落”功能区选择“居中”。

单击“单击此处编辑母版文本样式”的占位符，在“开始”选项卡中“字体”功能区修改字体（楷体_GB2312）、大小（32 号）、颜色（黑色）。

如果要修改的文本格式与其他部分的相同，则可以采用“格式刷”来实现。格式刷就是复制一个位置的格式，然后将其应用到另一个位置。【开始】功能区中的“”按钮即格式刷。双击此按钮可将相同格式应用到文档中的多个位置。

（3）首页的制作

关闭“幻灯片母版视图”，进入“普通视图”对幻灯片进行设计。在“幻灯片缩略图”中单击第一页幻灯片，使其成为活动幻灯片。默认情况下，第一页幻灯片为“标题幻灯片”版式。如果非标题幻灯片版式，则在“幻灯片缩略图”中，在第一页幻灯片上右击选择下拉菜单中的“版式”，选中“标题幻灯片”版式即可。

在第一页幻灯片选择功能选项卡“插入”|“图片”，选择主题相关图片，调整至适当位置，在“单击此处添加标题”文本占位符中输入“多媒体演示文稿设计”字样，如图4-30所示。

图4-30　首页效果图

（4）新课导入的页面制作

选择功能选项卡“开始”|“幻灯片”|“新建幻灯片”，选择“仅标题”版式，如图4-31所示，完成第二页幻灯片的添加。新课导入以思考问题引入新课。制作过程如下。

图4-31　新建幻灯片

① 在编辑区中，在“单击此处编辑文本”文本框中输入“你会使用PPT吗”。

② 选择“插入”|“图片”，选择图片插入。

（5）内容导航页面制作

内容导航页面是向学生介绍本章的主要内容，一般以目录的形式呈现，有层次。制作的效果图如图 4-32 所示。其制作过程如下。

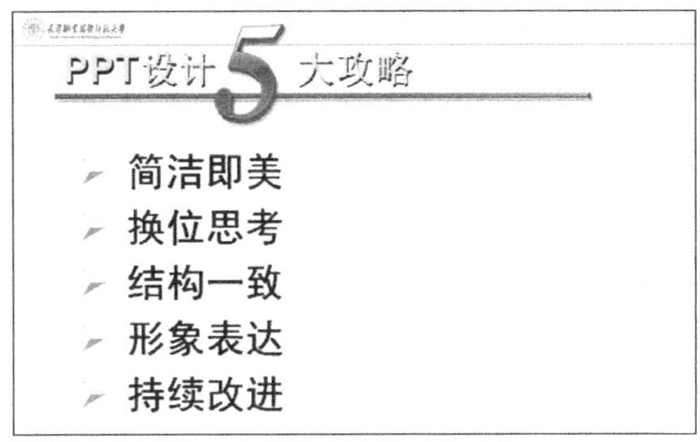

图 4-32　内容导航页面

① 新建幻灯片。

② 选择“插入”|“文本框”|“横排文本框”命令，输入文字。

添加动画。选择文字“简洁即美”，选择“动画”|“自定义动画”|“添加效果”|“进入”|“其他效果”|“细微型”|“淡出”，如图 4-33 所示。

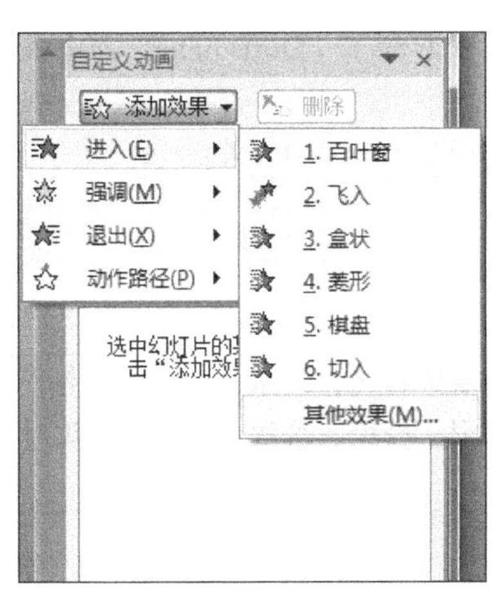

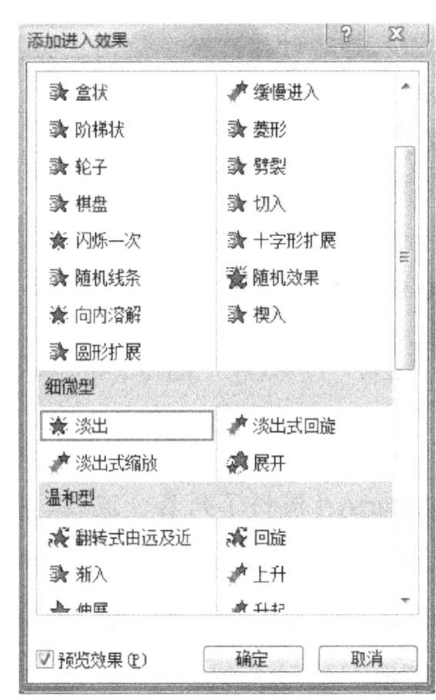

图 4-33　自定义动画截图

动画的“添加效果”中，“进入”设置对象进入幻灯片的动画；“强调”是对某对象强调所使用的效果动画；“退出”设置某对象释放，退出当前显示；“运动路径”设置对象在演示时的运动路径。

动画设置后可以对其效果进行修改，选择“自定义动画”对话框中“更改”命令，选择需要的效果即可。

任务窗口中的播放次序可以任意调换。框选要移动的列表，单击底部的“重新排列”两边的“上升”或“下降”按钮即可。

完成动画后，可单击对话框中的“播放”观看设置的效果。

（6）攻略页的制作

PPT 制作攻略是本章重要内容，PPT 制作攻略制作的过程如下。

① 新建空幻灯片，版式为“标题和内容”。在文本框中输入标题和内容，并设置字体和大小。微调占位符，更改文本框的位置和大小。效果如图 4-34 所示。

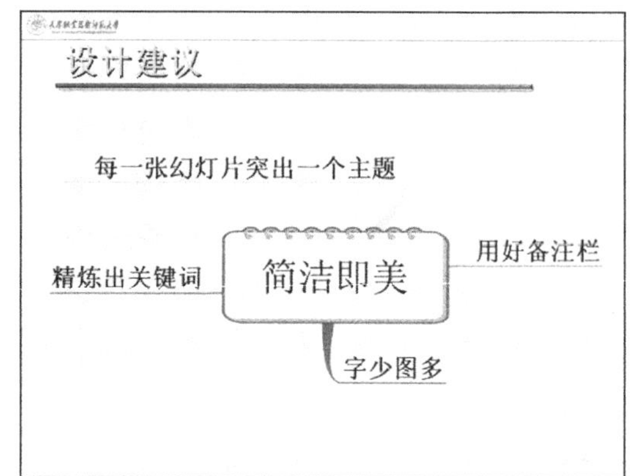

图 4-34 “标题和内容”版式的效果图

技巧

插入新幻灯片，除了使用“功能区”|“新建幻灯片”外，还可以使用下列方法之一插入新幻灯片：

（1）使用“Ctrl+M”组合键在当前活动幻灯片之后插入一张幻灯片；

（2）在缩略图中，选中一张幻灯片，然后按下“Shift+Enter”组合键在其后插入一张新幻灯片；

（3）在缩略图中，在当前页后，直接回车添加新幻灯片。

② 选择“插入”|“图片”命令，选择在 Photoshop 中已处理好设计建议的图片，当然设计建议也可以用 SmartArt 工具进行设计。

技巧

SmartArt 提供了列表、流程、循环、层次结构、关系、矩形和棱锥图多种功能图，选择其中之一，即可将内容要点转换成图形，轻松、简洁。当然，通过对图形布局局部修改，以便恰当表现不同人的想法。

（7）按钮添加

为了实现更好的交互性，便以幻灯片间的跳转，可以为多媒体演示文稿添加动作按钮。动作按钮可以是图形按钮，也可以是图片等。将动作按钮插入演示文档中，并为其定义超链接，就能够实现幻灯片间的跳转，避免了使用者漫无目的地翻页。

“多媒体演示文稿设计”演示文稿中，定义了内容导航，每讲完一个节内容，都须回到内容导航，则需要在每节的最后一页幻灯片添加一个返回按钮，其步骤如下。

① 添加按钮图形。选择“插入”|“图片”命令，选中动作按钮“返回”，单击“打开”，然后调整占位符的大小和位置，如图 4-35 所示。

② 添加超链接。右击按钮图片，选择“超链接”，在打开的“插入超链接”对话框中，选择“本文档中的位置”，选择需要跳转到的幻灯片即可，如图 4-36 所示。

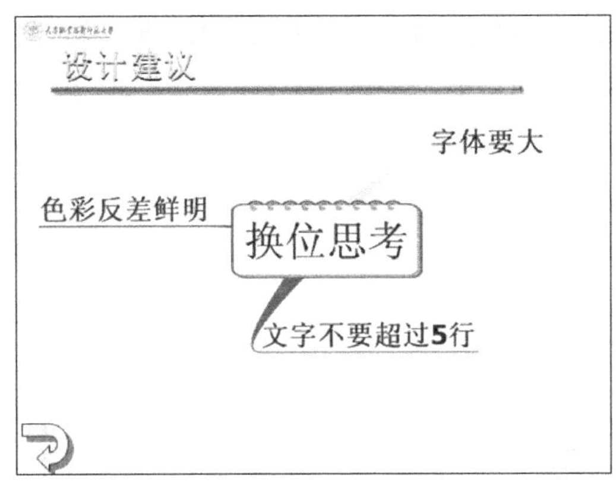

图 4-35　添加按钮界面

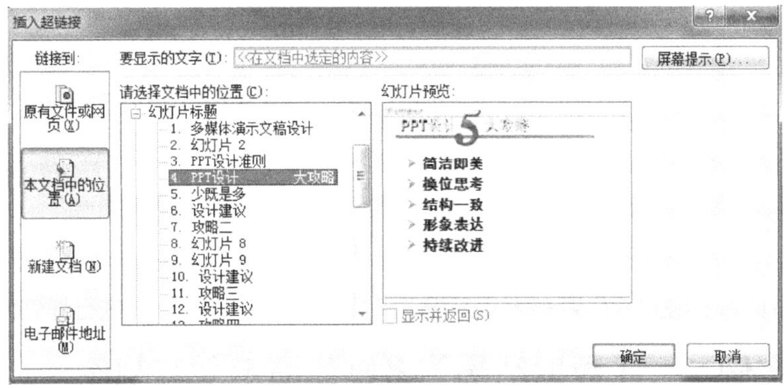

图 4-36　插入超链接对话框

技巧

利用文字进行超链接设置时，建议不要对文字设置超链接，而是对文字的占位符添加超链接，因为这样可以避免添加超链接的文字带有下划线和颜色变化。

（8）更改幻灯片切换方式

幻灯片切换效果是在“幻灯片放映”视图中从一个幻灯片移到下一个幻灯片时出现的类似动画的效果。选择“动画”|“切换到此幻灯片”中的▾，选择“随机垂直条”，设置换片方式为“单击鼠标时”，单击“全部应用”命令实现所有幻灯片的切换动画的添加。设置功能区如图 4-37 所示。

图 4-37　切换到此幻灯片设置功能区

提示

如果向演示文稿中添加不同的幻灯片切换效果，则须在编辑区显示切换到的幻灯片，在功能区选择切换效果，不用单击功能区中的“全部应用”即可实现。

如果想删除切换效果，需在功能区选择“无切换效果”。

（9）添加页眉页脚

添加页眉页脚，即为幻灯片添加编号、时间和日期、制作单位等信息。在“多媒体演示文稿

设计”演示文稿中，仅仅添加“幻灯片编号”，但标题幻灯片不显示。选择“插入”|“页眉和页脚”命令，打开“页眉和页脚”对话框，选中“幻灯片编号”和“标题幻灯片中不显示”复选框，如图4-38所示，单击“全部应用”按钮即可完成。

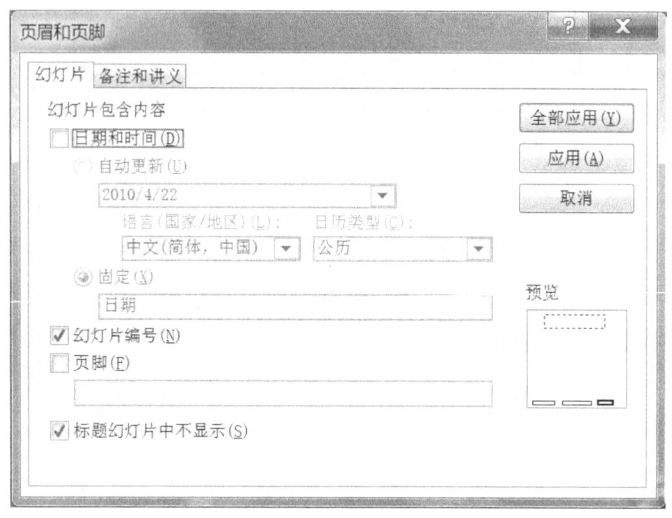

图4-38　幻灯片添加页脚

对于页眉和页脚的格式、位置和大小等设置，需要在幻灯片母版中进行详细的设计。

4.2.3　实例二　《数据结构》多媒体演示文稿制作

实例二以计算机专业的《数据结构》课程中的一个知识点“栈”演示文稿为例，根据多媒体课件的制作步骤，介绍演示文稿从设计到制作的整个过程。

1. 确定选题

《数据结构》课程为计算机及其相关专业的专业基础课，主要讨论计算机中数据的组织形式、数据之间的逻辑关系、数据的存储方式以及各种基本运算的实现。其中，“栈”是一种特殊的线性结构，涉及入栈、出栈操作。

《数据结构》课程主要的授课对象是大学三年级的学生。这些学生已经学完算法与程序设计和高级语言程序设计等关联比较紧密的课程，具有一定的理解能力和编程基础，为学好这门课打下夯实的基础。

“栈”是一个比较抽象的内容。其内容包括栈的定义、基本运算和操作以及存储类型、具体实现和实际应用。

通过以上的分析，根据教学大纲，明确教学目标和课程的重难点。

教学目标：掌握栈的基本运算和操作，理解栈的定义，了解栈的基本应用，并能够正确运行栈来解决实际问题。

重点：栈的基本运算和操作。

难点：栈的具体应用。

2. 创作脚本

（1）内容组织形式

为了更好地便于学生的接受和理解，内容以多媒体的形式组织并展示，采用问题导入——知识讲解——实际应用——总结归纳——知识点回顾的教学方案。

① 问题导入。

“栈的定义”，以自然现象创设问题情境引申出“栈”的定义，例如，平时几件衣服的穿脱过程、手枪子弹的压放过程、一摞书的取放过程等。以文本的形式对其内容进行简洁明了的总结，并给出栈先进后出的特点。

② 知识讲解。

“栈”的知识点包括两部分内容：

栈的定义主要讲解栈的定义、特点（先进后出），栈的几个常用术语（栈顶、栈底、空栈）；栈的实现主要讲解栈的两种存储结构——顺序栈和链式，详细讲解其具体的实现，并附有程序代码。

这两部分内容的组织主要以文本素材为主，图形和动画等媒体素材起辅助作用。

③ 实际应用。

知识点的运用是课程内容的根本，“括号的匹配检验”是典型的栈的应用，利用括号的成对出现完成入栈和出栈操作。游戏汉诺塔也是“栈”很好的实例，利用 Flash 实现的“汉诺塔”游戏，让学生动手玩游戏来体会“栈”的基本思想，更深入地理解“栈”的特点和操作过程。

④ 总结归纳。

课程小结对整堂课内容进行总结，向学生展示课程的教学目标、重难点。

⑤ 知识点回顾。

课程的检验通过习题练习和作业检验学生的掌握情况，找出其不足，查漏补缺。

（2）整体风格

① 色彩搭配。

演示文稿的色彩和谐、统一采用母版实现。在“栈”演示文稿中，背景采用淡蓝色自底向上渐变填充，前景色采用黑色为主。在幻灯片中添加的自定义图形中，背景色以浅颜色填充，前景色以深色填充。整个演示色彩鲜明、柔和、和谐而不单调。

② 字体选择。

文本素材是演示文稿中最主要的表达媒体，对内容起到大纲总结的作用。其字体的选择也决定了幻灯片的整体风格。首页大标题采用黑体、65 号、添加艺术效果，整个页面较华丽。正文中一级标题字体采用黑体、56 号、黑色、单倍行间距、居中对齐、首行无缩进。二级标题采用楷体_GB2312、黑色、44 号、1.5 倍行间距、首行无缩进、左对齐。正文内容采用楷体_GB2312 黑色、32 号、1.5 倍行间距、首行缩进、左对齐。个别内容的强调可通过修改字体颜色、添加阴影等特效来实现。程序采用 Times New Roman、黑色、32 号、单倍行距、左对齐。

3. 素材的制作与收集

在“栈”课程的演示文稿中仅对图形图像进行制作与收集、对动画素材进行收集。

（1）图形图像的制作与收集

在“栈”演示文稿中，首页的背景需要华丽、突出主题，采用蓝色背景、“科技创新、引领未来”为主线的图片。“栈”知识的引入以一摞书的存取问题引入，为了形象，采用一摞书的图片插入幻灯片。在正文中，为了体现“栈”的主题，每页幻灯片的右下角都插入了一摞书的图片。

“栈”内容的讲解上，主要采用图形来辅助内容的讲解，采用 PowerPoint 自带的绘制工具绘制而成，参见图 4-39 中栈的示意图。

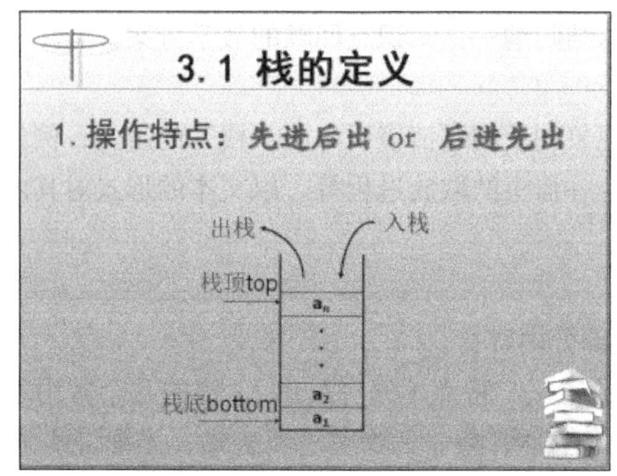

图 4-39　正文幻灯片截图

图 4-40　装饰小动画

（2）动画的收集

动画是由一系列的图像画面组成的队列，画面中的内容不断演变，播放时给人的感觉是画面中的对象在运动。汉诺塔动画游戏采用 Flash 软件制作，通过超链接插入幻灯片中。除此之外，添加了一些小 GIF 动画装饰演示文稿，如图 4-40 所示。

为方便查找，图形和动画素材的命名采用高度概括内容的词语来命名，简单、便于记忆。采用文件夹的形式分类统一管理素材。

4. 制作与技巧

一个演示文稿文件由若干张幻灯片（页）组成，每张幻灯片上可以放置文本、图片、图形、音频、视频和动画等元素，这些元素统称为演示文稿对象。

（1）新建空白演示文稿

单击“Office 按钮”下拉菜单下的“新建”命令，在弹出“新建演示文稿”对话框中选择“空白演示文稿”。单击“创建”按钮完成空白演示文稿的创建并打开，如图 4-41 所示。便于以后编辑的方便，单击选中的文本框并删除，只留下空白页。

图 4-41　新建空白演示文稿

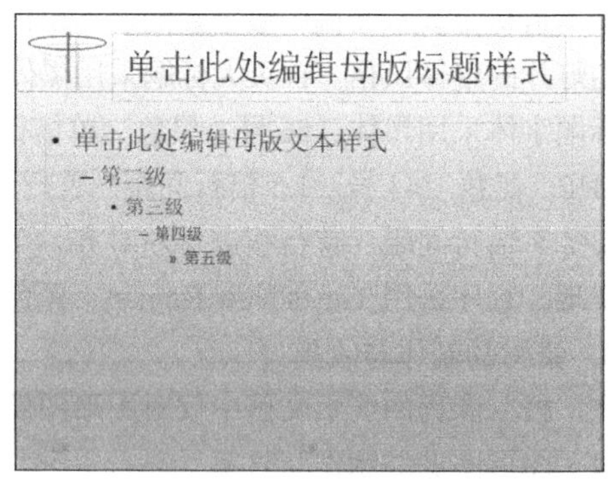

图 4-42　背景效果图

（2）添加幻灯片的母版

选中“office 主题母版”，在编辑区右击幻灯片，在弹出下拉菜单中选择“设置背景格式”。弹出“设置背景格式”对话框。选择“渐变填充”，设置参数“预设颜色”为“雨后初晴”，“类型”为“线性”，“方向”为“线性向上”，“角度”为 270º。最后，单击“全部应用”按钮使设置应用于所有的母版版式，单击“关闭”按钮关闭对话框。为了母版的背景美观，需要对背景进行修饰。添加了几个简单矢量图，美观而不喧宾夺主。效果如图 4-42 所示。

单击“标题版式”，选择幻灯片功能选项卡“插入”，单击“图片”，在弹出的对话框中选中背景图片文件，然后单击“打开”即可。右击添加的图片，选择“置于底层”，如图 4-43 所示，方便编辑标题和副标题。通过微调图片的占位符来调整图片的位置、大小。

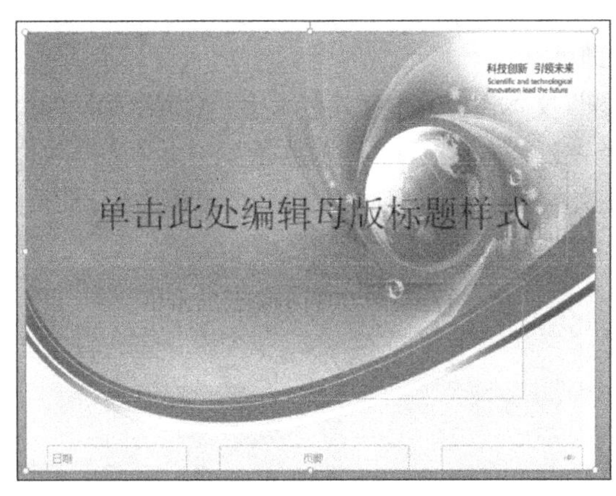

图 4-43　标题版式添加背景效果图

单击“单击此处编辑母版标题样式”的占位符，在“开始”选项卡中“字体”功能区修改字体（黑体）、大小（65 号）、颜色（白色）和特效（添加粗体和阴影）。在“段落”功能区选择“居中”。

单击“单击此处编辑母版副标题样式”的占位符，在“开始”选项卡中“字体”功能区修改字体（宋体）、大小（56 号）、颜色（黑色）和特效（粗体）。在“段落”功能区选择“居中”。

单击“标题与内容版式”，选择幻灯片功能选项卡“插入”|“图片”，在弹出的对话框中选中收集的书籍修饰图片，然后单击“打开”即可。右击添加的图片，选择“置于底层”。通过微调图片的占位符来调整图片的位置、大小。效果如图 4-44 所示。

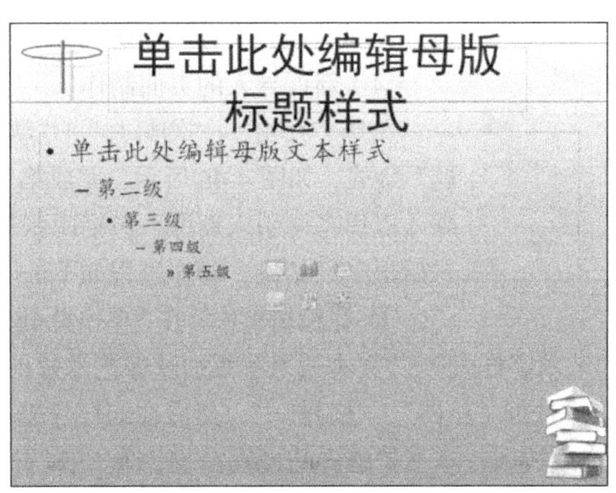

图 4-44　标题与内容版式效果图

单击“单击此处编辑母版标题样式”的占位符，在“开始”选项卡中“字体”功能区修改字体（黑体）、大小（56 号）、颜色（黑色）和特效（粗体）。在“段落”功能区选择“居中”。

单击“单击此处编辑母版文本样式”的占位符，在“开始”选项卡中“字体”功能区修改字体（楷体_GB2312）、大小（32号）、颜色（黑色）。

（3）首页的制作

关闭“幻灯片母版视图”，进入“普通视图”对幻灯片进行设计。在“幻灯片缩略图”中单击第一页幻灯片，使其成为活动幻灯片。默认情况下，第一页幻灯片为“标题幻灯片”版式。如果非标题幻灯片版式，则在“幻灯片缩略图”中，在第一页幻灯片上右击选择下拉菜单中的“版式”，选中“标题幻灯片”版式即可。

在“单击此处添加标题”文本占位符中插入艺术字“数据结构”四个字。双击文本占位符，在“绘图工具”功能区中选择“文本效果”为“跟随路径”|“上弯弧”和“阴影效果”，“文本填充”为“白色”。这样设计，使文本框和背景图片的流向一直，并且上下呼应、对称，如图4-45所示。

图4-45　首页效果图

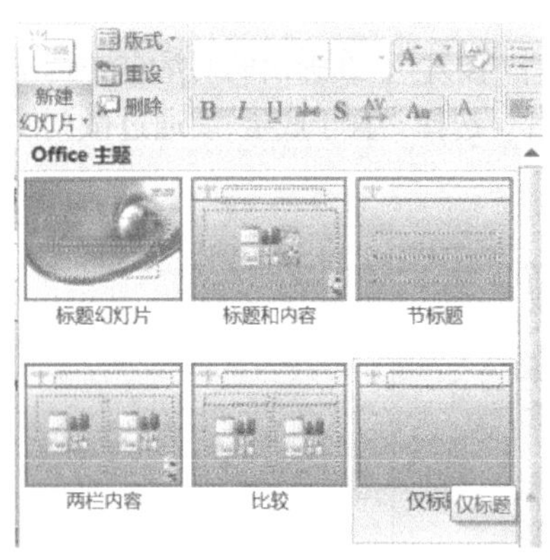

图4-46　新建幻灯片

在“单击此处添加副标题”文本占位符中输入“栈”字样。然后调整文本占位符至地球球心的位置，居中显示，如图4-45所示。调整“数据结构”文本框的占位符，使“栈”仿佛是“数据结构”沿弯曲率引导而出，“栈”为探索的重点。整个界面美观、大方、和谐。

（4）新课导入的页面制作

选择“开始”|“幻灯片”|“新建幻灯片”，选择“仅标题”版式，如图4-46所示，完成第二页幻灯片的添加。新课导入以思考题引入新课，包括两张幻灯片。第一张得出“先进后出”的结论，制作过程如下。

① 在编辑区中，在“单击此处添加标题”文本框中输入“思考题”，在“插入”|“艺术字样式”|“文本效果”添加映像艺术效果。

② 在“开始”选项卡中选择“绘图”|“横排”，然后在幻灯片需要输入文字的地方用鼠标划出文本框，并输入“取出或放入一本书是怎样的过程？”字样。在“开始”|“字体”中选择“隶书”，加粗、黑色。

③ 选择“插入”|“形状”|“箭头（向上）”，右击箭头选择编辑文字，输入“先进后出”四个字。双击“箭头”，选择“形状填充”为蓝色、“形状轮廓”为“深蓝色”、“文本填充”为“红色”、“文本效果”为“阴影”|“外部”|“右下斜偏移”。选择“插入形状”|“编辑形状”下拉菜

单中的“转换为任意多边形”，如图 4-47 所示。此时，箭头改为多边形，右击“多边形箭头”选择“编辑顶点”，多边形箭头由黑色顶点和红色线组成，单击黑色顶点，顶点出现带白框的两条细线，如图 4-48（a）所示。拖动各个黑色顶点的白框弯曲线段至效果如图 4-48（b）所示。单击多边形以外的任意空间，取消编辑。

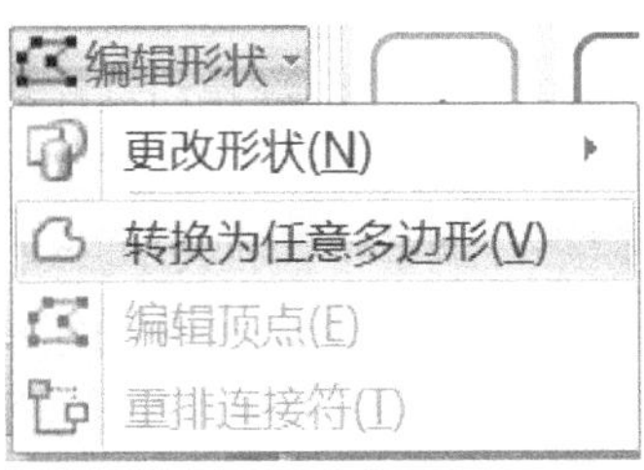

图 4-47　转换为任意多边形截图

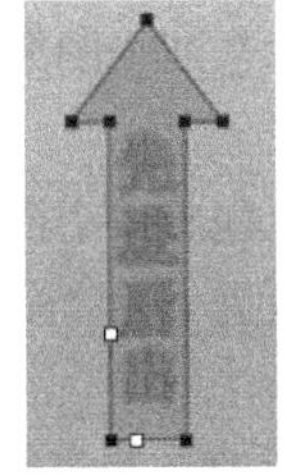

(a) 多边形箭头编辑顶点

(b) 编辑顶点后效果图

图 4-48　编辑多边形箭头的截图

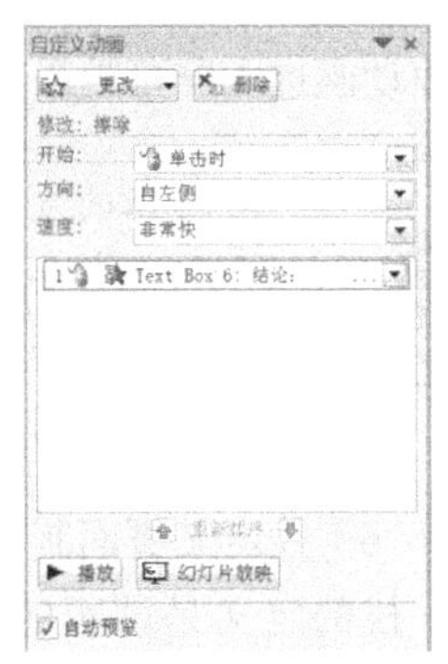

图 4-49　自定义动画对话框

④ 为多边形箭头添加动画。选中“多边形箭头”，在“动画”选项卡中选择“动画”|“自定义动画”，打开“自定义动画”对话框，在“添加效果”中选择“进入”|“摩擦”命令，如图 4-49 所示。设置参数“开始”为“单击时”，“方向”为“自左侧”，“速度”为“非常快”。

⑤ 为了内容突出，在页面中插入一摞图书的插图，选择“插入”|“图片”命令即可。为了突显活泼，在页面中插入“问号”GIF 格式的小动画，选择“插入”|“图片”命令即可。

新课导入的第一页幻灯片的页面效果如图 4-50 所示，图 4-50（b）为图 4-50（a）单击鼠标后显示的效果图。

(a) 初始界面

(b) 动画后效果

图 4-50　新课导入页面效果图

（5）内容导航页面制作

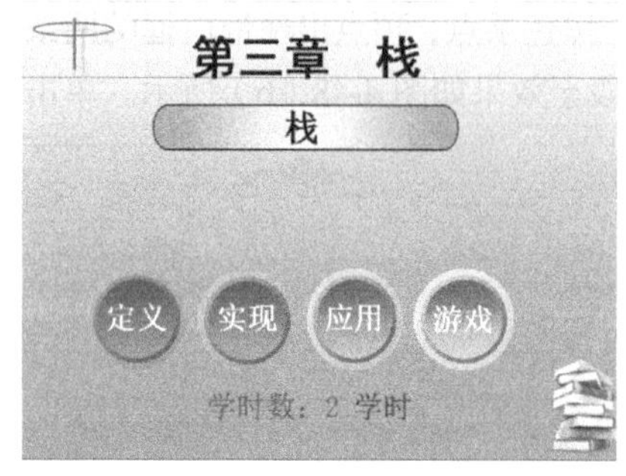

图 4-51 内容导航页面

内容导航页面是向学生介绍本章的主要内容，一般以目录的形式呈现，有层次感。制作的效果如图 4-51 所示。本章内容共包括四部分内容：栈的定义、实现、应用和游戏。其制作过程如下。

① 新建幻灯片，选择版式为“标题和内容”。在“单击此处添加标题”处输入标题“第三章栈”，修改占位符调整位置和大小。

② 添加圆角矩形，绿色渐变填充，轮廓设为黑色，1.5 磅。编辑汉字，输入“栈”字样，宋体，44 号，粗体。

③ 在圆角矩形正下方，添加粗的上箭头，灰色渐变填充。

④ 选择“插入”|“图形”命令，插入四个纽扣图形。框选四个图形，双击，在绘制工具中选择“对齐”方式为“顶端对齐”和“横向分布”。

⑤ 选择“插入”|“横排”文本框命令，用鼠标在纽扣上划出一个横排文本框，并输入文字“定义”。双击“定义”文本框，在功能区中设置形状填充参数为“无填充颜色”，形状轮廓为“无轮廓”。调整占位符大小和位置，使之落入纽扣正中心。

⑥ 复制“定义”文本框，单击幻灯片任意处粘贴三次，修改三个复制文本框内容为“实现”、“应用”、“游戏”，并分别调整到相应的纽扣图形中。

⑦ 选择“插入”|“横排”文本框命令，用鼠标划出一个横排文本框，并输入文字“学时数：2 学时”，双击文本框，在功能区“字体”中设置字体颜色为“红色”，“加粗”，并添加鼠标单击摩擦动画进入屏幕效果。

对象的复制，除了使用图形快捷命令，还可以使用以下方法。

（1）在要复制的对象上按下鼠标左键的同时，按下键盘上的 Ctrl 键，向下稍微拖动鼠标后释放即可完成。

（2）使用键盘组合键 Ctrl+C 复制对象，Ctrl+V 粘贴对象。

（6）栈定义页面制作——表格的添加

栈的定义是课程的重要概念，页面如图 4-52 所示，其中栈存储空间是插入表格制作而成的。插入表格速度快、设置简单、效果好。栈定义页面制作的过程如下。

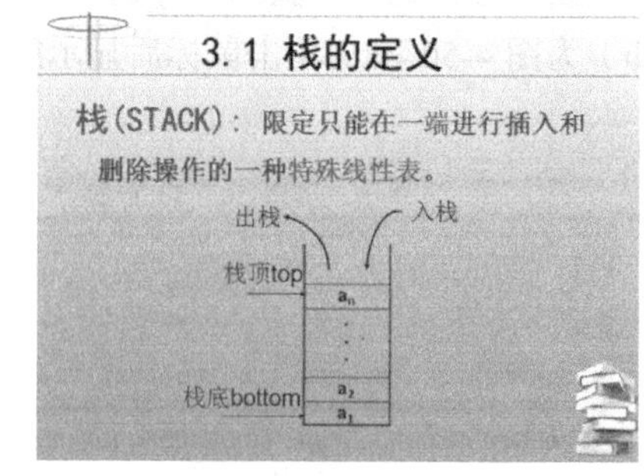

图 4-52 栈定义的页面制作

① 新建空幻灯片，版式为“标题和内容”。在文本框中输入标题和内容，并设置字体和大小。微调占位符，更改文本框的位置和大小。

② 插入表格，制作栈存储空间。选择“插入”|“表格”|“插入表格”命令，在弹出对话框中输入列数“1”，行数“7”，如图 4-53 所示。单击“确定”按钮完成表格的创建，单击表格竖边框，鼠标变为横向双箭头时，调整表格的列大小。鼠标变为星形时，对表格位置微调，如图 4-54 所示。

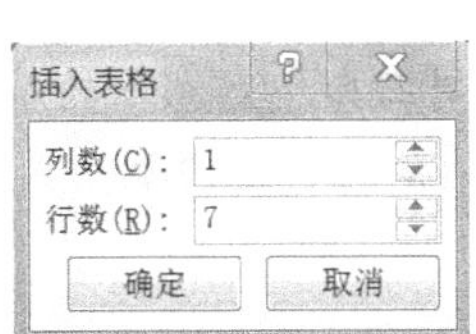

图 4-53　插入表格对话框

图 4-54　插入表格效果图

③ 双击表格，在功能区设置表格，如图 4-55 所示。在“表格样式选项”中，去掉“标题行”的选择，在“表格样式”中，“填充”为“无颜色填充”，“边框”选择“无边框”。在“绘制边框”中选择笔样式“直线”、笔画粗细“2.25 磅”、笔颜色“黑色”。 在边框中选择“下框线”、“左框线”、“右框线”，如图 4-56 所示。设置“绘制边框”|“笔划粗细”为“1.0 磅”，表格内部列全选，设置边框选择“内部边框”。效果如图 4-57 所示。

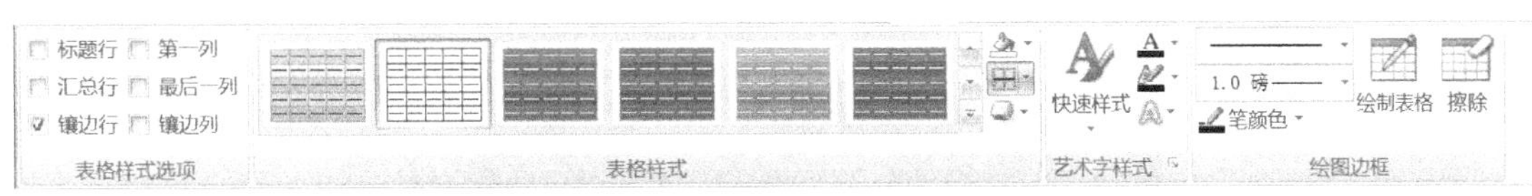

图 4-55　表格工具的设计功能区

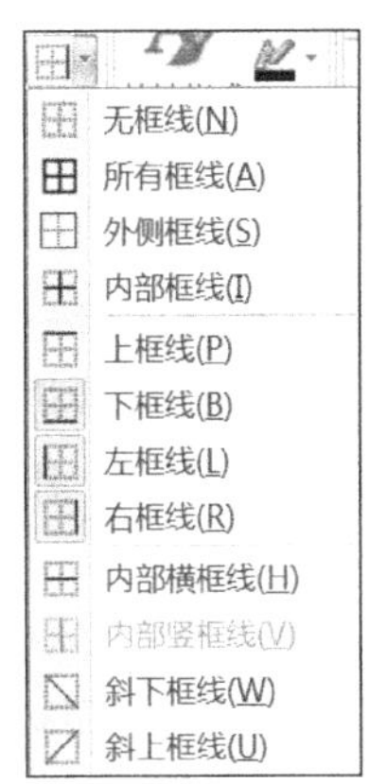

图 4-56　边框下拉菜单

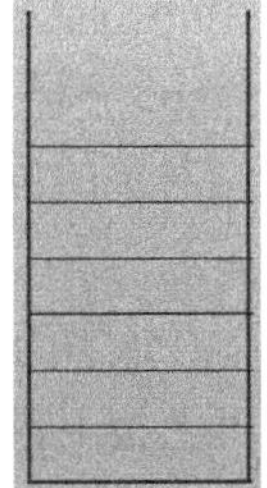

图 4-57　表格设计效果图

④ 添加文字，居中，中间三行分别填写“.”。

⑤ 选中填写“.”的中间三行，在功能区选择边框为“内部边框”，去掉内部边框，表格设计完成。

⑥ 插入图形“直线箭头”，制作栈底指针，双击“直线箭头”，在功能区设置“形状轮廓”，“颜色”为“黑色”、“粗细”为“1.0 磅”。复制“直线箭头” 制作栈顶指针。

⑦ 插入“弯曲曲线”，表示出栈方向，双击曲线，在功能区设置形状轮廓，“颜色”为“黑色”、“粗细”为“1.0 磅”、“箭头”为“箭头样式 6”。复制“弯曲曲线”，选择功能区“排列”中设置“旋转”为“水平翻转”，更改箭头样式为“箭头样式 5”。

⑧ 制作四个文本框，分别输入“栈底 bottom”、“栈顶 top”、“出栈”、“入栈”，调整大小和位置，完成栈定义的幻灯片。

弯曲箭头的制作，可以插入“多边形”，绘制一条线段，第二个端点双击以结束绘制。选中新建的选段，右击，在下拉菜单中选择“编辑顶点”，线段两端出现两个被红色细线连在一起的黑点。单击一个黑色顶点，顶点上出现带白框的一条细线，拖动此白框弯曲线段，调节至一定形状后，选择“绘制工具”|“形状轮廓”，设置箭头样式即可。当然，设计时可以调节两个黑色顶点，以达到满意的曲率。

（7）栈的操作练习页面制作——动作路径的设置

栈的操作是动态体现先进后出思想，为了实现动态显示，使用了动作路径效果，如图4-58所示。制作过程如下。

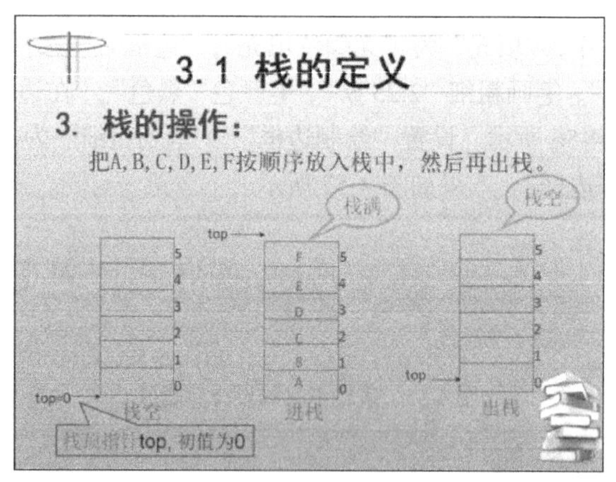

图4-58　栈操作效果图

① 添加幻灯片，输入标题和相关内容，如图4-58所示。

② 制作栈顶指针top。选择“插入”|“图形”中的矩形框，在编辑区画出一矩形框，高度1.1cm，宽度1.56cm，并输入“top”字样，调整大小。以同样的方法制作图形箭头，高度0cm，宽度1.41cm。通过键盘组合键微调两对象的位置，水平对齐。框选两对象，并右击对象，在弹出菜单中选择“组合”命令。

③ 制作栈，如图4-58所示。以步骤②插入矩形框的方法重新插入一矩形框，高度1.1cm，宽度3.19cm。在矩形框上按下鼠标左键，同时按下键盘上的Ctrl键，微移鼠标复制出一个矩形框。以同样的方法再复制四个矩形框。微调六个矩形框，垂直排列，居中对齐。框选六个矩形框，右击选择“组合”命令。制作六个同样大小的文本框，宽度1.1cm，高度0.86cm，设置无轮廓，无颜色填充，并依次输入18号数字0、1、2、3、4、5，用于代表栈存储空间编号。然后从小到大，从下到上依次放在六个矩形框的左边。最后框选矩形框组和六个文本框，右击组合，并复制出两个栈存储空间。三个栈存储空间分别为：栈空、进栈、出栈，并制作三个文本框加以标注。微调三个存储空间的位置，使其自左向右一字排列。

④ 复制一个栈顶指针，放在栈空存储空间的位置，并修改文字为top=0，表示栈顶初始值为0，调整大小使所有文字能正常显示。添加标注图形，在“插入”|“形状”中选择“标注图形”，高度为1.28cm，宽度8.63cm，设置“蓝色”轮廓，“无颜色填充”。输入文字“栈顶指针top，初值为0”。旋转并微调占位符，位置与形状如图4-58所示。

⑤ 复制六个栈顶指针，依次放在进栈存储空间的左侧。制作六个文本框，宽度1.03cm，高度0.91cm，分别输入A、B、C、D、E、F，并把六个文本框放置在幻灯片区域外，进栈存储空间

的正上方，如图 4-59 所示。用同样的方法，制作出栈存储空间的六个栈顶指针和六个文本框。不同的是，六个文本框放置在栈存储空间内。

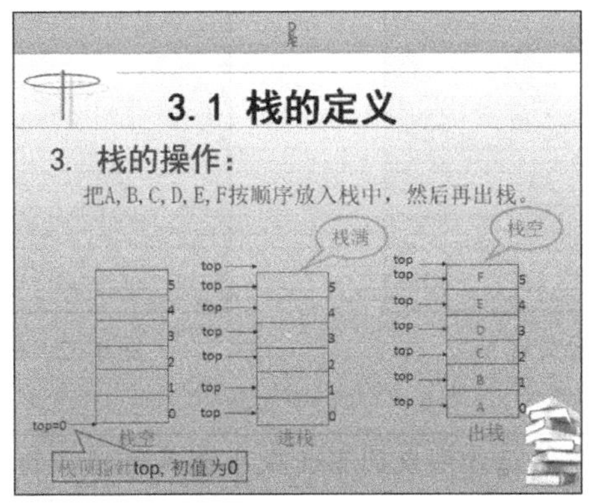

图 4-59　文本框放置在幻灯片外的效果图

⑥ 制作“栈满”和“栈空”标注。选择“插入”|“图形”中的“标注”图形，设置“轮廓”参数为“淡蓝色”，“无颜色填充”，编辑文字“栈满”。复制标注图形，修改文字为“栈空”。

⑦ 添加动画，步骤如下。

第一步：选择“栈空”、“栈空存储空间”和“top=0”以及“栈顶指针 top，初值为 0”的文本框，单击鼠标添加“进入”|“摩擦”效果，方向“自左向右”，速度“非常快”。

第二步：选择“进栈”、“进栈存储空间”，添加动画效果为“盒状”，“开始”为“单击时”，“方向”为“缩小”，“速度”为“快速”。

第三步：选择 0 空间的栈顶指针组合图形“top”，在“自定义动画”对话框中，选择“添加效果”|“进入”中的“盒装”，设置“开始”为“之后”，“方向”为“缩小”，“速度”为“快速”。在动画播放列表中双击“0 空间的栈顶指针 top”的 gounds 播放列表，在弹出对话框中，设置“动画播放后”为“下次单击后隐藏”，如图 4-60 所示。

图 4-60　动画添加效果对话框

第四步：选择“文本框 A”，在“自定义动画”对话框中，选择“添加效果”|“动作路径”中的“向下”。移动红色箭头到栈的 0 存储空间中，如图 4-61 所示。设置“开始”为“单击时”，“速度”为“中速”。单击“播放”，可看到 A 文本框，自上而下降落到栈的 0 存储空间中。

第五步：重复第三步和第四步，把进栈空间中剩下的 top 和文本框添加动画。须注意的是，最后一次 top 不需要设置“动画效果后”参数。“栈满”动画效果添加为“进入”|“盒状”，“开始”为“之后”。

第六步：重复第二步操作为出栈存储空间添加动画，不同的是首先添加栈满的栈顶指针 top（最上面的 top）。重复第三步和第四步，以同样的方法为出栈操作添加动画。不同的是，从 F 到 A 添加动画，而且动作路径的结束红色标志，应在幻灯片区域外。最后为“栈空”添加“盒状”效果动画，“开始”为“之后”。效果如图 4-62 所示。

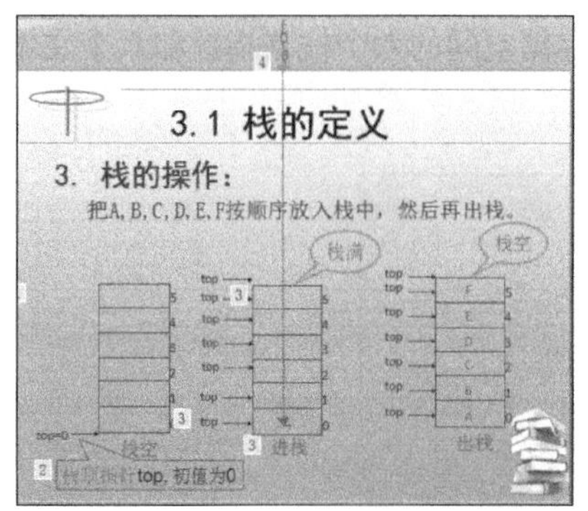

图 4-61　动作路径设置界面

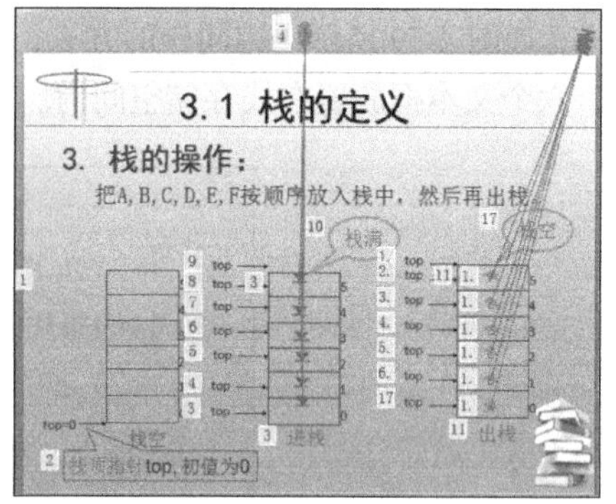

图 4-62　栈操作动画添加界面

如果要创建规范的正方形或圆形（或限制其他形状的尺寸），在拖动鼠标绘制时同时按住 Shift 键即可。

如果要为一系列图形填充同样颜色，则首先框选这些形状（按下 Ctrl 键的同时单击图形也可以），然后选择“形状填充”，选择合适的颜色即可完成。

（8）练习题页面制作

练习题界面如图 4-63 所示。设计思路为：布置练习让学生在规定的时间内做完，须设置一个倒计时，时间到后，响铃通知学生时间到，停笔。然后学生讨论答案，最后单击鼠标公布正确答案。其他的制作跟以前的制作方法一样，下面只说明倒计时的制作步骤。

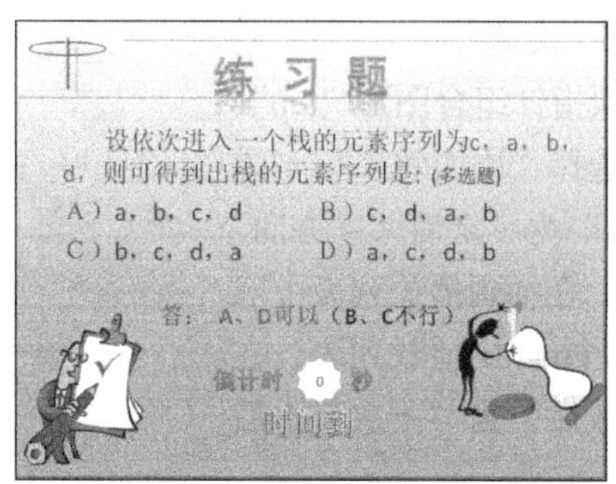

图 4-63　练习题界面

① 先设置“倒计时”文本框和时间单位“秒”文本框。横向排列，底端对齐。

② 添加图形“十角星”，用于显示时间，设置填充为“白色”，轮廓为“橘黄”，添加数字“30”，表示规定时间为 30 秒。

③“倒计时”文本框、“秒”文本框和“十角星”图形，在“自定义动画”对话框中添加进入动画“百叶窗”，开始设置为“单击时”。

④ 倒计时规定时间设计为 30 秒，倒计时的显示变化为 30 秒，20 秒，10 秒，9 秒～0 秒。由此需要创建 12 个文本框用于显示时间。创建一个文本框，双击文本框，在功能区设置宽度为 1cm，高度为 1cm，轮廓为“无色”，填充为“白色”，并输入数字“20”。然后复制 11 个文本框，依次输入数字 10，9，8，7，6，5，4，3，2，1，0。

⑤ 设置动画。框选所有的文本框，在“自定义动画”对话框中添加进入动画“百叶窗”，开始设置为“之后”。在动画播放列表中，双击“20”文本框，在弹出对话框中设置“延迟”为 10

秒，如图 4-64 所示。以同样的方法设置“10”文本框的动画“延迟”也为 10 秒，而 0～9 的文本框动画“延迟”为 1 秒。除此之外，“0”文本框需要添加声音效果，单击“效果”，设置“声音”参数，如图 4-65 所示。

⑥ 框选 20～0 所有的文本框，双击，在“绘制工具”|“排列”中选择“对齐”方式：左右对齐，上下对齐。移动所有的文本框至十角星的正中间。

⑦ 添加“时间到”文本框，设置“百叶窗”动画效果，“开始”参数为“之后”。这样，倒计时的动画制作完毕。

图 4-64　延迟设置界面

图 4-65　声音添加界面

（9）Flash 动画的添加

汉诺塔游戏是栈经典的实例，采用 Flash 动画实现。本文稿采用汉诺塔 Flash 动画截图来超链接 Flash 动画文件。选择“插入”|“链接”|“超链接”命令，打开“插入超链接”对话框，单击“原有文件或网页”，选择“当前文件夹”，在查找范围的下拉菜单中选择要链接的文件所在的文件夹，然后在当前文件夹列表中选择“汉诺塔游戏”文件，单击“确定”按钮完成链接的添加，如图 4-66 所示。

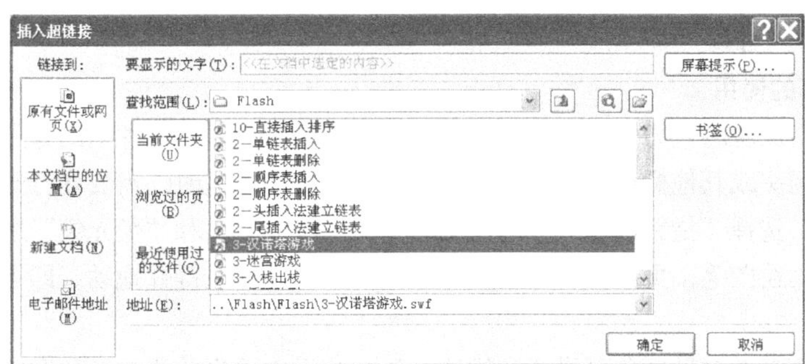

图 4-66　插入文件的超链接对话框

4.2.4　测试与打印

制作完成多媒体演示文稿后，须对演示文稿进行路径测试和功能测试，用于检测设置是否正确。例如，超链接是否正确，Flash 动画能否正确连接等，发现错误，及时纠正。

上课时，防止内容的遗忘，出现不连接。可以对演示文稿进行打印。选择“Office 按钮”|“打印”|“打印”，弹出对话框如图 4-67 所示。设置“打印范围”为“全部”，“打印内容”为“讲义”，“每页幻灯片数”为“6”，“顺序”为“水平”。设置完成后，单击“预览”按钮可以预览打印效果，满意后单击“确定”按钮开始打印讲义。

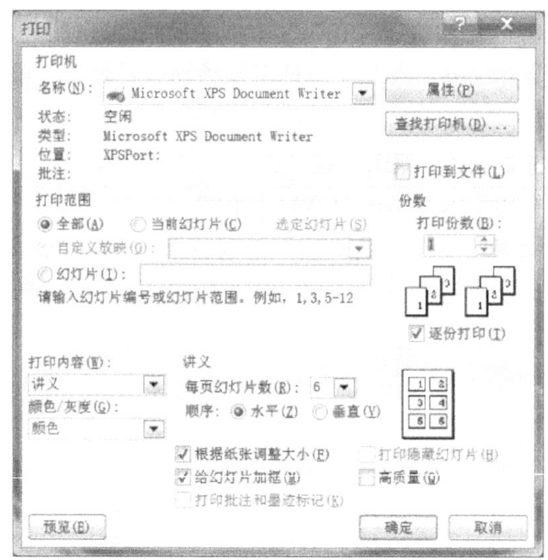

图 4-67　打印设置对话框

4.3　多媒体演示文稿的使用

4.3.1　使用技巧

1. 幻灯片快速放映与结束

鼠标操作时，需先定位再操作，速度较慢。快速放映和结束幻灯片，需使用键盘上的快捷键。快速放映，无须单击菜单栏中“观看放映”选项，直接按 F5 键。快速结束放映，除了按“Esc”键外，还可以按“-”键。

2. 彩色粉笔的使用

演示文稿进行放映时，为了让效果更直观，有时需要现场对幻灯片上的重点内容做标记，如圆圈、下划线、箭头或其他标记等，以强调要点或阐明关系。这时，需要在打开的放映演示文稿中单击鼠标右键，选择“指针选项”下的“圆珠笔”、“毡尖笔”和“荧光笔”之一。圆珠笔、毡尖笔和荧光笔都为绘图笔，可根据喜好选择绘图笔。按住鼠标左键并拖动，即可在幻灯片上书写或绘制。

这三种绘图笔都有多种颜色可供任意挑选，根据演示文稿当前背景颜色和前景颜色，选择与之对比度较大的绘图笔的颜色。用完后，按键盘上的 Esc 键便可退出。

3. 空屏的显示

在用 PowerPoint 演示幻灯片时，有时需要学生自己看书讨论，这时为了避免屏幕上的图片影响学生的学习注意力，按一下键盘“B”键或“.”键，此时屏幕黑屏。学生自学完成后再按一下“B”键或“.”键即可恢复正常。当然，也可以按“W”键或“,”键，使屏幕出现白屏的效果，再按一次“W”键或“,”键，即结束白屏显示。

4. 快速定位幻灯片

在播放 PowerPoint 演示文稿时，如果需要快速定位到某张幻灯片，默认的方式是滚动鼠标的滚轮、连续按键盘上下键翻页来实现，速度慢、演示乱，影响上课效果。快速定位方式为：在键盘上按下须定位幻灯片的编号，再按下回车键即可。例如，需要翻页到第 5 页幻灯片，则仅需要按下键盘 5 数字键，然后按回车键即可实现快速翻页。

对于从任意位置返回到第 1 张幻灯片，除了上面的方法外，也可以通过同时按下鼠标左右键并停留 2 秒钟以上来实现。

5. 鼠标隐藏与显示

幻灯片放映时，让鼠标不出现在幻灯片上，需要对鼠标指针加以控制。方法是放映幻灯片，单击鼠标右键，在弹出的快捷菜单中选择“指针选项”|“箭头选项”，然后单击“永远隐藏”，就可以让鼠标指针无影无踪了。如果需要“唤回”指针，单击此项菜单中的“可见”命令。如果选中“自动”（默认选项），鼠标停止移动 3 秒后自动隐藏鼠标指针，直到再次移动鼠标时才会出现。

当然使用快捷键也可以实现，按 Ctrl+H 组合键隐藏鼠标指针，按 Ctrl+A 组合键再现隐藏的鼠标指针。

6. 防止被修改

有时演示文稿需要加密，防止被人修改。单击并展开“Office 按钮”下拉菜单下的“准备”|“加密文档”，打开“加密文档”对话框，设置修改权限的“密码”，即可防止 PPT 文档被人修改。另外，还可以将演示文稿的格式 PPT 存为 PPS 或者 PPSX 格式，这样双击文件后可以直接播放幻灯片。

7. PPT 文件编辑放映两不误

一边播放幻灯片，一边对照着演示结果对幻灯片进行编辑是一种比较理想的编辑方式。只须按住 Ctrl 键不放，单击“幻灯片放映”菜单中的“观看放映”或者单击状态栏中的“放映快捷键”即可，此时幻灯片将演示窗口缩小至屏幕左上角。修改幻灯片时，演示窗口会最小化，修改完成后按 Alt+Tab 组合键再次切换到演示窗口就可看到相应的效果了。

8. 幻灯片放映过程显示快捷方式

在放映 PowerPoint 幻灯片时，如果忘记键盘操作的快捷方式，只须按下 F1 键（或 Shift+?组合键），就会在屏幕上出现一个帮助窗口，参照其中的内容，找出快捷方式。

9. 演示者视图

备注详细地记录了 PPT 页面的解释，目的是提醒用户。而在演讲的时候，用户难免会忘记内容，除了使用制作提示卡外，还可以使用演示者视图。演示者视图是采用显示器扩展功能实现的。在“显示器”属性里选择桌面拓展，实现一个主机带两个监视器。然后在放映方式中设置幻灯片放映在监视器 2 中，这样就实现了学生观看投影器上的幻灯片，而教师边看幻灯片边看备注里的内容。图 4-68 所示为实现演示者视图的过程。

4.3.2 注意事项

在演示多媒体演示文稿时，一些细小的问题值得认真关注。

（1）演示之前，认真复查。由于不同的计算机、不同的显示设置、不同的软件版本，在演示文稿之前，需要仔细浏览和演示一遍，确认是否出现缺字、错位、图片超出边界等细小问题，并认真查看超链接是否链接正确、声音或影片文件是否能正确打开、动画效果是否满意等问题。

（2）计算机的屏保是否取消。每个小题目可能需要讲解一段时间，此时如果计算机的屏保自动出现，学生的眼球自然被吸引到屏保上，打乱上课秩序，影响上课效果。所以，上课之前，应确保取消计算机的屏幕保护。

（3）排练计时复选框是否去掉。如果没有去掉，应去掉。在“幻灯片浏览”|“设置”组中的“使用排练计时”复选框中选择取消即可。

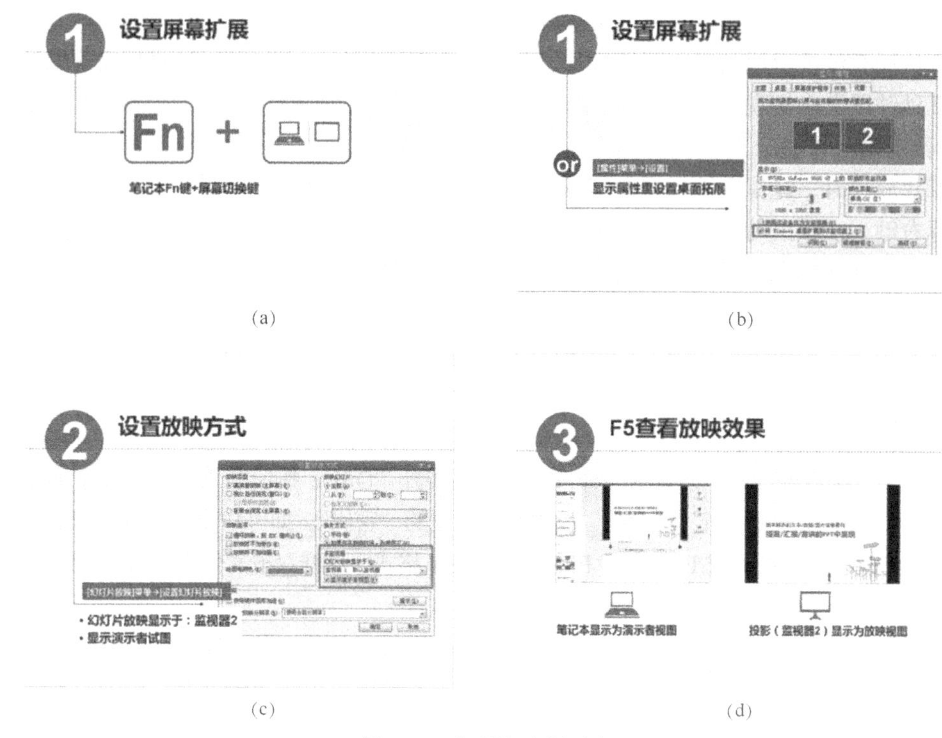

（a）（b）（c）（d）

图 4-68　实现演示者视图

练习与实践

一、练习题

1. 填空题

（1）PowerPoint 中，在_______视图中，可以精确设置幻灯片的格式。

（2）要使幻灯片在放映时能够自动播放，需要为其设置_______。

（3）如果要从一个幻灯片淡入到下一个幻灯片，应使用菜单“幻灯片放映”中的_______命令进行设置。

（4）_______视图方式下，显示的是幻灯片的缩图，适用于对幻灯片进行组织和排序，添加切换功能和设置放映时间。

（5）PowerPoint 文件默认扩展名为_______。

（6）演示文稿是由一张或若干张_______组成的。

（7）________是一张可以预先定义背景颜色、文本颜色、字体大小的特殊幻灯片，目的是统一整个演示文稿的风格，具有统一的外观。

（8）在 PowerPoint 2007 中，用户可以创建到_______、_______、_______和_______的超链接。

（9）将幻灯片编号、时间和日期、演示者姓名等信息添加到演示文稿中每个幻灯片的底部，使用 PowerPoint 的_______的功能。

（10）演示文稿放映时，为了强调重点或阐明练习，使用_______对幻灯片上的重点内容做标记。

2. 简答题

（1）如何使用母版来控制演示文稿的外观？

（2）幻灯片的设计原则是什么？

（3）如何在幻灯片中添加硬盘中的图形文件？

（4）如何使用动画的“动作路径”？

（5）演示文稿放映时，应注意哪些事项？

二、技术实践活动

1. 项目名称：多媒体演示文稿的设计与制作

2. 制作要求：页数最少六张，添加母版，动作按钮，幻灯片切换效果，自动播放，尽量应用到所学知识

3. 评价标准

项目	标　准	分　值	
		分数	总分
教育性	1. 教学目标明确，选题恰当，能激发学生的学习兴趣和积极性	10	25
	2. 有助于解决教学重点、难点、关键内容或文字教材难以解决的问题	10	
	3. 设计符合教学原则和认知规律，有利于促进培养学生的学习	5	
科学性	1. 呈现的知识内容准确无误、逻辑严谨、层次清楚	10	20
	2. 动画效果准确、形象，有典型性、代表性	5	
	3. 素材选取、名词术语、操作示范等符合教育科学的要求	5	
技术性	1. 图片、视频清晰，动画效果连续，媒体格式选用适当	10	20
	2. 导航设计合理，交互性好	5	
	3. 能正常、可靠运行，各功能按钮能正常工作，没有明显技术故障	5	
实用性	1. 适合在多媒体教室投影，有助于教师的日常教学	15	25
	2. 开发平台大众化，兼容性好，通用性强，具有推广价值	5	
	3. 界面友好，操作简单、灵活，容错能力强	5	
艺术性	1. 创意新颖，构思巧妙，节奏合理，原创程度高	5	10
	2. 界面布局合理，整体风格统一，色彩搭配协调，符合视觉心理	3	
	3. 制作精细，吸引力强	2	
总　分		100	

学习资源

- 参考书目

刘光然，主编．多媒体 CAI 开发技术教程．北京：清华大学出版社，2004.

- 相关网址

[1] http://www.pooban.com/html/54/n-254.html

[2] http://www.51ppt.com.cn/Article/PPTTips/2008-12-13/Article_20081213152432.html

[3] http://www.51ppt.com.cn/Soft/PPTTemplates/Index.html

[4] http://www.360doc.com/content/08/1023/17/51604_1813195.shtml

模块 5 多媒体课件

【情境导入】

小张老师是一所技校的英语教师，虽然技校的英语课程难度不大，可还是总有一些学生学习成绩很差，原因是他们认为来技校就是学技术，因而对英语没有什么兴趣。现在小张上课时经常使用一些课件，他发现在课堂上使用课件可以吸引学生的注意力，提高学习的效果。

【重点难点】

1. 重点

- 多媒体课件的概念
- 多媒体课件的设计方法
- 多媒体课件脚本的设计

2. 难点

- 多媒体课件的设计

【名词术语】

CAI　操练与练习　指导　模拟　需求分析　脚本

5.1 多媒体课件概述

CAI 是计算机辅助教学（Computer-Assisted Instruction）的缩写，是指利用计算机帮助教师进行教学或利用计算机进行教学的广泛应用领域。CAI 是计算机科学、教育学、心理学等多门学科交叉形成的一门综合性新兴学科，它既代表一个十分广阔的计算机应用领域，又是一项重要的教育技术。

我国的计算机教育应用实践始于 20 世纪 80 年代初，习惯上将计算机的各类教育应用统称为计算机辅助教育（Computer-Based Education，CBE），将计算机直接支持教与学的各类应用统称为 CAI。

5.1.1 多媒体课件的作用

多媒体 CAI 不是一个简单的概念定义，而是技术与教学设计思想融合到一定程度而自然产生的一种新的表现形式。多媒体 CAI 目前在教育教学、电子商务、信息发布、娱乐休闲、电子出版和虚拟现实等领域都产生了广泛的应用。使用多媒体 CAI 可以优化教学、帮助学生学习，是现代教育技术的一个基本功能。

1. **多媒体有助于知识的获取与保持**

信息通过文字、图像、视频、声音等载体传播，人们通过视、听等方式感知并学习知识，不同的信息载体、感知方式导致不同的学习效率。

实验心理学家特瑞赤拉做了两个心理实验：一个是关于人们的各种器官与信息获得的关系实验，结果表明，人类获得的信息 80%来自视觉，11%来自听觉，3.5%来自嗅觉，1.1%来自触觉，1%来自味觉；另一个实验是记忆持久性的实验，结果表明，人们一般能记住自己阅读的内容的 10%，自己听到的内容的 20%，自己看到的内容的 30%，自己听到和看到的内容的 50%，在交流过程中所说的内容的 70%。

另外，心理学家研究记忆率时发现，对同样的学习材料，单使用听觉，3 小时后能保持知识的 70%，3 天后则下降为 10%；单使用视觉，3 小时后能保持 72%，3 天后下降为 20%；如果视觉、听觉并用，3 小时后能保持 85%，3 天后能保持 65%。

上述研究表明：第一，视、听是人获取信息的最主要的方式，使用视听媒体呈现教学信息更有助于学习；第二，同时使用多种媒体呈现信息可以使信息的记忆更加有效；第三，在学习中，交互是提高效率的非常好的方法。

2. **多媒体可以提高学习者的积极性、主动性**

在教学中，积极主动地学习才能获得较好的学习效果。相对于单调、抽象的文字（言语）信息，多媒体提供的直观丰富、图文并茂的学习环境更容易激发学习者的兴趣，发挥学生的积极性与主动性。

此外，与其他媒体相比，多媒体具有交互能力，这种交互能力能建立一个交互式的学习环境，学习者在与多媒体的交互过程中，不再是被动地接受知识，而是主动地获取信息，积极地构建知识。

3. **多媒体可以提高教学的效率**

相对于传统的教学媒体，视频、图像等媒体包含大量的信息，但是它们可以直观呈现信息，学习者可以更快、更准确地掌握知识，从而提高教学的效率。

5.1.2 多媒体课件的类型

多媒体课件的应用模式是指利用计算机进行教学活动的方式，它反映了计算机辅助教学的策略。教学目的不同，采取的教学方式也就不同，多媒体课件的基本类型一般包括操练与练习、指导、 咨询、模拟、教学游戏以及问题求解六种。

1. **操练和练习（Drill and Practice）**

由计算机向学生逐个或逐批显示习题，要求学生联机解答。当学生送入回答后，计算机判断其正确与否，并根据学生回答情况给予相应反馈，以促进学生掌握某种知识与技能技巧。

操练是通过大量的术语与事实间的重复对比联系，帮助学生建立起与有关事物之间联系的联想记忆和某些规律的快速记忆。例如，词汇的书写与其意义的联想，国名、首都、位置、特征之间的联想等。

练习是通过一系列问题，让学生一方面建立知识的联想联系；另一方面还要具有掌握在何时应用何种知识、作何种决定的能力，形成一种习惯性的过程性技能。

操练不是操作练习的简写。

2. 个别指导（Tutorial）

通过计算机扮演讲课教师的角色，模拟讲授的教学情景，向学生讲授新知识。它适合于以传授新概念、新公式、新规律等新知识为教学目标的教学活动，可以用较少的时间使学生掌握和认识这些新知识。

计算机先向学生呈现一小段教学内容，包括正文及有关例子，然后向学生提问有关问题，以检验他的理解情况。如果回答正确，计算机将控制转向下一个单元，否则将转向相应的分支，采取适当的补救措施，帮助他成功地掌握当前单元的知识。

3. 咨询（Inquiring）

学生提出问题和要求，计算机回答并讲解有关的教学内容。

咨询型课件并不是完全通过学习者向课件提问来学习，课件应该先给学习者提供必要的背景知识、基础知识以及其他一些信息，学习者在学习完这些知识的基础上提出问题，计算机对问题进行回答讲解。

4. 模拟（Simulation）

模拟是指在控制条件下用模型对真实现象进行模仿，计算机通过向学生演示各种图像、动画、图表和描述进行教学活动。

模拟的应用方法包括演示模拟、操作模拟、过程模拟、模拟训练器以及经验/遭遇模拟等。

5. 游戏（Game）

教学游戏利用计算机产生一种带有竞争性的学习环境，激发学生的学习兴趣。教学游戏的内容和过程有一些与教学目标有关，把科学性、趣味性和教育性融于一体，能大大激发学习者的学习兴趣，起到“寓教于乐”的作用。

6. 问题求解（Problem Solving）

问题求解指在教学中运用计算机作为工具，让学生自己去解决那些与实际背景较接近的问题，其主要目的是培养学生解决实际问题的能力。

问题求解给学生提供创造性解决问题的机会，通过解决问题的过程来应用、检验和精炼已经掌握了的概念和知识。

5.2 多媒体 CAI 课件的设计

多媒体课件的设计与开发是一项复杂的系统工程，包括分析、设计、制作、评价等阶段，但由于课件应用形式不同，多媒体课件设计与开发的具体形式也会有所不同。

5.2.1 多媒体 CAI 课件开发的一般流程

1. 多媒体 CAI 课件开发的一般流程

（1）多媒体 CAI 课件的开发概述

多媒体 CAI 课件是在多媒体教学中，用于执行教学任务的多媒体软件，它是计算机软件，也是多媒体教材。因此，作为教材，基于学习理论和教学理论对课件的教学内容、教学过程进行设计是课件设计的核心；作为软件，采用软件工程的思想和方法是进行设计与开发的保证。

多媒体 CAI 课件开发的一般流程包括需求分析、概要设计、详细设计、课件开发以及评价与修改五个阶段，如图 5-1 所示。

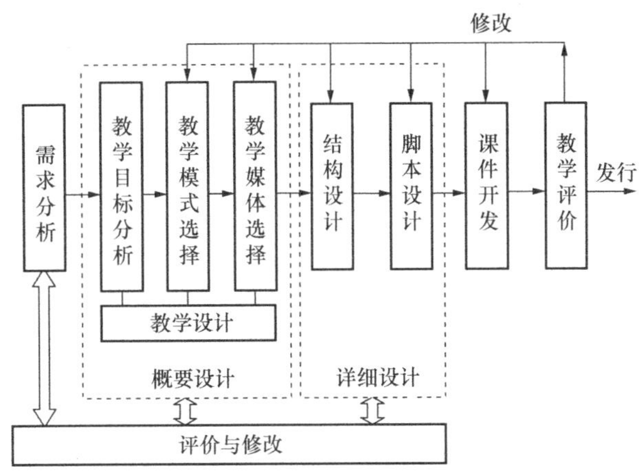

图 5-1　多媒体 CAI 课件开发的一般流程

课件是一种教学软件，它的开发方法一方面要遵循软件开发的方法；另一方面要遵循教学系统开发的原则。

（2）需求分析

需求分析是课件设计的第一阶段，要明确为什么要使用 CAI 课件、教什么、教谁、设备条件等。需要解决的问题包括以下内容。

◆ 传统的教学方法为什么不能解决？利用计算机辅助教学如何解决传统教学不能解决的问题？在知识与技能方面如何实现？

◆ 教学内容选择（教什么）。教学内容是一门课程还是课程一些部分？课程通用还是穿插使用？教师操作还是学生操作？

◆ 课件使用对象的分析（教谁）。使用者的特点是什么（年龄、学习兴趣、态度等）?原有的基础知识和基本能力如何?

◆ 课件的运行环境（设备条件）。何种机型、存储容量、显示器清晰度、学生可用的输入输出设备、可用的教学时数等。

◆ 可行性分析。从硬件、软件、人力资源、财务、市场等多方面分析该多媒体课件开发的可行性。

（3）概要设计（教学设计）

教学设计阶段是对原始教材进行再创造,将原来静止的教学材料转变成一系列教学交互活动。

◆ 教学目标分析。为了实现总的教学目标，将总任务分解成若干具体任务，以便一步一步地展开教学，把每课的教学内容分解成许多足够小的教学单元。

◆ 教学模式选择。根据教学目标、学生特点、目标受众、实际设计约束等因素选择合适的教学模式。

◆ 教学媒体选择。要做到：媒体与教学目标统一；媒体与教学方法相协调；媒体与学生认知水平相容。

（4）详细设计

◆ 结构设计。结构设计是对各部分教学内容的相互关系及呈现形式，整个课件的框架结构的设计。

◆ 脚本设计。脚本设计是设计制作 CAI 课件的重要环节，设计应以教材为基本依据。因此，在选择好课题后，应对教学内容的选择、结构的布局、视听形象等表现人机界面的形式、解说词的撰写、音响和配乐的手段等进行周密的考虑和细致的安排，确定内容结构 、表现形式及教学顺序。脚本不仅要规划出各项内容显示的顺序和步骤，还要描述分支路径和衔接的流程，以及每一步骤的详细内容。

（5）课件开发

多媒体 CAI 课件设计中包含有文本、图形、图像、动画、音频、视频等各种媒体，人们习惯上将这些媒体信息称为“素材”。这些素材的获取、创作和加工是整个制作过程中耗费时间和人力较多的一个环节。

开发多媒体课件最核心的环节是制作合成，其主要任务是根据脚本的要求和意图将各种多媒体素材整合起来，制作成界面友好、操作简单、使用方便、导航清晰、交互性强的 CAI。

（6）评价与修改

课件的评价包括形成性评价与总结性评价，形成性评价与修改存在于课件开发的各个环节，只有通过了评价才能进入下一个环节，否则就需要对方案进行修改。形成性评价是保证课件开发的重要机制。

当课件开发完成之后，最后对课件的评价称之为总结性评价，这个评价是对课件质量、等级的评定。

2. 多媒体 CAI 课件的系统结构设计

（1）课件系统的信息组织结构

多媒体课件的系统结构实质上就是多媒体教学信息的组织与表现方式。它定义了课件中各部分教学内容的相互关系及其发生联系的方式，反映了整个课件的框架结构和基本风格。

传统的教学内容，如文字教材（课本）、录音教材、录像教材等，它们的信息组织结构都是线性的，即信息是按单一的顺序编排的。然而人类的记忆是网状结构的，联想检索必然导致不同的认知路径。这种按线性结构组织的教材客观上就限制了人类自由联想能力的发挥。超文本技术采用一种类似于人类联想记忆结构的非线性网状结构的方式来组织信息，它提供的材料没有固定的顺序，也不要求读者按一定的顺序来提取信息。所以，多媒体教学软件的信息结构越来越多地采用这种非线性的超文本方式。综上所述，我们可以将当前多媒体 CAI 课件中较常采用的信息组织结构方式归纳为以下四种。

线性结构：学生顺序地接受信息。从一帧到下一帧，是一个事先设置好的序列。

树状结构：学生沿着一个树状分支展开学习活动，该结构由教学内容的自然逻辑形成。

网状结构：也就是超文本结构，学生在内容单元间自由航行，没有预置路径的约束。

复合结构：学生可以在一定范围内自由地航行，但同时受主流信息的线性引导和分层逻辑组织的影响。

（2）课件的总体结构

从外在表现结构来看，多媒体课件很像一本书或一部带有交互性的电影，它是由一页一页或一幅一幅的画面组成，在多媒体课件中我们称为一帧一帧的框面。根据表现的教学内容，这些帧面又分为封面、扉页、目录、内容、封底五个部分。

封面：运行课件时出现的第一幅框面，一般呈现了制作单位的名称或课件的总名称，常以几秒钟的视频动画形式表现，如图 5-2 所示。

扉页：封面后的下一个框面，常呈现课件的名称，如图 5-3 所示，一般由一个框面组成。

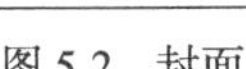
图 5-2　封面

图 5-3　扉页

目录：就像一本书的目录，供学习者选择学习内容之用，可以有多处菜单存在，如图 5-4 所示。

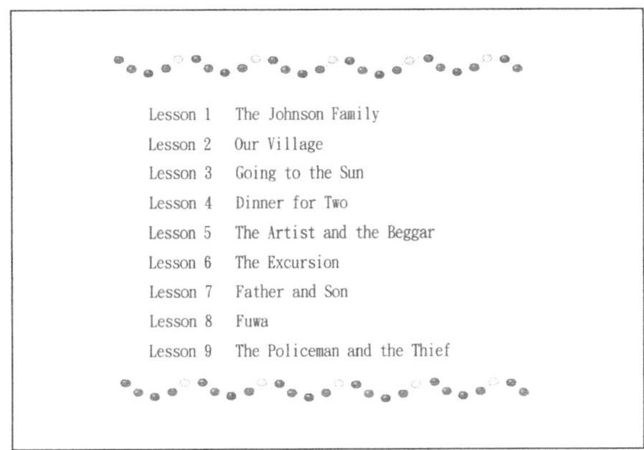

图 5-4　主目录

内容：这是课件的主要框面部分，呈现教学内容，如图 5-5 所示。

图 5-5　教学内容

封底：最后是制作课件的人员名单框面，如图 5-6 所示。

图 5-6　封底

（3）课件的内容结构

课件内容的一种标准化的结构形式由引入、指导和练习三部分构成。根据需要，指导和练习部分又可分为主要成分和补充成分。

① 引入部分。

设置引入部分的基本思想是使学习者通过这一部分的学习有助于他们顺利地进入后面的学习，达到预定的教学目标。引入部分应包含以下的内容：一是确认学习者是否具备完成本单元学习的基础；二是给出本单元学习的基本目标和主要学习项目；三是进行预备性测试。这是一种用于调查学习者的学习基础的测试。通过测试如果发现学习者为完成本单元的学习还须补充某些学习内容，那么学习流程将转向辅助学习系统。

② 指导部分。

指导部分包括主指导成分和补充指导成分。主指导成分用于概念、法则、理论等基本内容的学习。它是使用课件的每一位学习者必须学习的内容。补充成分则是用于对主指导的学习进行某种补充。根据学习者在主指导学习中测试结果不同，当学习者进入补充指导学习时，学习流程可按三个不同的分支进行，它们是基础内容、标准内容和提高内容的学习。

③ 练习部分。

练习部分包括主练习成分和补充练习成分。主练习成分的主要目的是让学习者对个别指导中学习的计算方法、解题方法或者是单词、文法实现有效的掌握，并提高他们这方面的技能。补充练习成分与主练习具有相似的目的，若学习者在主练习中对基础练习还没有有效地掌握，或嫌练习量不足，可进行补充练习。根据主练习中的测试结果，补充练习可设基础内容、标准内容和提高内容三个方向的分支，让不同特点、不同能力的学习者分别进行练习。

注意

不同类型的课件，结构是不同的。上述为一个较为完整的指导型课件的结构，如果是其他类型如模拟演示课件，它的结构就会简单很多。

3. 脚本

（1）文字稿本的创作

文字稿本是按照教学过程的先后顺序，用于描述每一环节的教学内容及其呈现方式的一种形式，它通常包括稿本说明和一系列的稿本卡片等内容。

稿本说明主要用于对课件设计、课件制作和课件使用中的各种考虑、各种策略和注意事项进行说明，为课件的制作、使用提供指导性的原则和方法，也为改写制作脚本提供依据。稿本说明在教学设计的基础上给出，既用于指导稿本编写，又是对教学设计结果的说明。稿本说明对于理解课件设计、理解稿本和制作课件均有重要的意义。

卡片式稿本是一种被广泛使用的文字稿本形式，它以卡片为单位进行编写，之后计算机专业人员可以以卡片为基础将其改编为制作脚本。每一张卡片对应一帧画面。根据教学内容的先后顺序综合起来对卡片进行排序，形成一定的系统。文字稿本体现了设计的教学设计情况，一般由学科教师按照教学内容的联系和教育对象的学习规律编写，并由具有学术水平和教学经验的学科专家进行审查。

（2）制作稿本的编写

制作稿本不是直接地、简单地将文字稿本形象化，而是反映了设计的各项要求，还给出要显示的各种内容及其位置的排列、基于学习者学习情况的各种处理和评价、显示的特点、颜色、动画声像同步和方法、编程的指示和技巧等，为制作提供了直接的依据。

制作脚本对 CAI 课件的编制有着很重要的意义，高质量的制作脚本是课件开发成功的保障，应该引起足够的重视。关于制作脚本的具体写作格式没有一定的规则，但是它一定要能够清楚直观地将屏幕外观设计、各元素的内部链接关系和人机交互机制这三项内容表达出来。与文字稿本相比，制作稿本也常采用卡片的形式。制作稿本的填写，既要简洁清晰，又要表示明确，才能发挥制作稿本在课件制作过程中的桥梁作用。

4. 多媒体课件的设计原则

多媒体 CAI 课件本质上是一个用于教育的软件信息系统，很难用量化标准对其进行衡量，一般遵循以下设计原则。

（1）科学性原则

科学性原则是指课件所涉及的内容必须是正确的。即使在学术上有争论的问题，亦给予公平、公正的反映和评述，要有科学的精神和态度。课件要将书本抽象符号表达的内容以多媒体的形式表现出来。

（2）教学性原则

教学性原则是指课件要有恰当、合理的教学策略，在方法、方式上，能够满足教与学的需要。

教学性与教育性是有所区别的。教育性是指课件针对特定的教学目的，完成了一定的任务，为学习者在德、智、体等方面有所发展提供帮助。而教学性则是要满足教师的教和学生学的需要。

（3）技术性原则

技术性原则是指课件在其制作和编辑技巧上要达到特定的标准，如能做到打得开、运行流畅、跳转灵活、不死机等。要创设友好的交互界面，有方便用户使用的“菜单”和“导航”技术措施以及充分发挥计算机的各种特性等。

（4）艺术性原则

艺术性原则是指课件的画面、声音等要素的表现要符合审美的规律，要在不违背科学性和教育性的前提下，使内容的呈现有艺术的表现力和感染力。课件的艺术性是 CAI 的添加剂。

5.2.2　多媒体课件设计案例

本节将依照多媒体 CAI 课件设计的一般流程，介绍《中职英语》多媒体 CAI 课件的设计。

1. 需求分析

英语课程是技工学校学生必修的一门公共基础课。然而，目前中职英语教学的现状是：学生英语水平整体较差；学习动机不足，缺乏兴趣；学习习惯和学习方法较差。造成这种现状的原因，一方面是因为教学模式不能适应人才培养需求；另一方面是学生对英语学习不重视、没兴趣，中职学校的学生大多都是初中毕业生中的中下水平者，学习能力较差，如果没有很适合他们的教学方法将导致其学习兴趣不高，失去学习信心，甚至选择放弃英语的学习。

目前中职英语教学主要在课堂进行，教学方法基本上是以教师为中心，由教师讲解语法、分析句子、翻译文章，当然在课堂中也会使用录音机等媒体。但是，一方面中职学生大多对英语学习不重视、没兴趣，课堂教学效果自然不好；另一方面他们本身学习能力较差，单凭课堂教学这点儿时间也很难让他们掌握学习内容。

因此，为了提高中职英语教学的质量，必须采取行之有效的教学方法，激发学生的学习兴趣，调动学生的学习主动性和积极性。多媒体CAI具有生动、形象、具体、直观易懂、高效率、不受环境影响、可多次播放的特点，可以突出重点、突破难点，有利于学生对知识的学习与掌握，因此开发《中职英语》课件在中职英语的教学中可以起到非常好的作用。

对于中职一年级的学生而言，计算机的应用也应该比较熟练，《中职英语》课件主要用于中职学生课后学习，以弥补课堂教学时间不足的问题，同时课件中形象生动的信息呈现也对维持学生学习英语的兴趣有一定的作用。

该课件使用Flash开发，该工具简单易用，具有较强的动画制作功能，可以制作出表现丰富、交互强大的多媒体软件，是目前多媒体软件开发最常用的工具。无论是开发还是使用都不需要特殊的软件与硬件环境，当前主流配置的个人计算机完全能满足该课件开发的需要。

2. 教学设计

（1）教学目标

① 知识目标，如表5-1所示。

表5-1　知识目标的双向细目表

认知目标层次 / 知识点	知道	领会	运用	分析	综合	评价
单词	√					
短语			√			
课文		√				
对话		√				

② 能力目标：培养学生英语阅读的能力；培养学生英语对话的能力；培养学生自主学习的能力。

（2）教学模式

学生课后自学。

（3）教学媒体选择

课件中使用文本呈现英语语法等知识，使用二维动画和静态图片构建场景以引起学生兴趣，此外播放真人录制的标准单词发音、课文朗读、对话以帮助学生提高口语、听力水平。

3. 详细设计

（1）结构设计

课件结构如图5-7所示，该课件的结构简单但较完整。

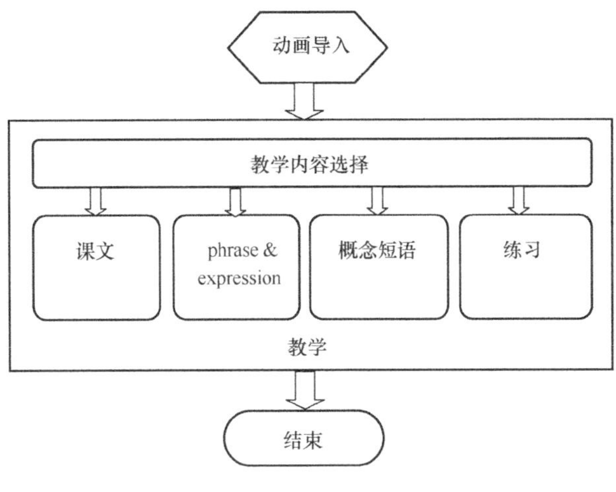

图 5-7　课件结构

① 导入。

导入部分包括一个简单的动画片头，用于引起学生注意。

② 教学部分。

课文：在呈现课文内容同时可以听到发音标准的朗读，课文中的新单词高亮显示并且鼠标停留在上面时会有相应的解释，方便学生更好地学习。此外，在学习课文时通过动画和图片构建课文内容场景，让整个内容更加生动。

Phrase & expression：这一节由于内容比较多，为了方便大家阅读需要加入滚动条。

概念短语：在课本上只有几个概念短语，为了帮助学生更好地学习，应该在课件中增加相应的例句。

练习：就是课后的练习，使用单选题提供学生练习。

③ 结束。

显示课件的制作信息。

（2）脚本设计

① 文字稿本。

A. 课件设计登记卡

课件设计登记卡

课件名称	中职英语第一册第一课	作者	王玲玲
使用对象	中职一年级学生	课件类型	指导型

B. 课件开发目的

《中职英语》多媒体 CAI 课件具有生动、形象、具体、直观易懂、高效率、不受环境影响、可多次播放的特点，可以突出重点、突破难点，有利于学生对知识的学习与掌握。该课件主要用于中职一年级学生课后学习，以弥补课堂教学时间不足的问题，同时课件中形象生动的信息呈现也对维持学生学习英语的兴趣有一定的作用。

C. 学生学习特性

中职学校的学生大多都是初中毕业生中的中下水平者，学习能力较差，对英语学习不重视、没兴趣，但计算机的应用比较熟练，喜欢并容易接受新事物。

D. 教学目标及分析说明

《中职英语》这部分的教学目标包括知识性目标和能力性目标两个方面。知识性目标是通过课文、短语表达、概念短语、练习等教学，使学生认识单词、掌握短语的使用，并能理解课文所讲的内容；能力性目标是培养学生阅读、对话、自学等能力。课件通过生动形象、具体、直观的演示，有利于提高学习兴趣，帮助学生理解，从而提高学习效果。

E. 文字稿本

表 5-2 所示为《中职英语》课件部分文字稿本，供学习者参考。

表 5-2　　　　《中职英语》课件文字稿本

序号	内容	媒体类型	呈现方式
1	课文：显示课文	文本、动画、图片、声音	在顶部居中显示文字“TEXT A”； 中间部分显示动画或者图片； 最下边显示课文内容，课文内容分为三段，分三屏显示，课文中的新单词高亮显示，鼠标移动上去后可以显示单词中文意思； 课文显示的同时播放标准发音的朗读
2	练习：提供单选题供学生练习	文本、图片	背景为橙黄色，有三个暗黄色雪花装饰； 在左上角显示“单选题”，文字为红色加阴影； 中间区域显示练习题，问题显示在最上边，三个答案垂直排列； 左下角显示“中职英语练习题”，文字为白色加阴影； 右下角有一黄色按钮，单击进入下一题； 答题时单击某个答案，会在问题后边显示所选的答案，如果正确，同时会显示一个笑脸，否则会显示一个哭脸

② 制作脚本。

以下是部分制作脚本，供学习者参考。

A. 课文部分制作脚本，如图 5-8 所示。

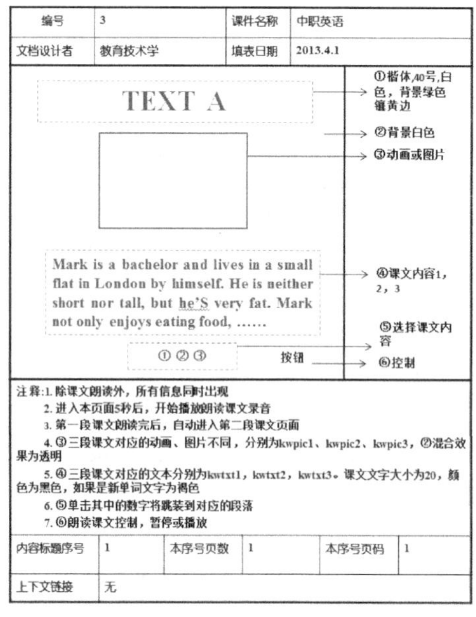

图 5-8　课文部分制作脚本

B. 练习题界面脚本，如图 5-9 所示。

编号	7	课件名称	中职英语
文档设计者	教育技术学	填表日期	2013.4.1

单选题 → ①隶书,40,红色，阴影

→ ②背景，橙黄色

1.Mark lives (　　) in a flat in London.

A. alone
B. with his sister
C. with his friend

→ ③宋体，25号，黑色；用一组单选按钮做选择答案

你的选择是（　）→ ④所选答案

非常好，答对了！→ ⑤反馈信息

按钮 → ⑥进入下一题

中职英语练习题 → ⑦楷体，25号，白色，阴影

注释:1.②背景为橙黄色，有3个暗黄色雪花装饰
2. 除了反馈信息，所有信息全部出现
3. ④答题时点击某个答案，显示所选的答案
4. ⑤如果正确，会显示一个红色笑脸，同时在旁边显示文字“非常好，答对了！”，反之显示一个蓝色哭脸，在旁边显示文字“真可惜，答错了！”。文字字体为宋体，30号，红色

内容标题序号	1	本序号页数	1	本序号页码	1
上下文链接					

图 5-9　练习题界面脚本

上述两个脚本示例使用了 Word 编写，实际脚本的编写用笔在纸上完成更方便。

5.3　使用 Flash 制作多媒体课件

专门用来制作多媒体课件的软件称为多媒体写作工具，写作工具具有简单易学、快速开发多媒体软件的特点，Flash 是目前最常用的多媒体写作工具，具有快速制作高水平动画、实现强大交互、适合网络传输等特点，因此也是目前多媒体课件最常用的开发工具。

5.3.1　案例一　中职英语课件主目录制作

1. 功能说明

为了方便学习者使用，课件采用“总分总”的结构模式：片头动画后紧接的就是目录；由目录链接到每一课，每一课又采用总分总的结构详细讲述各自包含的知识；在每一课的主页上设置返回目录的按钮，由此返回到目录。主目录界面如图 5-10 所示，课目录如图 5-11 所示。

2. 制作主目录

（1）在 Flash CS4 启动界面选择“新建 Flash 文件（ActionScript 2.0）”，使用快捷键“Shift+F2”打开场景面板，双击当前场景名，然后将场景名修改为“zhumulu”。

（2）将准备好的素材文件导入到库中。

（3）制作课程目录。

将主目录中的九节课程名称，制作为九个按钮，分别命名为“Lesson1”、“Lesson2”等，下面以 Lesson 4 为例进行介绍。

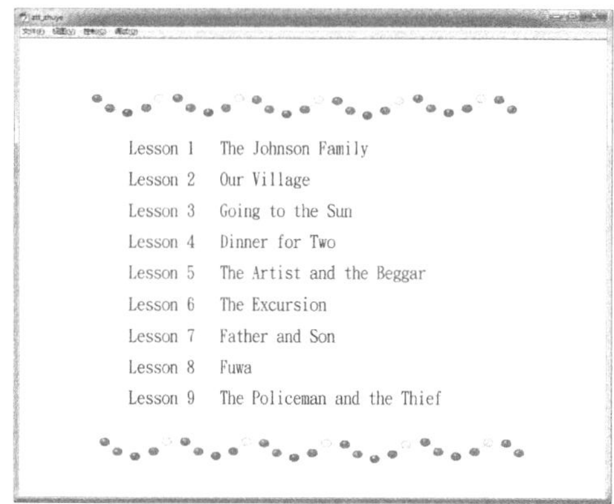

图 5-10 主目录

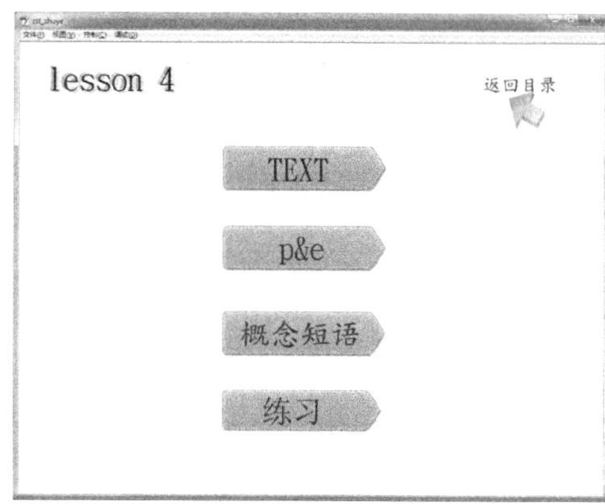

图 5-11 课目录

① 新建一个按钮元件，命名为“Lesson 4”。

② 编辑该按钮，在“弹起”状态添加文字“Lesson 4 Dinner for Two”，文字颜色设置如图 5-12 所示。

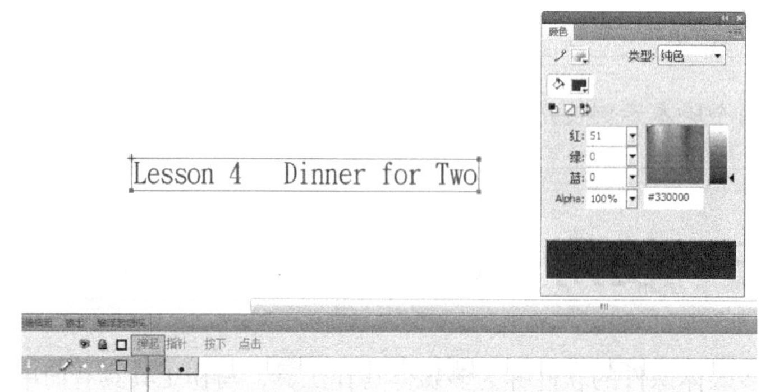

图 5-12 Lesson 4 按钮“弹起”状态

③ 在“指针…”状态添加文字“Lesson 4 Dinner for Two”，文字颜色设置如图 5-13 所示。

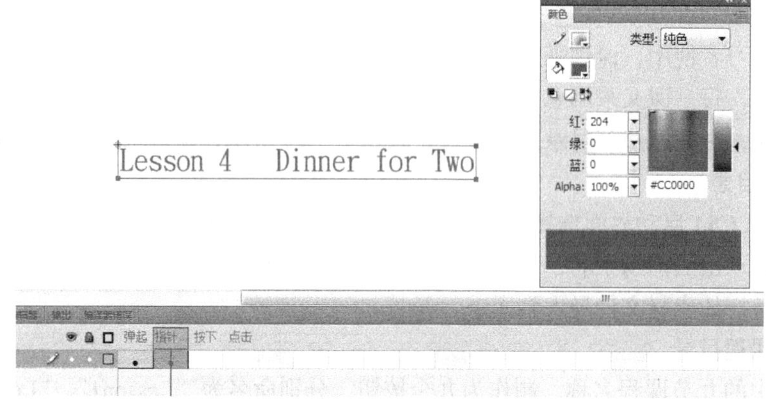

图 5-13 Lesson 4 按钮“指针…”状态

（4）将制作好的九个课程目录按钮导入到舞台，调整好大小，依次放好，并在舞台上方和下方预留部分空间。

（5）绘制修饰图形。

在时间轴上插入一个新层，在舞台上方使用图形工具绘制一个修饰图形，如图 5-14 所示，并将此修饰图形复制粘贴到舞台下方。

图 5-14　修饰图形

3. 制作第 4 课目录

单击课程目录按钮后，课件将跳转到每一课的目录，这里以第 4 课目录为例进行介绍，第 4 课目录如图 5-15 所示。

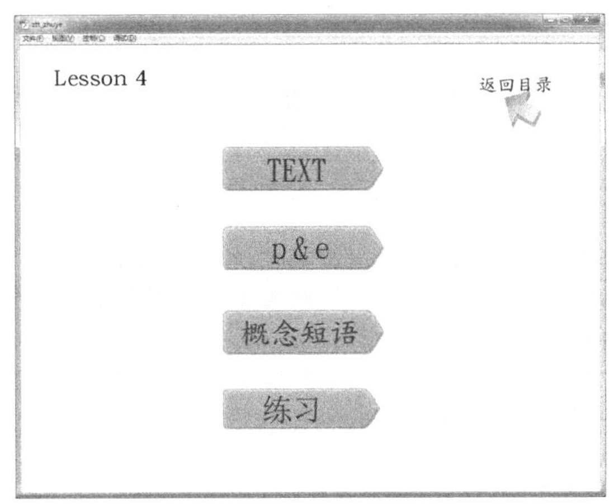

图 5-15　第 4 课目录

（1）准备素材。需要准备的素材包括一个带有立体感的箭头图片文件（文件名为“下一页.png”）、两个平面箭头图片文件（一个绿色、一个黄色，文件名分别为 1.psd、2.psd）。

（2）打开菜单“插入”，选择“场景”，新建一个场景，并将此场景命名为“lesson4mulu”。

（3）新建一个按钮元件，命名为“fanhui”，使用导入到库中的图片文件“下一页.png”制作按钮，按钮效果为鼠标移动到箭头上时，箭头变大，鼠标移走后按钮变小。制作时，在按钮的“弹起”状态图片缩小，在“指针…”状态图片设置大一点儿。

（4）新建一个按钮元件，命名为“biaoti”，使用导入到库中的图片文件 1.psd、2.psd 制作按钮，按钮效果为鼠标移动到按钮上时，按钮变成黄色，鼠标移走后按钮变回绿色。制作时，在按钮的“弹起”状态使用 1.psd，在“指针…”状态图片使用 2.psd。

（5）选中图层 1，在舞台左上角使用文本工具制作文字“Lesson 4”，文字属性设置如图 5-16 所示。

（6）添加一个新图层，在舞台右上角使用文本工具制作文字“返回目录”，并在文字下方导入一个“返回按钮”，调整按钮大小与角度。

（7）添加一个新图层，在舞台中导入四个“biaoti”按钮，调整大小、布局，在每个按钮上面分别使用文本工具输入标题文字。

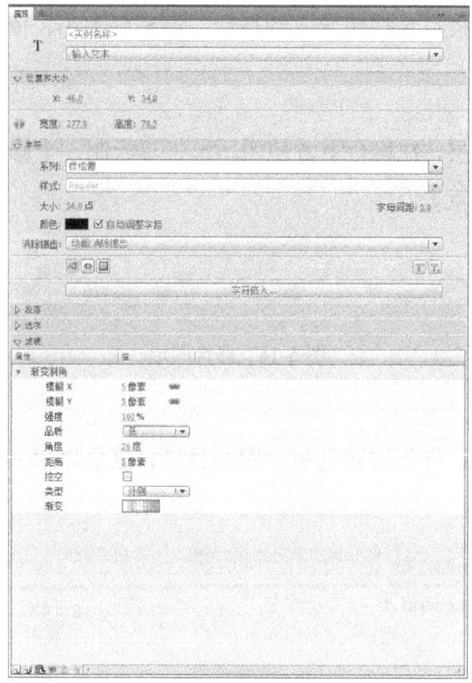

图 5-16　文字属性

在使用 Flash 制作课件时，使用到的文字可以用 Flash 制作，也可以使用 Photoshop 等工具制作成图片在 Flash 中导入。

4. 添加代码

（1）添加主目录场景中的代码

① 返回主目录场景。

② 添加一个新图层，命名为“代码”，选中最后一帧将其转换为关键帧，单击鼠标右键，在弹出的菜单中单击“动作”，在弹出的代码编辑器中输入代码：stop();。

③ 在舞台上选中第 4 课，单击鼠标右键，在弹出的菜单中单击“动作”，在弹出的代码编辑器中输入代码：

```
on (press)
{
    gotoAndPlay("lesson4mulu ",1);
}
```

在上述代码中，on (press)是指当按钮被单击时执行花括号中的代码。gotoAndPlay("lesson4mulu ",1);是指跳转到场景 lesson4mulu 的第 1 帧。

（2）添加课程目录中的代码

① 返回课程目录场景。

② 添加一个新图层，命名为“代码”，选中最后一帧将其转换为关键帧，单击鼠标右键，在弹出的菜单中单击“动作”，在弹出的代码编辑器中输入代码：stop();。

③ 在舞台上选中“TEXT”，单击鼠标右键，在弹出的菜单中单击“动作”，在弹出的代码编

辑器中输入代码：

```
on (press)
 {
    gotoAndPlay("lesson4TEXT ",1);
 }
```

说明

“Lesson4TEXT”为第 4 课课文内容的场景名称，课程目录中的其他学习内容的跳转参考此例。

5.3.2　案例二　中职英语课件内容制作

1. 功能说明

该部分主要用于学习课文的内容。在这部分中，课文分为三段，使用了三个动画和图片构建内容场景。课文内容使用文字和音频同时呈现，音频内容是真人标准发音朗读的录音。文字内容在呈现的时候采用了两种策略，一方面一次性把一段课文全部呈现；另一方面与朗读的内容同步高亮显示对应的语句，在学习课文内容的同时可以练习听力，并且使学生了解正确阅读课文的语气和语速。课件运行效果如图 5-17 所示。

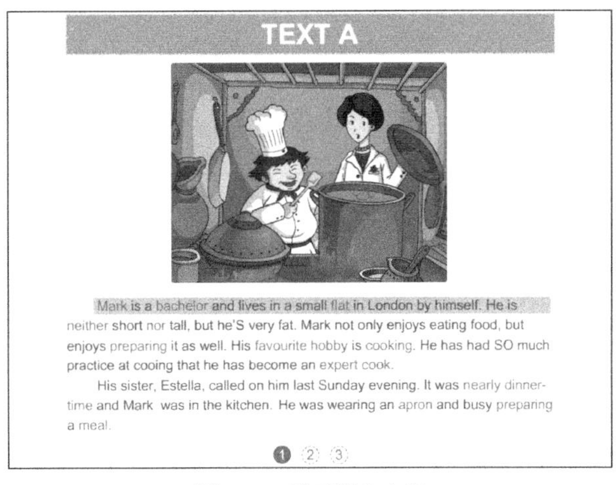

图 5-17　学习课文内容

2. 制作过程

（1）准备素材。需要准备的素材主要包括朗读课文的录音（类型为 MP3 文件）、一个动画场景（类型为 Flash 影片剪辑）、两个图片场景（类型为 jpg 图片文件）。

（2）在 Flash CS4 启动界面选择“新建 Flash 文件（ActionScript 2.0）”。

（3）将准备好的素材文件导入库中。

（4）将时间轴下方的帧速率改为 25fps，如图 5-18 所示。

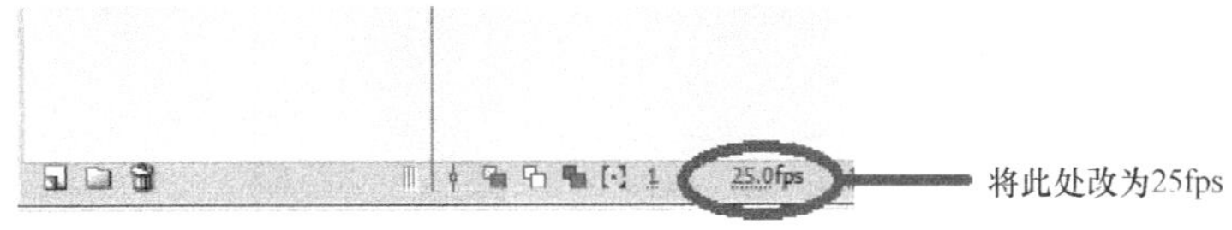

图 5-18　帧速率改为 25fps

（5）将课文朗读录音文件导入时间轴。

① 首先根据录音的时间长度计算所需的帧数，计算方法是录音时长 X 帧速率，在此例中录音时长为 134.7 秒，帧速率为 25，需要的帧数为 134.7×25=3367.5。

② 将图层 1 重命名为“声音”，在第 3367 帧处插入帧。

③ 在该图层任意位置单击鼠标，在属性面板中设置该图层声音属性，如图 5-19 所示，在“名称”下拉列表中选择录音文件。设置完成后，声音图层上会出现一条蓝色的水平线，如图 5-20 所示。

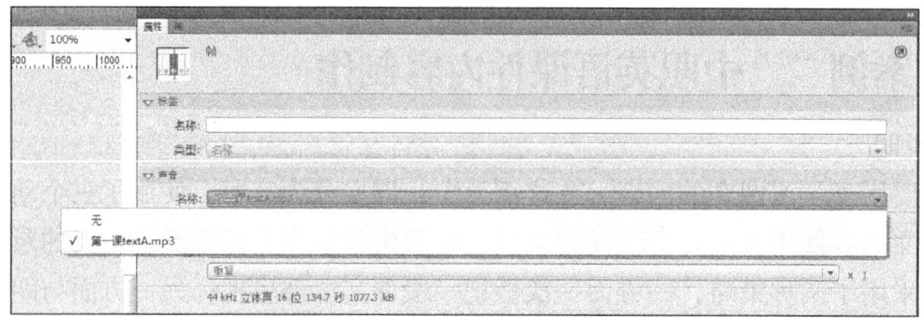

图 5-19 将录音文件导入时间轴

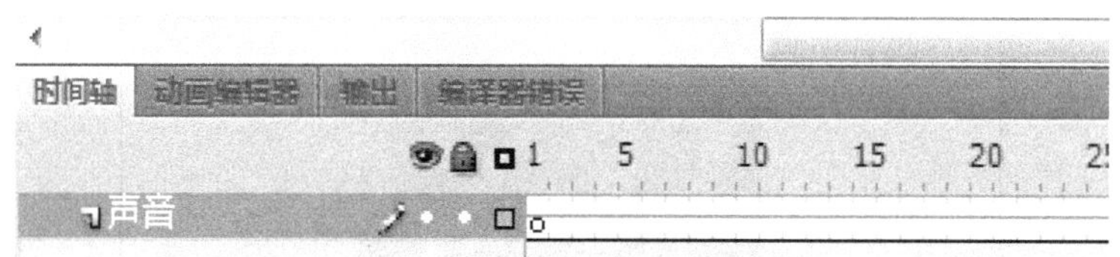

图 5-20 导入录音文件后的图层

（6）新建帧标签层。

新建一个图层，命名为“帧标签”。帧标签在 Flash 中是一种使用非常普遍的功能，其功能就像看书使用的书签。其原理是给某个帧加上一个名字，在需要用到的时候，可以使用 gotoAndPlay（“帧标签名”）直接跳转到那里。

因为课文内容被分为三段，因此每一段开始的地方都需要设置一个帧标签。将帧标签层的第 2 帧、第 1370 帧、第 2442 帧转为关键帧，在属性栏中分别命名为 P1、P2、P3。

（7）制作文字标题。

① 新建一个图层，命名为“标题”。

② 选中该图层，在舞台上部绘制一个矩形图形，矩形设置如图 5-21 所示。

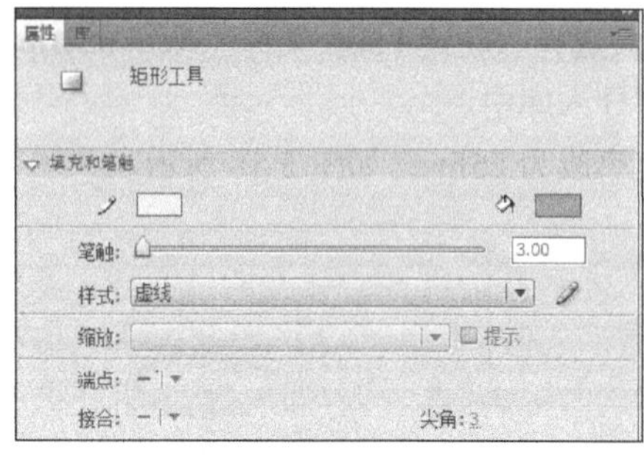

图 5-21 矩形设置

③ 在绘制的矩形图形中间，使用文本工具输入“TEXT A”，字号 40，白色。

（8）制作段落跳转按钮。

① 新建一个按钮元件，命名为“页钮”。

② 编辑该按钮，在“点击”状态添加如图 5-22 所示褐色圆形图案。

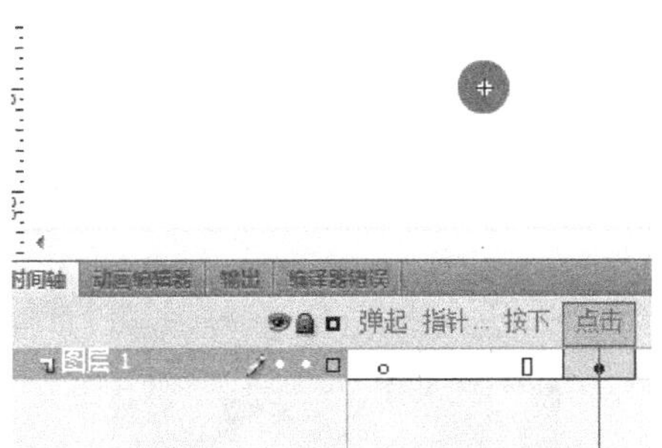

图 5-22　页钮“点击”状态

③ 新建一个影片剪辑，命名为“page_mc”。该影片剪辑由三帧构成，包括三个状态，如图 5-23 所示。

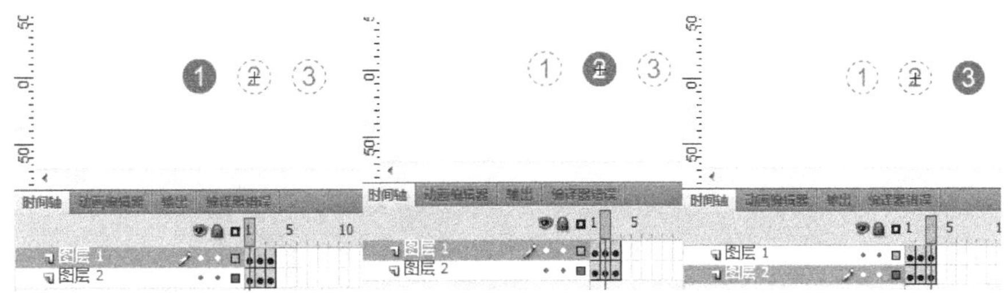

图 5-23　page_mc 的三个状态

④ 选中标题图层，在舞台下部加载一个 page_mc。

⑤ 在 page_mc 上添加三个页钮，分别命名为“b1_btn”、“b2_btn”、“b3_btn”，位置分别位于 page_mc 的 1、2、3 上。

⑥ 编写按钮控制代码。

选中“声音”图层第 1 帧，单击鼠标右键，在弹出的菜单中选择“动作”，打开代码编辑器，输入以下代码：

```
page_mc.gotoAndStop(1);
```

选中 b1_btn，单击鼠标右键，在弹出的菜单中选择“动作”，打开代码编辑器，输入以下代码：

```
on(press){
page_mc.gotoAndStop(1);
gotoAndPlay("P1");}
```

选中 b2_btn，单击鼠标右键，在弹出的菜单中选择“动作”，打开代码编辑器，输入以下代码：

```
on(press){
page_mc.gotoAndStop(2);
gotoAndPlay("P2");}
```

选中 b3_btn，单击鼠标右键，在弹出的菜单中选择“动作”，打开代码编辑器，输入以下代码：

```
on(press){
page_mc.gotoAndStop(3);
gotoAndPlay("P3");}
```

（9）添加动画、图片场景。

① 添加一个新图层，命名为“场景”。

② 将第 1370 帧、第 2442 帧转为关键帧。

③ 选中第 1370 帧前的任意一帧，将已导入库中的动画场景影片剪辑拖到舞台上，适当调整位置和大小，如图 5-24 所示。

图 5-24 插入动画场景

④ 选中第 1370 帧，导入图片场景 1 到舞台，位置和大小与动画场景相同，如图 5-25 所示。

图 5-25 插入图片场景 1

⑤ 选中第 2442 帧，导入图片场景 2 到舞台，位置和大小与动画场景相同，如图 5-26 所示。

图 5-26 插入图片场景 2

（10）添加课文。

① 新建一个场景，命名为“课文文本”。

② 将第 1370 帧、第 2442 帧转为关键帧。

③ 选中第 1 帧，使用文本工具输入课文第一段。

④ 选中第 1370 帧，使用文本工具输入课文第二段。

⑤ 选中第 2442 帧，导入图片场景 2 到舞台，使用文本工具输入课文第三段。

5.3.3　案例三　中职英语课件习题制作

1. 课件功能说明

该部分包含 4 个本单元单选题，界面如图 5-27 所示，单击右下角的翻页按钮进入下一题。答题时，直接在单选按钮上选择，选中的选项会出现在题目后边的括号中，同时系统判断选择是否正确，如果正确，显示一个笑脸及相应的文字信息，如图 5-28 所示，反之显示一个哭脸和相应的文字信息，如图 5-29 所示。

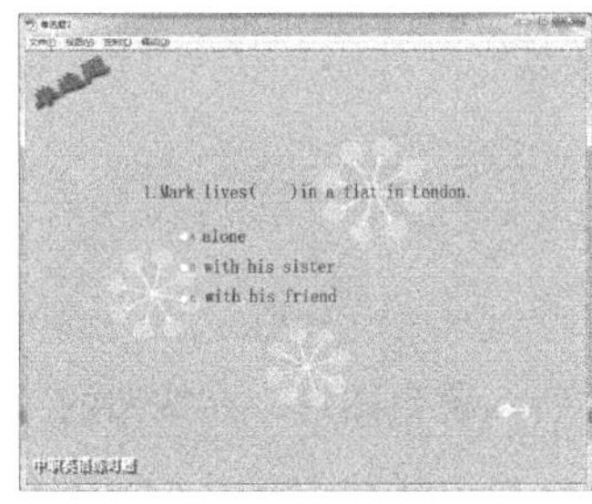

图 5-27　课件界面

图 5-28　正确回答

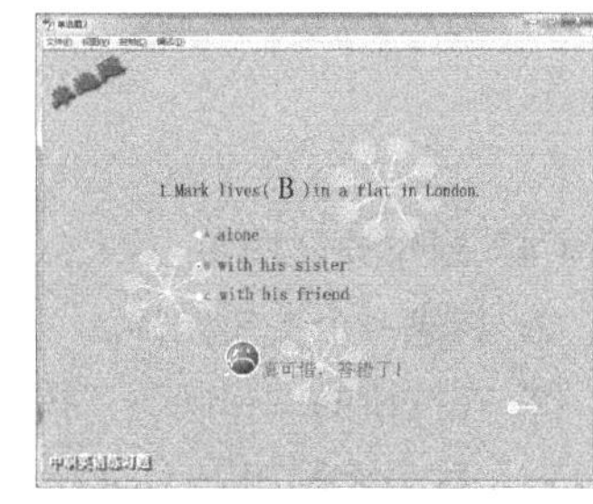

图 5-29　错误回答

2. 制作过程

（1）在 Flash CS4 启动界面选择“新建 Flash 文件（ActionScript 2.0）”。

（2）绘制背景图形。

① 新建一个图形元件。

② 绘制一个如图 5-30 所示的图形，图形的填充色参考图 5-31 中的设置。

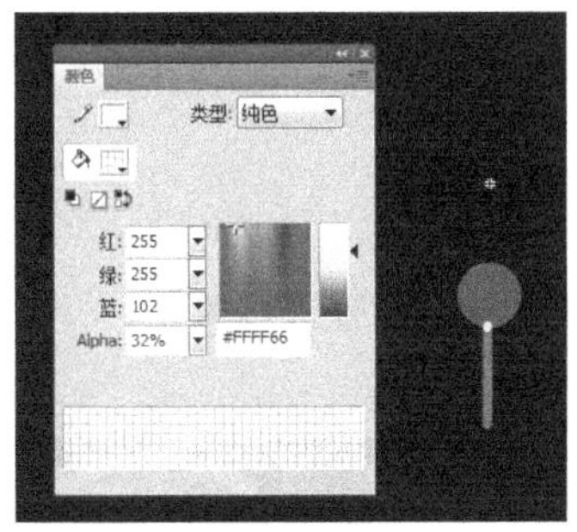

图 5-30　背景图形元件

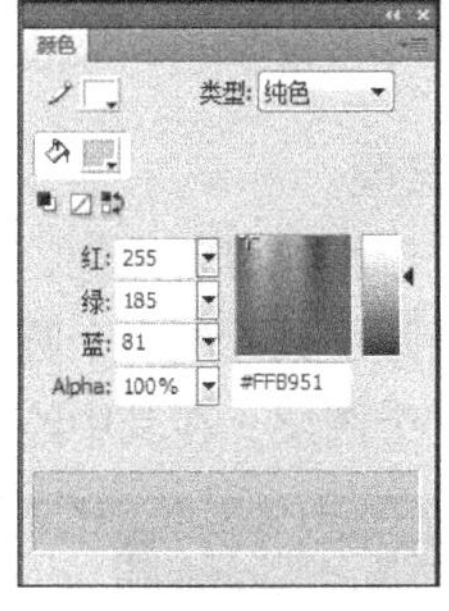

图 5-31　图形填充色

（3）绘制背景图片。

① 新建一个图形元件。

② 使用矩形工具绘制一个 430×350 的矩形，填充色参考图 5-31 中的设置。

③ 新建一个图层。

④ 将背景图形导入到新图层，并适当调整大小。

⑤ 选择任意变形工具，将中心点移到背景图形下方。

⑥ 按住 Ctrl+T 组合键，打开变形面板，设置旋转角度为 45°，单击“重置选区和变形”按钮，复制多个背景图形，如图 5-32 所示。

⑦ 选择所有的背景图形，复制两个，放置在不同位置。

图 5-32　背景图形

（4）制作导航按钮。

① 新建一个按钮元件。

② 在按钮的“弹起”、“按下”和“点击”状态绘制如图 5-33 所示黄色图形，在按钮的“指针经过”状态绘制如图 5-34 所示红色图形。

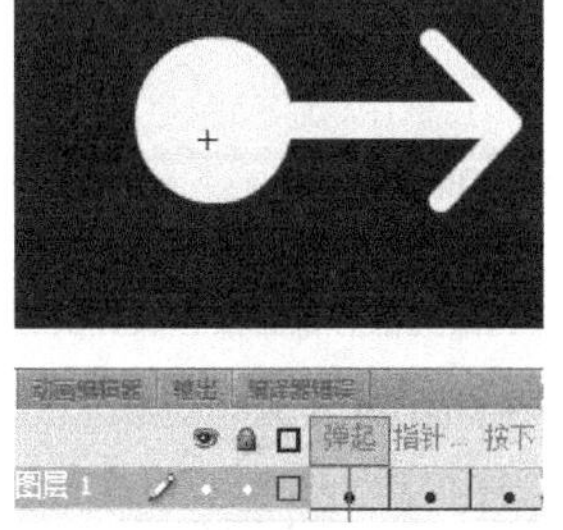

图 5-33　“弹起”、“按下”和“点击”状态

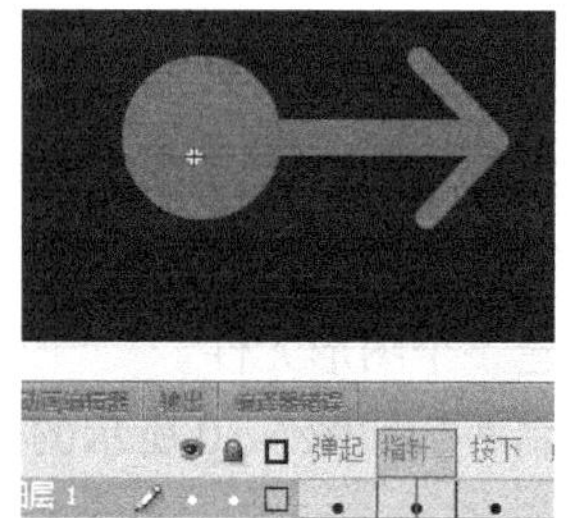

图 5-34　“指针经过”状态

（5）制作笑脸。

① 新建一个影片剪辑元件，命名为“smile”。

② 使用椭圆工具绘制一个圆，并使用如图 5-35 所示颜色设置进行填充。

③ 新建一个图层，在其中绘制笑脸，如图 5-36 所示。

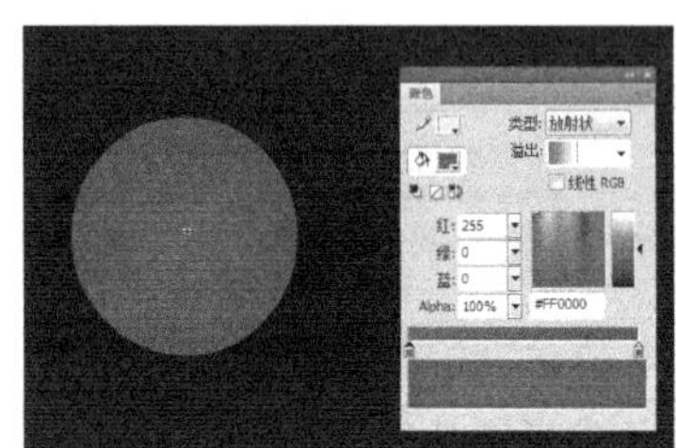

图 5-35　绘制圆并填充

图 5-36　绘制笑脸

④ 为使笑脸看起来有立体感，再添加两个图层，分别制作脸的阴影和高光部分。

⑤ 高光部分图形及填充颜色设置如图 5-37 所示；阴影部分图形及填充如图 5-38 所示。

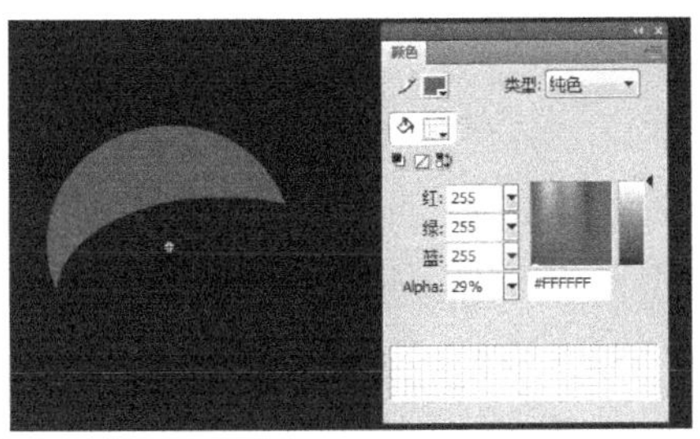

图 5-37　高光部分图形

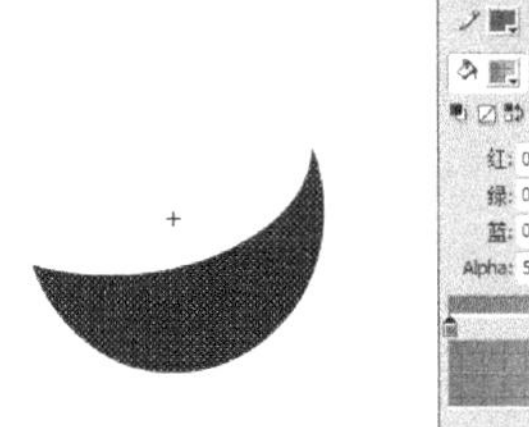

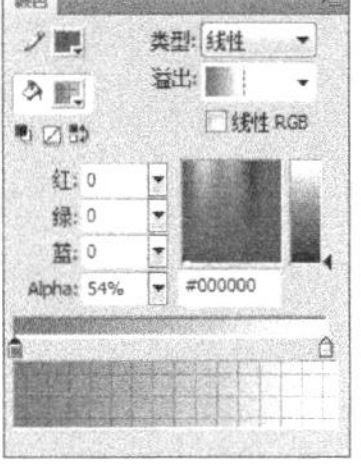

图 5-38　阴影部分图形形状及填充色

⑥ 合成效果如图 5-39 所示。

（6）哭脸制作。哭脸制作的过程与笑脸基本相同，只是在第二步的填充色不同，因为是哭脸，所以选择了蓝色调，填充色参数可参考图 5-40 所示。

图 5-39 笑脸

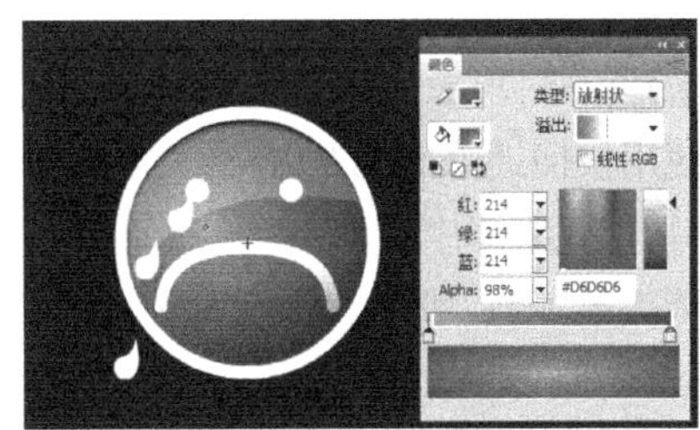

图 5-40　哭脸

（7）将时间轴上的图层改名为“背景”并在第 4 帧插入帧，在舞台中导入背景图片，调整大小使其充满舞台。

（8）新建一个图层，命名为“标题”，在其中分别使用两个文本工具显示“单选题”和“中职英语练习题”，两个文本的字体主要属性设置分别如图 5-41、图 5-42 所示。

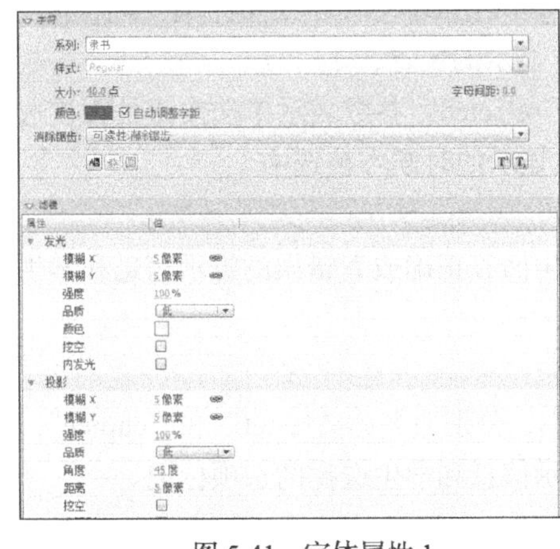

图 5-41　字体属性 1

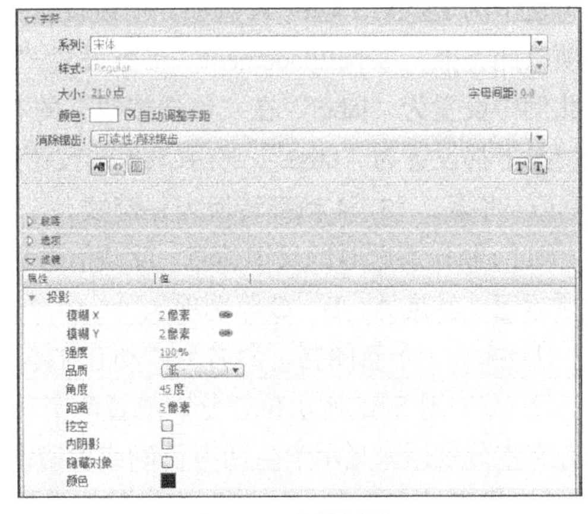

图 5-42　字体属性 2

（9）制作单选练习题。

① 新建一个图层，命名为“题目”，将第 2、3、4 帧都转换为关键帧。

② 分别选择第 1、2、3、4 帧，在每帧界面上都绘制五个静态文本，分别输入每一题的题目及四个选项内容（注意四个选项不要写 A、B、C、D），如图 5-43 所示。

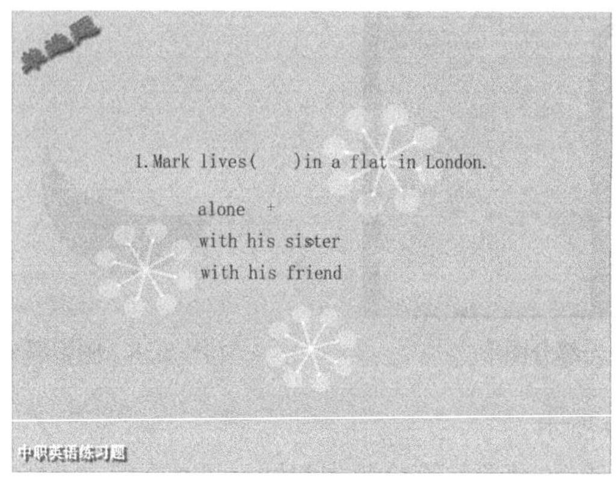

图 5-43　制作题目内容

（10）制作单选按钮。

① 新建一个图层，命名为“单选按钮”。

② 使用快捷键“Ctrl+F7”打开“组件”窗口，展开其中的“User Interface”，双击“RadioButton”，将单选按钮加入到库中。

③ 选择第 1 帧，在帧界面上都导入三个单选按钮，注意放置在题目三个选项之前。

图 5-44　单选按钮参数

④ 设置单选按钮属性，选中一个单选按钮，使用快捷键“Shift+F7”打开“组件检查器”，设置参数，以第 1 题的“A”为例，如图 5-44 所示，其中“data”参数值为 0 表示这个选项是错误的；“groupName”参数值相同的单选按钮为一组，同时只有一个单选按钮可以被选中，在本课件中，4 个题目所有的单选按钮属性都设置为“tm1”；“label”参数设置单选按钮显示的文字信息，因为这个例子是第 1 题的 A 选项，所以设置为“A”，其他 B、C 选项以此类推；“labelPlacement”参数设置“label”显示的位置，在此例中设置为“label”在“单选按钮”的右边；“selected”参数表示单选按钮是否被选中，一般情况下都设置为“false”，表示该单选按钮第一次显示的时候不被选中。

⑤ 将第 2、3、4 帧都转换为关键帧。

（11）制作答题时的反馈信息，反馈信息包括学生回答正确或者错误的提示信息和学生选择的选项标记（就是 A、B、C 等选项）。

① 插入一个新图层，命名为“动态文本”。

② 在如图 5-45 所示位置分别放置两个动态文本，分别命名为“result”和“choice”，这两个动态文本分别用来显示学生回答正确或者错误的提示信息和学生选择的选项标记。

③ 设置动态文本“result”绑定的变量为“result”，在程序运行时，通过给变量“result”赋值，就可以动态地显示答题提示信息。

④ 设置动态文本“choice”绑定的变量为“choice”，在程序运行时，通过给变量“choice”赋值，就可以动态地显示学生选择的选项。

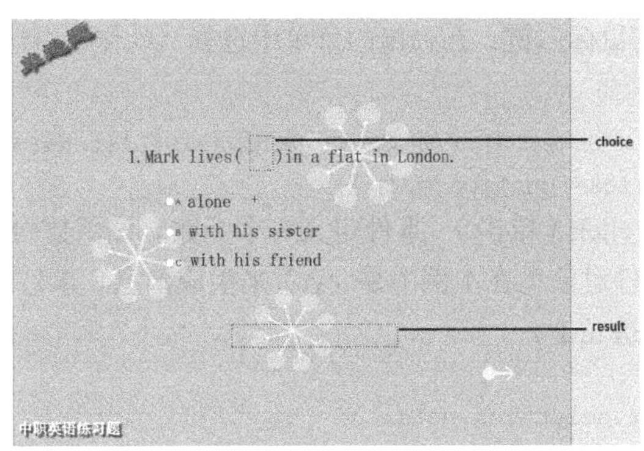

图 5-45　动态文本

⑤ 将第 2、3、4 帧都转换为关键帧，分别调整每一题“choice”动态文本对应的位置。

（12）制作翻页导航功能，在第 1、2、3 题时，翻页按钮箭头向右，单击按钮跳转到下一题；到第 4 题时，翻页按钮箭头向左，单击按钮跳转到第 1 题。

① 插入一个新图层，命名为“翻页导航”，在第 4 帧插入一个关键帧。

② 选择第 1 帧，导入导航按钮，把它放置在舞台右下角。

③ 选中该导航按钮，单击鼠标右键，在弹出的菜单上选择“动作”，打开 as 脚本编辑器，输入如下代码：

```
on (press) {
    result=""; //当单击导航按钮时，清除动态文本中的文字
    choice="";//当单击导航按钮时，清除动态文本中的文字
    mmci1.removeMovieClip();//当单击导航按钮时，清除显示的表情
    nextFrame();//显示下一个问题
}
```

④ 选择第 4 帧，再次导入一个导航按钮，使用任意变形工具水平翻转该按钮，并把它放置在舞台右下角位置。

⑤ 给该按钮添加如下代码：

```
on (press) {
    result="";
    choice="";
    mmci1.removeMovieClip();//
    gotoAndPlay(1); //显示第 1 个问题
}
```

（13）编写控制代码，每个问题在显示的时候，除非单击导航按钮，否则不会显示下一题，这需要在每一帧添加代码进行控制，这里使用一个代码层完成。

① 插入一个新层，命名为“action1”，并在第 2、3、4 帧插入关键帧。

② 选中第 1 帧，单击鼠标右键，在弹出的菜单中选择“动作”，打开 as 脚本编辑器，输入代码“stop();”，当程序运行到这个代码时，就会停在当前帧，直到单击导航按钮才会跳转到下一题。

③ 在第 2、3、4 帧中输入相同的代码。

（14）编写单选按钮控制代码，学生做题时，单击单选按钮进行选择，因此需要针对单选按钮编写程序进行判断，并做出相应操作，当学生选择正确答案时，要表扬他；反之，要明确告诉他回答是错误的。

① 插入一个新层，命名为“action2”。

② 选中第1帧，单击鼠标右键，在弹出的菜单中选择“动作”，打开as脚本编辑器，输入如下代码：

```
flashistListener=new Object();//定义一个名为 flashistListener 的侦听器对象
flashistListener.click=function(evt)
```

/*为侦听器对象上的 click（单击） 事件定义一个函数。该函数内部有一个条件语句，它使用自动传递到该函数的事件对象（在本例中是 evt）来生成消息。事件对象的 target 属性是生成该事件的组件，在本例中是 tm1*/

```
{
  mydata=evt.target.selection.data;
```

/*mydata 为一个变量，代码“mydata=evt.target.selection.data”的作用是获取当前选中的单选按钮“data”参数的值（参考（10）制作单选按钮”）并赋值给变量 mydata，将来根据 mydata 的值判断选择是否正确*/

```
choice=evt.target.selection.label;
```

/*choice 是动态文本“choice”中绑定的变量，代码“choice=evt.target.selection.label”的作用是获取当前选中的单选按钮“label”参数的值（参考（10）制作单选按钮”）并赋值给变量 choice，动态文本“choice”中将显示这个值*/

```
if(mydata==1){ // mydata 为 1 时说明选择的是正确答案
     attachMovie("smile","mmci1",1)
```

/*使用 attachMovie 方法把电影剪辑元件“smile”（笑脸）加载到舞台的第1层，别名是“mmci1”，显示的坐标 x=140，y=306*/

```
         with (mmci1) {
                      _x = 140;
                      _y = 306;
               }
         result="非常好，答对了！";
```

//在动态文本“result”中显示正确回答的提示信息

```
    }
    else
    {
         attachMovie("cry","mmci1",1)
```

/*使用 attachMovie 方法把电影剪辑元件“cry”（哭脸）加载到舞台的第1层，别名是“mmci1”，显示的坐标 x=140，y=306*/

```
                    with (mmci1) {
                    _x =140;
                    _y = 306
                    }
      result="真可惜，答错了！";
```

//在动态文本“result”中显示错误回答的提示信息

```
     }
 }
tm1.addEventListener("click",flashistListener);
```

/* 从名为 tm1 的按钮组调用 addEventListener() 方法，并将 click 事件和 flashistListener 侦听器对象作为参数传递给该方法*/

说明：as 脚本代码中“//”是但行注释语句，其后一行内的内容都是注释信息，不会执行；“/*”和“*/”构成多行注释，其中的内容都为注释信息。

练习与实践

一、练习题

1. 常用的多媒体课件有哪些类型?
2. 常用多媒体课件开发工具有哪些?
3. 在课件设计的需求分析阶段应该做哪些工作?
4. 什么是课件设计的科学性原则?
5. 什么是课件设计的教学性原则?

二、教学实践活动

请选择一个本专业熟悉的知识点，设计一个使用多媒体课件进行教学的情境。

三、技术实践活动

就自己专业选一熟悉的的知识点，设计制作一个用于 15 分钟教学的多媒体课件，要求写出设计文档,并使用 Flash 多媒体制作工具进行制作。

学习资源

- **参考书目**

[1] 祝智庭．现代教育技术[M]．北京：教育科学出版社，2002.

[2] 皮连生．学与教的心理学[M]．上海：华东师大出版社，1997.

[3] 郑少艾．国外计算机辅助教学发展及趋势初探[J]．外国教育资料，2006（1）.

[4] 郭子平．合理运用学具，提高自然科学课堂教学效率[J]．中国计算机报，2008（11）.

[5] 何永德．多媒体课件制作教程[M]．成都：四川电子音像出版中心，2009.

[6] 多媒体技术概要[EB/OL]． http://course.cug.edu.cn/21cn/%B6%E0%C3%BD%CC%E5%BC%BC%CA%F5/Mmt01_01_2.html，2010-3-25.

[7] 多媒体 CAI 课件设计[EB/OL]． http://ie.zjou.edu.cn/xdjy/newsite/tree.htm，2010-3-25.

[8] 张维忠，徐群玲.《机械制图》多媒体 CAI 课件设计与开发[J]．计算机工程与应用，2009（11）.

模块 6 网络课程

【情境导入】

李萌是一位语文老师，她借助网络课程主讲的《谈生命》一课获得全国一等奖。在这节课中设计如下环节：教师先用动情的话语开篇，为学生学习课程进行情感铺垫。在教授生字生词时，把课文中的生字生词用 Flash 做成漂亮的网络课件，让学生借助计算机自主学习，如果答对了给予鼓励。在网络课程中还搜集了作者冰心的照片、作品和生平简介，让学生自主浏览。接下来的教学中，让学生通过计算机反复阅读课文原文，阅读时可以聆听与课文意境相近的配乐，过程中还可以用不同的颜色将有感悟的语句标出，同学之间分享感悟。当学生们感到意犹未尽的时候，在网络教学平台上提供了很多图片和音乐。首先教师进行示范，给图片配上富有哲理的箴言。然后每个同学下载自己喜欢的材料，配上语句后上传到网络平台上，同学之间共享，且互相评价。这节课的最后，教师对本堂课进行总结，在课文主旨的基础上进行引申，激发学生对生命的深刻体悟。这堂课中的大多数环节都是基于网络教学展开的，那么这样一节课是如何做成的呢？

本章将介绍网络课程的基本概念，简要介绍开发网络课程的一般步骤，着重阐释如何开发网络课程，包括常见网络课程的开发和如何基于网络教学平台实施教学。

【重点难点】

1. **重点**

- 掌握网络课程设计与开发的基本知识
- 针对具体教学内容能选择恰当的网络教学方式
- 能够详述多媒体网络课程的设计需求

2. **难点**

- 能够借助网络教学平台和网络课程开发工具，实施网络教学
- 能够开发简单的网络课程

【名词术语】

网络课程　教育博客　网络教学平台　Moodle

6.1 网络课程简介

截至 2012 年 12 月底，我国网民规模达 5.64 亿，互联网普及率为 42.1%。同时，我国手机网民规模为 4.20 亿，网民中使用手机上网的用户占比为 74.5%。Internet 已经极大地改变了人们的生

产和生活。互联网的广泛普及也给教育行业带来了前所未有的机遇和挑战，它改变了教师的教学方式，也改变了学生的学习方式。如何在网络环境下向学习者提供高质量的教育项目呢？设计精良的网络课程是必不可少的。

6.1.1 网络课程概念

1. 网络教育与远程教育

远程教育是在师生时空相对分离的状态下实施教学的一种教育形式，远程教育的发展是与所采用的信息传播技术息息相关的。最早采用邮政、信函等方式进行的远程教育称为函授教育。采用广播电视、电话等信息技术的远程教育叫做广播电视教育，俗称“电大”。采用多媒体计算机技术和网络技术的远程教育则称为网络教育，即网络教育是第三代远程教育。

远程教育的五项典型特征：（1）学习者和教师在时间和空间上处于分离状态；（2）以现代教育技术为基础的媒体教学占有主导地位；（3）有组织的系统工程；（4）自学为主；（5）在教师和学习者之间存在某种形式的双向通信和反馈机制。

在这五项特征中，第（1）条是远程教育的本质特征，只有学生与教师的分离，才可能使优质教育资源被更多的学习者获取。第（2）条特征中的现代教育技术，在网络教育中就是指计算机网络技术。第（3）条特征说明远程教育的实施必须依靠特定的院校、单位或个人进行组织实施。第（4）条特征指明了远程教育中学习者获取知识的主要途径，远程学生不可能像校园中的学生一样可以方便地得到教师和其他同学的帮助。第（5）条特征说明要实施高质量的远程教育必须为学生提供学习支持服务，即除了提供多媒体的网络课程之外，还必须提供答疑、讨论等双向交互的支持服务。

请思考：

（1）以上五项典型特征，是不是网络教育也必须具备呢？

（2）试结合一个具体的网络教育项目，思考这五项特征是如何体现的？

2. 网络教育的两大功能要素

正如上文列举远程教育典型特征中第（5）条所指明的那样，要实施高质量的远程教育必须为学生提供学习支持服务，即除了提供多媒体的网络课程之外，还必须提供答疑、讨论等双向交互的支持服务。

网络教育的两大功能要素是指：课程资源开发与学习支持服务。要实施高质量的网络教育，这两者缺一不可。课程资源开发是指根据学习者的特点，开发适合他们自学的多媒体网络课程。学习支持是一种组织形式， 通过这种形式， 学习者可以充分利用机构的教学服务设施。学生支持是信息、资源、人员和设施服务的总和。以下列举英国开放大学学习支持服务的实施情况。

实例：

开放大学为每一位学生分配一位指导教师，指导教师通过布置学习任务及时给予学生反馈，指导学生学习的全过程；加之开放大学拥有高质量的教学辅助资源，为学生达成学习目标创造了有利机会。英国开放大学的特色主要体现在学习媒体的多样性以及学习支持服务的全面性两个方面：开放大学的学生大多是在职的学生，通过远程教育或者部分时间制的形式修习课程。为了帮助学生顺利开展学习活动，开放大学为学生开发的课程资料使用各种各样的媒介，如教材等印刷物、电视录像等视频媒体、声频磁带以及应用得越来越广泛的在线信息。这些高质量学习材料的组合以及针对个人的支持活动，帮助学生在开放大学顺利开展学习。学生在学习过程中遇到困难时，可以从导师、学生最近的区域学习中心以及在线会议等途径寻求帮助。此外，开放大学的学生联盟（OUSA）拥有地方分支，为学生之间开展交流和彼此帮助提供了另一种途径。

名词解释：

网络教育就是在师生时空分离的情况下，借助网络和多媒体技术，通过系统地组织，完成多媒体教学材料的传送和学生学习支持服务，达到预期学习目标的一种教育方式。

3. 网络课程的定义

（1）定义

教育部颁布的《现代远程教育技术标准体系和 11 项试用标准（简介）V1.0 版》中指出，网络课程是通过网络表现的某门学科的教学内容及实施的教学活动的总和，它包括两个组成部分：按一定的教学目标、教学策略组织起来的教学内容和网络教学支撑环境。

背景知识：

什么是课程？美国新教育百科辞典对“课程” 做如下定义：“所谓课程是指在学校的教师指导下出现的学习者学习活动的总体，其中包含了教育目标、教学内容、教学活动乃至评价方法在内的广泛的概念”。

简单地说，网络课程就是通过互联网来实现课程的功能。因为网络不同于传统的课堂教学，所以要在了解网络特点的基础上才能设计开发出优质的网络课程。

（2）网络课程的要素

由于研究的角度不同，学者们对网络课程要素的看法有差异。其中网络课程六要素说认同度较高。

重要概念：

网络课程六要素说认为，网络课程有六个要素，分别是技术手段、教学设计、教学资源、学习活动、学生支持和课程考核。

网络课程是通过信息技术手段实现的，教学模式也是根据采用的技术手段决定的，因此技术手段是网络课程的第一要素。传统的远程教育采用邮政系统、广播或电视手段传递教学信息，决定了函授教育和广播电视教育的教学模式。信息时代采用计算机、互联网方式开展的远程教育具有明显的时代特征。近年来，通过互联网的双向视频、手机短信、QQ 群等手段越来越多地进入网络教育中，起到很好的教学和管理作用，新一代的平台开发技术、虚拟实验技术等也在积极的探索中。

网络课程可以分为三个发展阶段：（1）第一阶段是通过网页给学习者提供教学材料和有关资料，以及其他相关的网络教育资源链接；（2）第二阶段是除了可以在网上提供学习材料外，还要求学习者通过电子邮件、电子公告栏、网上练习和测量进行异步双向交流；（3）第三阶段是在前两个阶段的基础上采用网上聊天室、电话会议、视频会议系统进行同步双向交流。

6.1.2　网络课程设计原则

网络课程设计不能简单套用传统课程设计的思路和方法，一是要充分发挥网络媒体的特长；二是要适当体现当代教育改革的精神。网络课程的设计要遵循以下原则。

1. 以学习者为中心原则

网络教育特点决定了网络学习中即使是协作学习也要在学习者的独立学习基础上进行。网络课程设计中要以多种多样的形式向学生提供与学习内容相关的现象、观点、数据和资料，并适当地留出空间让学生发挥自由思维活动，才能调动学习者的积极性，减少网络学习可能给学习者带来的情感缺失等问题。

2. 开放性原则

开放性原则是指设计的网络课程应有多个学习起点和多条学习路径。建构主义强调事物的复杂性和多样性，对事物的了解或对知识的掌握应从多层次、多角度入手，没有必要给学习者设定一个固定的学习起点。还要给学习者创建一个开放性的学习氛围，让所有的学习者可以畅所欲言，都可以成为网络课程的设计者，这样可以使学习者有更强烈的归属感和成就感。

3. 情境性原则

情境性原则是指网络课程要给学习者提供和显示与其生活相类似的或真实的情境，以利于学习者在这种环境中去发现问题、探索或解决问题，从而促进学习的质量。建构主义强调真理的相对性，重视认识中的主观能动性，所以网络课程要尽可能地提供有利于学习者主动建构意义的情境。

6.1.3　网络课程开发过程

请思考！

李老师今年 30 多岁，是一位教授《机械设计基础》的教师，虽然不是学计算机专业的，但是他自学了很多计算机技术，尤其是网页制作、图形处理、动画制作等技术。他想开发一套自己学科的网络课程，把他们教研室一些独特的教学方法和教学实例都做进去。在开发的时候，他与其他几位志同道合的老师一起合作，但是在开发过程中，经常在交流中出问题，导致开发出的课程不是他们想象的样子。怎么才能让他们顺畅交流和协同工作呢？

赵老师是一位 50 多岁的老教师，教学经验非常丰富，也想结合自己的教学经验开发出网络课程，但是他本人对计算机不太了解，就委托几个年轻的技术人员开发。赵老师一开始就是给他们描述一下自己的要求，但是技术人员开发出的东西根本不是他要求的。赵老师要怎样做才能让技术人员明白他的意图呢？他需要提供什么材料给技术人员呢？

这些都是科学的网络课程开发流程要解决的问题。

1. 一般流程

网络课程、网络教学资源的开发在远程教育、教育技术领域是一项常规性工作。如图 6-1 所示为网络课程开发的一般过程，该流程揭示了网络教育资源的开发是一个由分析、设计、制作、测试和评价组成的系统过程，也是一个不断修正、不断改进的发展过程。

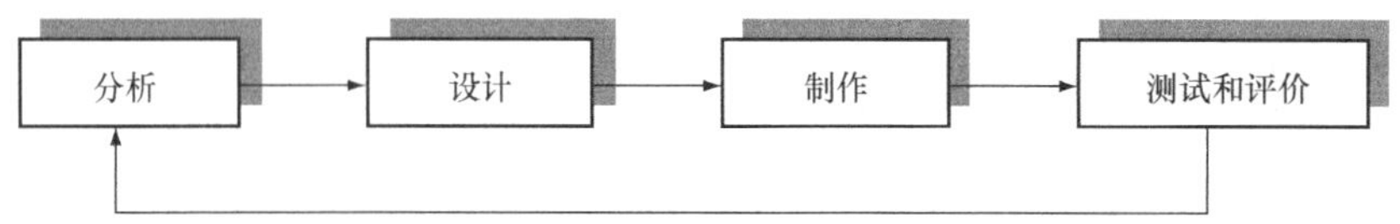

图 6-1 网络课程开发的一般流程

2. 分析

网络课程的实施必然是为了满足某个具体的学习需要，因此分析也称为学习需要分析。学习资源设计与开发的第一步就是进行周密的分析，经过分析得出具体的学习需求，是设计、开发和测试的基础。学习需要的分析要从四个方面入手，如表 6-1 所示。

表 6-1 学习需要的分析方法

学习需要分析	学习内容分析	认知、情感、动作技能
	学习者分析	学习风格
		知识水平
		网络技术水平
		对学习的期望
	网络条件	硬件及网络带宽
		软件
	调查研究	是否有类似的课程可借鉴
		课程需要的资源、素材是否易得

（1）学习者分析

学习者分析主要考虑如下问题：学习者的学习风格；学习者对网络的熟悉程度；他们是否具有课程学习的先决知识；他们最期望得到什么知识或技能。

（2）学习内容分析

根据学习者的具体情况，分析将要开发课程的特点，决定内容的取舍与组织，以及讲解的方式与深度。整个内容的选择和组织，做到中心明确、重点突出、层次分明。为了便于网络课程的动态生成，把要开发的课程资源分成三类，即认知类、技能操作类和问题解决类。

- 认知类：主要包括对概念、原理、规则等的学习，使学员学会应用符号或概念与他们所处的环境相互作用。
- 动作技能类：主要包括行为表现和操作步骤的学习，使学员能通过肢体动作完成特定的任务和要求。
- 问题解决类：主要是指应对某一具体问题情境的方法和策略的学习，使学员学会综合知识与技能，运用恰当的认知策略，解决特定问题。

这三类中，每一类都有相应的应用模式，如表 6-2 所示。

表 6-2 资源分类实现表

资源分类		资源形式	资源应用
认知类	概念、事实	动画讲授型课件 资料呈现型课件 测试型课件	讲授 讨论

续表

资源分类		资源形式	资源应用
认知类	命题网络（有组织的知识）	动画讲授型课件 资料呈现型课件 测试型课件	讲授 讨论
	规则、原理	视频讲授型课件 动画讲授型课件 过程模拟型课件	示范、模拟 协作学习
	认知策略	视频讲授型课件 对话型课件 游戏型课件 过程模拟型课件	学习强化 协作学习
技能操作类	操作流程	视频讲授型课件 操作练习型课件 物理模拟型课件	演示 示范——模仿 协作
	行为	操作练习型课件 角色扮演型课件	示范——模仿 协作
问题解决类	背景知识	动画讲授型课件 游戏型课件 对话型课件 情境模拟型课件	讨论、角色扮演、游戏、案例研习、探究、协作
	解决策略	游戏型课件 对话型课件 过程模拟型课件 情境模拟型课件	游戏、讨论、案例研习、角色扮演

（3）资源运行环境分析

网络教学环境是网络课程赖以运行的基础，包括两部分：课程管理系统和课程辅助系统。课程管理系统要实现的功能有学员注册、选课、授权、学习过程跟踪记录、智能导航等。这些功能更多的是在网络教学平台设计时要考虑的，但为了提高课程的可共享性、可重用性，现在把平台要完成的部分功能由网络课程来完成，比如网络课程的元数据表示、课程编列等。课程辅助系统要实现的功能有在线测试、在线交流、答疑、作业提交等。

（4）前期调研

除上述进行学习者分析、内容分析、运行环境分析之外，还需要多方调研，了解国际、国内是否有相同或相近的研究项目，以便从其经验教训中得到启示。如果有其他项目已经开发了高质量的网络课程，可以进行资源共享，避免重复建设。

3. 设计

网络课程的设计是整个开发过程中的核心环节，设计环节的质量直接决定开发的网络课程的质量。网络课程的设计可从以下四个部分入手，如表 6-3 所示。

表6-3　　网络课程设计内容一览表

<table>
<tr><td rowspan="11">总体设计与原型实现</td><td rowspan="3">内容组织</td><td>内容分析：分解成章、节、知识点</td></tr>
<tr><td>表现形式：教学内容、练习题、测试题、参考的教学资源</td></tr>
<tr><td>其他事项：课时安排、学习进度、学习方法说明等</td></tr>
<tr><td rowspan="2">内容表现</td><td>界面设计：色彩、构图、演示</td></tr>
<tr><td>媒体设计：文字、图片、动画、音频、视频、特效</td></tr>
<tr><td>内容导航</td><td>目录树、索引、帮助、导航条、书签、历史记录等</td></tr>
<tr><td>学习策略</td><td>协作式策略、竞争式策略、探索式策略、基于学习者模型的策略、导学策略等</td></tr>
<tr><td rowspan="2">学习评价</td><td>评价类型：形成性评价、总结性评价</td></tr>
<tr><td>评价形式：单选题、多选题、连线题等</td></tr>
<tr><td>设计原型</td><td>原型实现、对原型评价、修改</td></tr>
<tr><td colspan="2" style="display:none"></td></tr>
<tr><td rowspan="3">详细设计与脚本编写</td><td>流程设计</td><td>章、节、知识点依次进行</td></tr>
<tr><td rowspan="2">脚本设计</td><td>文字脚本：描述屏幕布局</td></tr>
<tr><td>制作脚本：描述要实现的特效</td></tr>
<tr><td rowspan="2">教学环境设计</td><td>课程管理系统</td><td>注册、选课、授权、学习过程跟踪记录、智能导航</td></tr>
<tr><td>课程辅助系统</td><td>在线测试、在线交流、答疑、作业提交</td></tr>
<tr><td>教学活动设计</td><td colspan="2">在线交流、分组讨论、布置作业、作业讲评、视频讲座、探索性活动等</td></tr>
</table>

（1）总体设计

总体设计要从以下几个方面来考虑。

① 内容组织：把课程内容分为章、节、教学素材，即知识点。把教学素材聚合成学习对象，再形成节，每一节中必须包括学习目标、教学内容、练习题、测试题（每一章）、参考的教学资源、课时安排、学习进度和学习方法说明等，再由节形成章。

② 内容表现：根据不同的教学内容和学习者特征，采用合适的色彩、构图；根据不同知识点的特点，为了使学生更容易接受，按照戴尔“经验之塔”规律，分别采用文字、图片、动画、音频、视频、其他特效（如淡入淡出、光栅效果）来进行知识表现。

③ 内容导航：网络课程信息量大，信息和信息之间的关系复杂，更多采用超媒体的组织形式，但课程规模比较大时，就会形成一个巨大的知识网络，学习者在里面容易迷航。因此，采用方便且功能强大的导航系统是必需的，具体形式可采用目录树、索引、帮助、导航条、书签、历史记录等。

④ 学习策略设计：网络课程必须以实现学习者的学为中心，提高学习者的创新能力和自主学习能力。在这方面，根据不同的学习目标采用恰当的学习策略将会取得很好的效果，这些策略包括协作式策略、竞争式策略、探索式策略、基于学习者模型的策略、导学策略等。

⑤ 学习评价设计：在网络课程开始之前最好测试一下学习者是否具有应具备的先决知识，学习后进行形成性评价，来检测学习者是否已经达到预先设计的学习目标，章节结束后进行总结性评价。评价题目的类型，鉴于网络的特点，采用单选题、多选题、连线题更为合适。

⑥ 原型实现：在完成上述设计后，需要完成一个原型，比如，先实现某一章或节的课程设计和开发，供专家评价，也为以后更为详尽的设计和开发提供基础和样例。

（2）详细设计

总体设计决定了网络课程的框架结构，详细设计决定了每一个具体知识点的实现方式，接下来的工作就是把详细设计的成果以脚本的形式固定下来，为后续的开发工作提供依据，作为学科教师、教学设计人员、程序开发人员、美工设计人员、摄像师、音响师等各个工种开展协作的基础。

① 流程设计：在大体的内容结构和功能模块确定之后，教学设计便进入具体的脚本编写过程。具体脚本应该以知识点为基本单元，在设计时应尽量发挥网络课程的独特优势，综合运用多种媒体立体地、全方位地诠释相关的知识点，避免大量文本的堆砌。

选择合适的素材表现教学内容。常见的素材有文字、图片、声音、动画、视频等。选择的素材必须符合教学内容需要，使用贴切，表现力强。

在网络课程的制作中，网络链接也是一种学习素材。对于知识点的相关内容或问题，不一定要在课件中直接讲解，而是提供一些相关的链接，让学生自己去阅读、比较和分析，从而培养学生自己获取、加工知识的能力。

决定素材出现的次序和方式。根据教学内容需要，素材出现的次序和方式也需要考虑。例如，对某一知识点，文字素材和图片混合出现在同一个页面上；而在另外一种情况下则可能只出现文字，图片由学生自己选择观看。

② 编写课件脚本：在教学设计人员的协助下，让有兴趣的教师尝试编写脚本，在此基础上与编写课件脚本的学科专家沟通和交流，达成一致意见以后，把设计的脚本（见表 6-4）固定下来。

表 6-4　脚本范例

资源名称			适用年级		学　科	
知识点路径						
脚本教师	姓　　名		所在学校			
	联系电话		E-mail			
场景名称	场景一		场景三			
	场景二		场景四			
特别说明	请在此写出对课件整体风格以及需要特别强调的要求					
场景序号	场景描述		功能按钮跳转		参照素材	备注
场景一						
场景二						
场景三						
场景四						

4. 开发

网络课程开发的任务就是将前期规划的方案付诸实施，对课程内容中的知识点逐一进行诠释，并将设计的功能模块逐一实现。

（1）制订合理进度计划

小组成员通过协商对项目的工作量作认真评估，并在此基础上制订合理的进度计划。计划应留有余地，即留下一定的机动时间以应对特殊情况，因为在开发过程中，诸如开发人员变动、设计规划更改、遇到技术难题等情况是不可能完全避免的。

（2）整合素材，制作网络课程

实现所设计的具体脚本，收集、整理、设计、开发相关的视频、音频、图形、图像、文本等网络课程所需要的材料。按照详细设计的脚本，利用网络课程开发工具，把不同的媒体素材有机地整合到一起，即形成网络课程。后面将详细介绍几种不同的网络课程开发技术。

5. 测试与评价

网络课程开发结束后，必须按照学习需要分析结果、总体设计和详细设计的脚本对资源进行测试。测试通过后，把资源进行打包，导入网络教学平台。

（1）资源集成测试

在这个阶段主要应进行的工作有内容审校、性能及兼容性测试、资料保存等。

① 内容审校：衡量网络课程的质量，内容的正确性应该是第一位。原始材料经过多道加工和组织难免会出现差错和疏漏，因此需要比较仔细地审校。最好的方式是将最终文档输出打印，逐一校对。

② 性能测试：网络性能测试应模拟学习者的实际网络环境，观察网络课程在不同地点、不同带宽条件下的传输速度。要保证在一般网络条件下，网络课程的传输速度能够为大部分学习者所接受。如果出现部分页面传输速度过慢的情况，则应该考虑对这些页面进行传输的优化，可采取的主要措施包括：适当减小图片文件；对表格进行优化处理；对视频和声音进行优化处理。

③ 兼容性测试：对于网络资源，除了考虑网络课程在网络上的传输速度之外，兼容性问题也值得认真考虑。尤其是如果网络课程中含有的声音、视频、动画文件比较多，要格外注意。

④ 病毒检测：在网络课程开发过程中，由于素材的来源比较复杂，最终的网络课程存在带病毒的可能。必须进行彻底的病毒检测，确保运行的稳定以及学习者的计算机安全。

⑤ 相关文档的编制：开发基本完成之后，编制比较完整的技术文档，这些文档主要包括安装说明、用户使用帮助等。例如，在网络课程中使用了某种特殊格式的视频文件，用户需要安装某种插件才能观看，则应在用户使用说明中具体指出。

⑥ 资料保存：网络课程的开发并不是进行一次开发，全部工作就结束了。根据课程内容的变化、学习要求的变化和运行环境的变化，课程可能在相当长的一段时间存在修改、升级的需求。因而，所有在网络课程开发过程中使用过的原始素材、中间文件、源程序、中间程序都应该妥善保存，这样才能方便地进行修改或升级。

（2）网络课程发布

为了保证学习者在学习过程中网络课程呈现的自适应性，为了网络课程在不同教学支撑平台之间的共享，也为了能更快、更有效地导入教学支撑平台，需要对网络课程进行打包发布。

6.2 基于 Web 2.0/3.0 的网络课程开发

如前所述，只要符合网络教育两大功能特征，可完成多媒体教学材料的发送，同时可实现师生双向交互的媒体形式，均可用来制作网络课程。现在流行度比较高的人人网（http://www.renren.com）、新浪微博（http://weibo.com）等，甚至功能更为单一的 E-mail，只要通过精心设计，都可以成为教师实现网络教学的工具。本节中将以较为常见的教师制作网络课程的技术形式——博客，作为技术平台，展示开发网络课程的过程。

6.2.1　博客简介

1. 教育博客

博客，又译为网络日志、部落格或部落阁等，是一种通常由个人管理、不定期张贴新文章的网站。博客上的文章通常根据张贴时间，以倒序方式由新到旧排列。教育博客即用于教育目的的博客。经过精心设计，教育博客也可以达到实现网络课程的目的。各大网站目前都提供了免费博客服务，教师可以自行注册一个博客，把授课教案、教学材料（包括图片、视频、音频等）上传到博客上，让学生浏览。博客开通的评论功能可以使师生之间的交流更加便捷。如图 6-2 所示为北大附中信息技术特级教师、计算机特级教师李冬梅的课程博客，在中小学教师中有较高知名度，地址为 http://blog.sina.com.cn/ldmpku。

图 6-2　李冬梅老师教育博客

2. 博客订阅

每个博客相当于一个个人网站，当很多人都开通博客时，如何获知这些博客是否更新就变得困难了。RSS 技术很好地解决了这些问题，利用这个技术，用户可以订阅自己关心的博客，只要订阅的博客有内容更新，不必访问这个博客，在 RSS 阅读器中就可以阅读了。如图 6-3 所示为 Google Reader 关闭后应用较广泛的阅读器，网址为 http://digg.com/reader/。

digg.com/reader/

digg reader　　FAQ · Keyboard Shortcuts

All
Popular
Diggs
Saved
Matrix67: My Blog
人黄猪老
王巍专栏
技术博客
期刊
思想文化
教育技术

All

熊丙奇的BLOG	落实高校办学自主权，政府必须	9:16 am
孤岛客	好不甘心，坏不忍心 一周语文	12:01 am
悸宗大师	痴男怨女问沈爷之"男人为什么	Yesterday
刘光然的BLOG	[转载]【哲理故事】只因对手画	Yesterday
刘光然的BLOG	[转载]优秀教师调控课堂气氛的	Yesterday
王竹立老师的博客	斯洛登声明：一份可能永留史册	Yesterday
王竹立老师的博客	《东行记》怎么了？	Yesterday
郑小军老师的博客	12教技本第二轮优秀微课评选结	Jul 12
信息技术促进教师专业发展	12教技本第二轮优秀微课评选结	Jul 12

图 6-3　Digg Reader 界面

6.2.2 开发实例

目前各大网站均提供了个人博客功能，其中新浪博客比较人性化，版面多，功能强，风格独特而漂亮，更重要的是操作简单，易学易懂。下面将以新浪博客为例，介绍用博客开发网络课程的过程。

1. 注册并开通新浪博客

打开新浪博客首页，网址为 http://blog.sina.com.cn/，在页面上端的导航栏中，单击“通行证登录”，如图 6-4 所示。

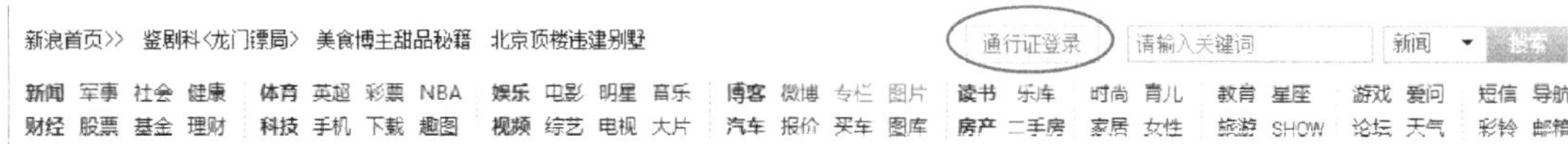

图 6-4 新浪博客导航栏

打开登录页面之后，单击“注册新浪通行证”，如图 6-5 所示。

图 6-5 新浪博客登录页面

在出现如图 6-6 所示的注册页面后，按照提示，填入邮箱地址、密码，并勾选兴趣标签，填写验证码，即完成注册。值得注意的是，这个邮箱地址必须是一个安全可靠的邮箱地址,如果没有邮箱，单击“我没有邮箱”那一项，按照向导操作，就可注册一个免费的新浪邮箱。

图 6-6 新浪博客注册页面

注册完毕后，博客系统会自动发送一封电子邮件到注册时填写的邮箱地址，打开这封邮件，单击邮件中的验证地址，就会出现如图 6-7 所示的验证成功的界面。至此，在新浪博客注册的个人博客就完成了。

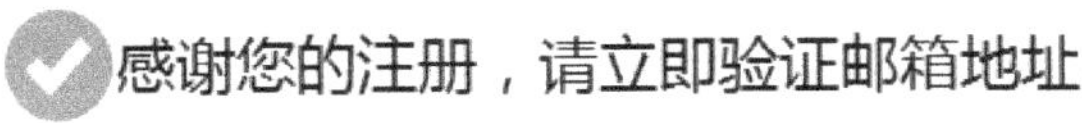

图 6-7　邮箱验证成功界面

2. 登录并修改设置

单击导航条中“通行证登录”按钮，输入注册的邮箱和密码，即可登录博客系统，导航条状态如图 6-8 所示。

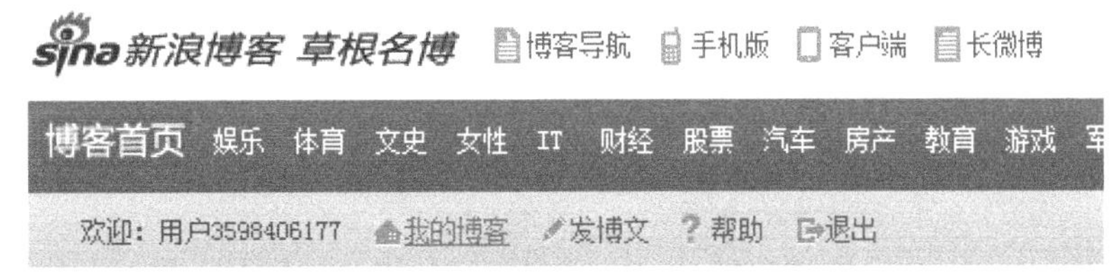

图 6-8　登录成功后的导航条

单击如图 6-8 所示的“我的博客”链接，即可打开如图 6-9 所示的界面。在“博客名称”后面的文本框中输入“天职师大——现代教育技术”，也可输入自己喜欢的名称。

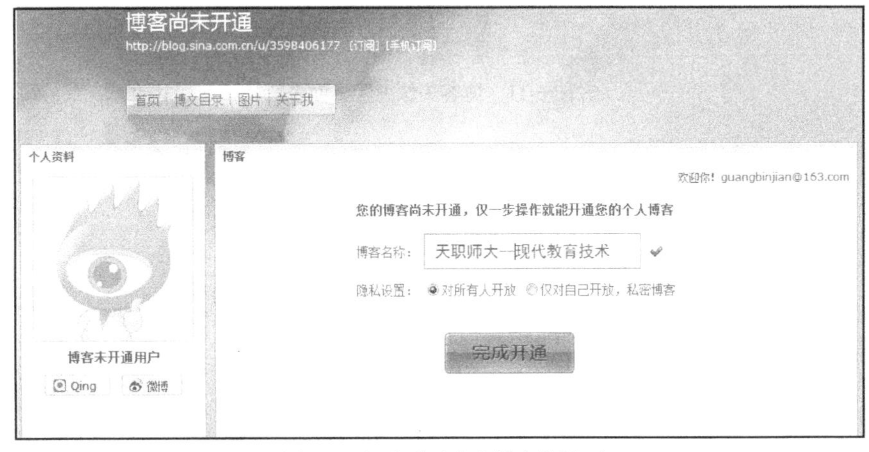

图 6-9　初次登录个人博客的界面

设置完成后，单击“完成开通”按钮，系统提示如图 6-10 所示的界面。

单击如图 6-10 中所示的“马上修改”，即打开如图 6-11 所示的界面。通过这个界面，可以设置博客的昵称、头像等。在本例中，把昵称改为 tute_med，然后上传一张图片，如图 6-11 所示。设置完成后，单击“保存”按钮，即完成了博客的初步设置。

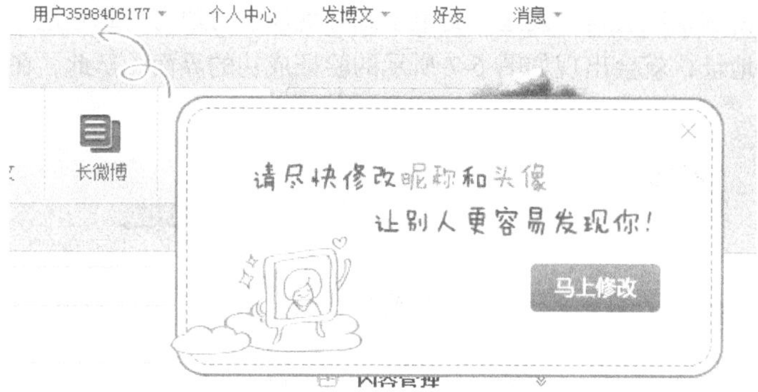

图 6-10　系统提示修改个人信息

完成博客初步设置之后，单击如图 6-11 中所示的主标题“天职师大——现代教育技术”链接，即可预览博客的效果，如图 6-12 所示。

图 6-11　博客头像设置界面

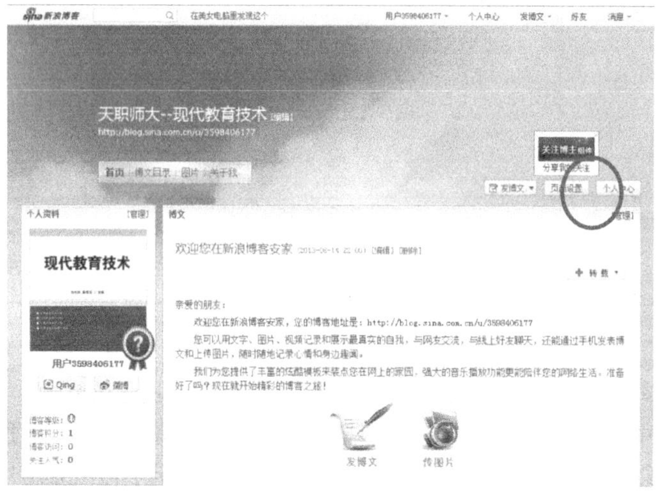

图 6-12　博客的初始界面

为了实现更为个性化的效果，博客还提供了更为全面的设置功能。单击如图 6-12 所示的“页面设置”按钮，在页面顶端即可打开如图 6-13～图 6-16 所示的设置界面，可对博客页面进行美化和个性化设置。

图 6-13 所示为风格设置界面，新浪博客系统提供了大量预制的博客风格，包括人文、娱乐、情感等不同种类，每个类别下面又包括若干个不同的显示效果，供用户自由选择。本例中为方便起见，直接选择最右侧系统推荐的“墨画风格”。

图 6-13　风格设置界面

图 6-14 所示为博客的自定义风格，即如果认为系统提供的预制风格不能满足自己的审美要求，可以利用这个工具进行更为灵活的设计。

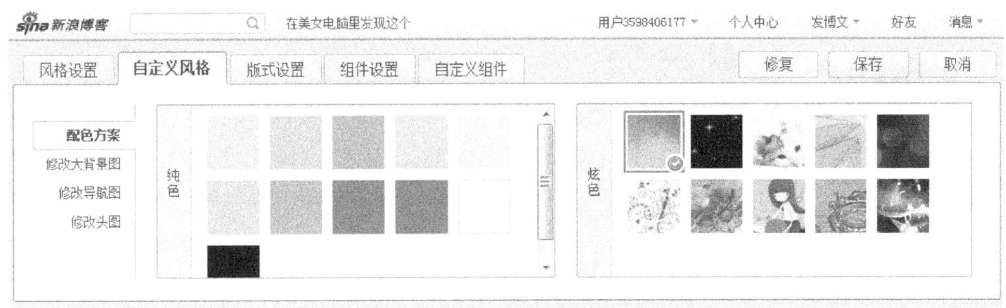

图 6-14　自定义风格设置界面

图 6-15 所示为博客的版式设置，本例中选择第一项，即“两栏 1∶3”。

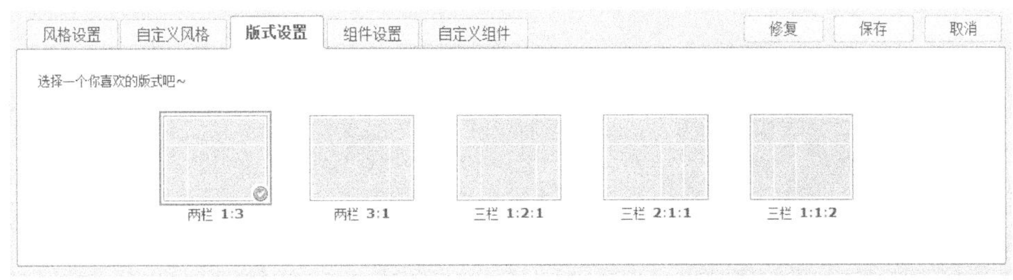

图 6-15　版式设置界面

图 6-16 所示为博客的组件设置，可以设置在博客首页及信息页中要显示的组件，包括访客、个人资料等，勾选即要显示，不选则表示取消显示。本例中按默认设置。

完成上述设置后，单击“保存”按钮，即可保存设置，博客的外观也会有立竿见影的改变，图 6-17 所示为设置后的博客界面。

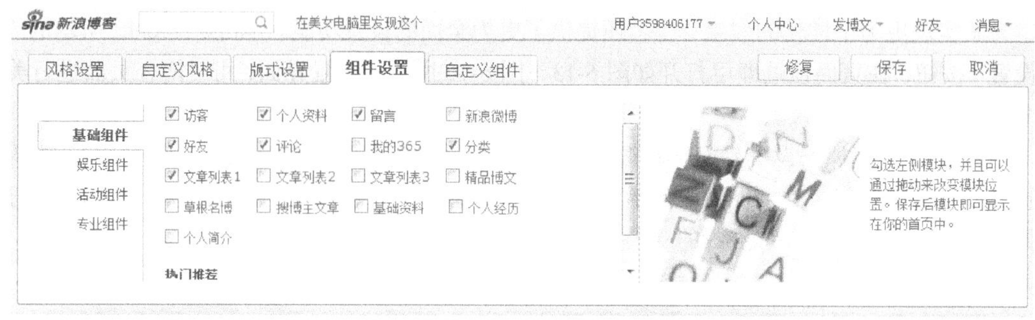

图 6-16　组件设置界面

图 6-17　定义风格后的博客界面

网络课程中，难免要对内容进行分类管理，在新浪博客中也提供了这个功能。如图 6-18 所示，单击“博文”后的“管理”链接，即可弹出分类管理的对话框。

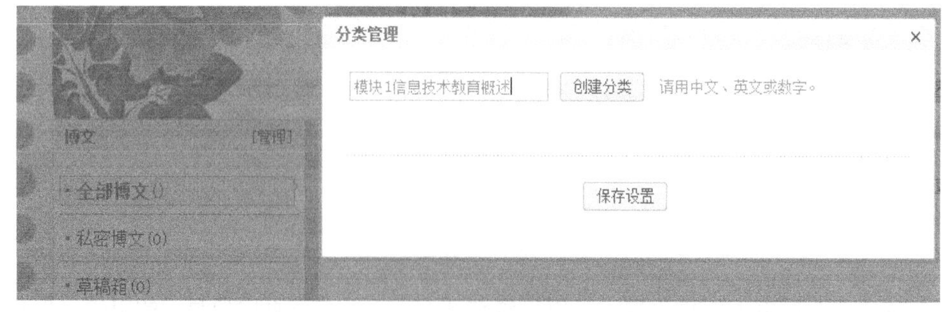

图 6-18　分类管理界面

通过如图 6-18 所示的对话框，可建立多个分类，建立好分类后，新建博文时，可选择要建的博文属于哪个分类。在本例中，以《现代教育技术》一书的章节进行分类，创建后如图 6-19 所示。

图 6-19　创建博文分类界面

3. 创建多媒体教学资源

网络课程中用到的教学资源，按照多媒体元素类别，可分为文本、表格、图形图像、动画、音视频。下面将分别介绍不同媒体形式的创建方式。

（1）文字和表格的录入

文本和表格是最常见的媒体形式，使用的也最多。如果要创建的博文中，都是文字，可在博客界面中单击“发博文”按钮，在出现的博文录入界面中直接输入即可。如果博文中还有表格，建议在 Word 等文字处理软件中进行排版，如图 6-20 所示为一个 Word 文件。

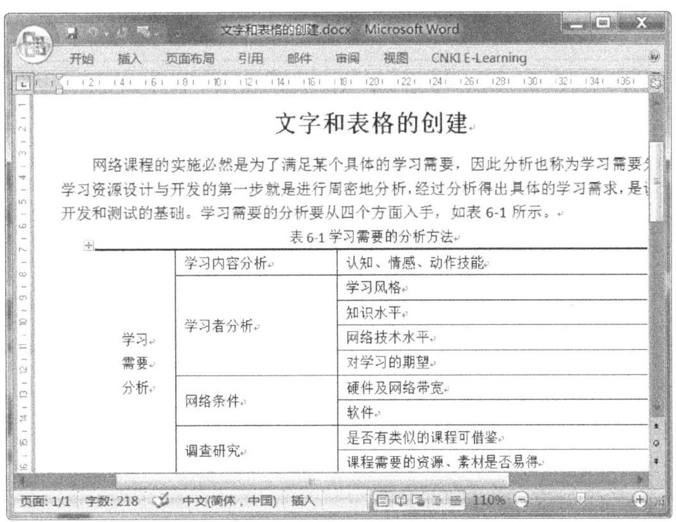

文字和表格的创建

网络课程的实施必然是为了满足某个具体的学习需要，因此分析也称为学习需要 学习资源设计与开发的第一步就是进行周密地分析，经过分析得出具体的学习需求，是 开发和测试的基础。学习需要的分析要从四个方面入手，如表 6-1 所示。

表 6-1 学习需要的分析方法

学习需要分析	学习内容分析	认知、情感、动作技能
	学习者分析	学习风格
		知识水平
		网络技术水平
		对学习的期望
	网络条件	硬件及网络带宽
		软件
	调查研究	是否有类似的课程可借鉴
		课程需要的资源、素材是否易得

图 6-20　含有表格的 Word 文档

把如图 6-20 所示的内容录入博客系统中，只须选中要录入的部分，包含表格，按 Ctrl+C 组合键。在博客录入界面中，鼠标点中内容输入区域，按键盘上的 Ctrl+V 组合键，即弹出如图 6-21 所示的界面。

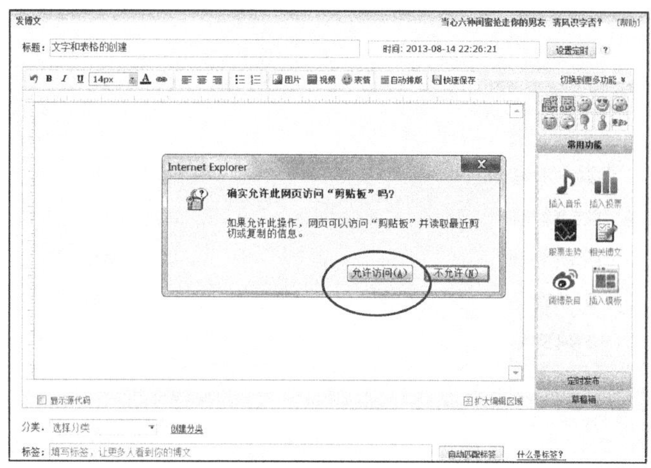

图 6-21 录入时剪贴板提示界面

单击“允许访问”按钮，弹出如图 6-22 所示的界面，询问是否保留 Word 的排版格式，直接单击“否”按钮。

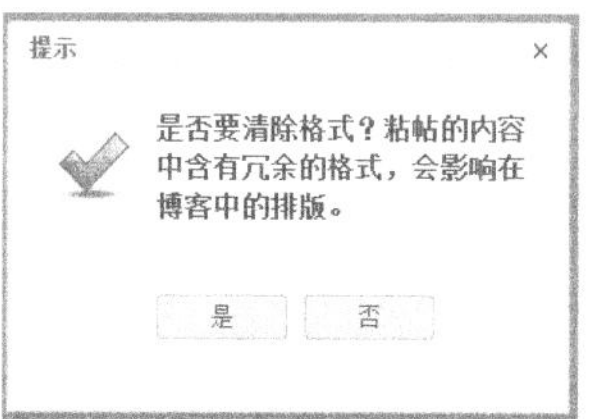

图 6-22 格式提示界面

文本录入博客系统的内容输入区域后，如图 6-23 所示，在页面下端为当前博文选择分类，单击“自动匹配标签”按钮，系统会自动从本文章提取几个关键词，也可自己输入关键词。

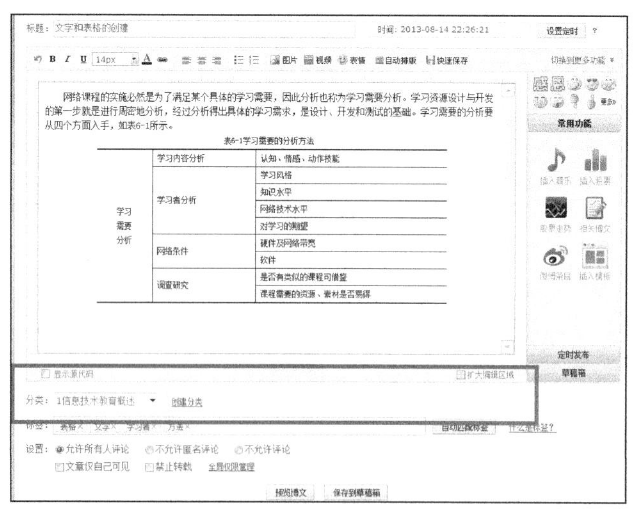

图 6-23 博文编辑界面

设置完成后，单击页面最下端的“发博文”按钮，提交完成后，单击“预览博文”链接，打开如图 6-24 所示的博文阅读界面。

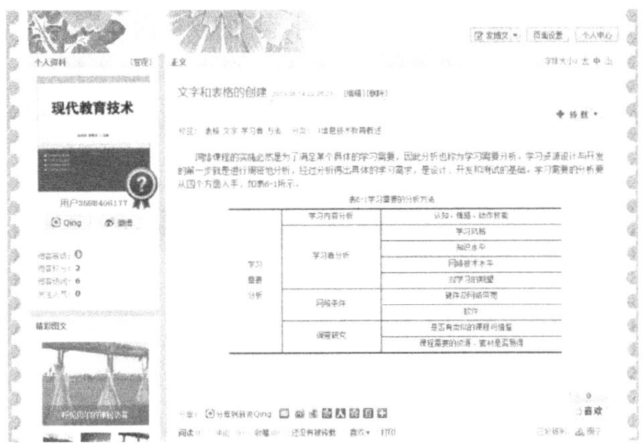

图 6-24　包含表格的博文预览界面

（2）图片的录入

在利用博客制作网络课程时，为了使内容更吸引学习者参与，须把内容设计得图文并茂，这就需要图片的提交。如图 6-25 所示，内容中含有图片。

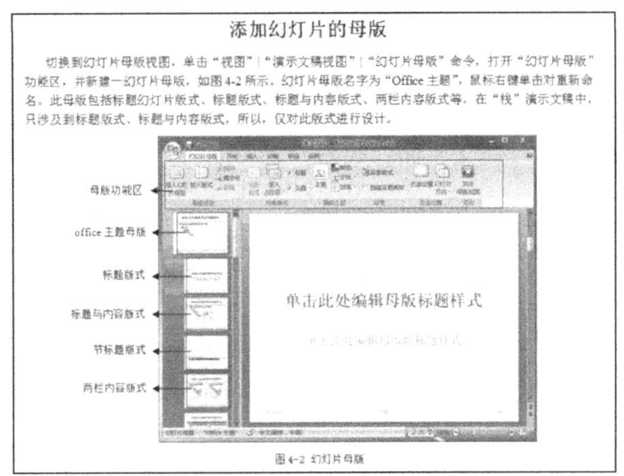

添加幻灯片的母版

切换到幻灯片母版视图，单击“视图”|“演示文稿视图”|“幻灯片母版”命令，打开“幻灯片母版”功能区，并新建一幻灯片母版，如图 4-2 所示，幻灯片母版名字为“Office 主题”，鼠标右键单击对重新命名。此母版包括标题幻灯片版式、标题版式、标题与内容版式、两栏内容版式等。在“栈”演示文稿中，只涉及到标题版式、标题与内容版式，所以，仅对此版式进行设计。

图 4-2 幻灯片母版

图 6-25　含有图片的教学内容

对于含有图片的内容，首先需要把图片进行另存。如果内容是在 Word 中，在“打印预览”模式下，使用屏幕截图软件，如 HyperSnap、SnagIt 等，把图片部分截取，并存储为 png 或 jpg 等图片格式。如图 6-26 所示，把文档中的图片，使用 HyperSnap 软件截图，单击“保存”按钮，即可把图片保存。

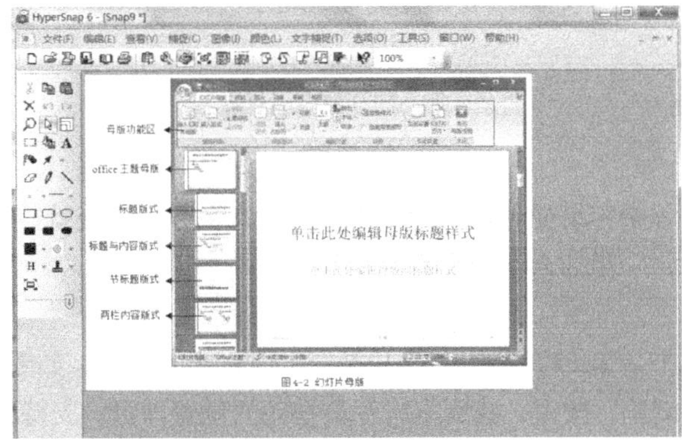

图 6-26　HyperSnap 截图界面

提交内容时，文本部分与上述的提交本文相同，只需要把内容输入或复制进博客内容输入区域即可。图片提交时，先把鼠标定位在要插入的区域，单击“图片”按钮，即打开如图6-27所示的图片提交界面。单击“添加”按钮，在本地计算机上找到图片存放的位置即可。可一次添加多张图片，添加完毕后，单击最下端的“插入图片”按钮即可。

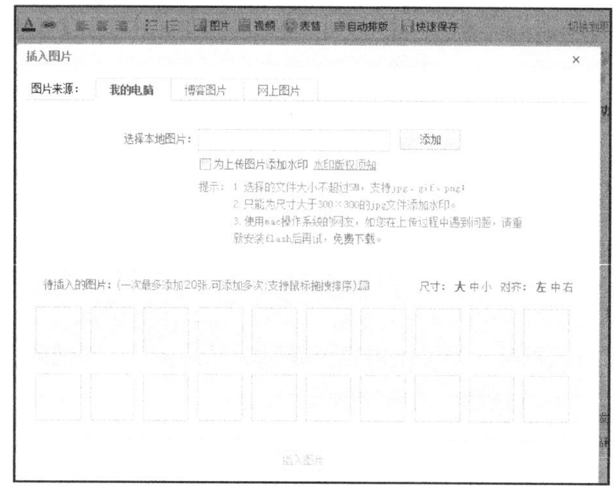

图6-27　图片提交页面

图片插入后，会返回到内容提交界面，如图6-28所示。选择本文分类和标签关键词，把博文提交即可。

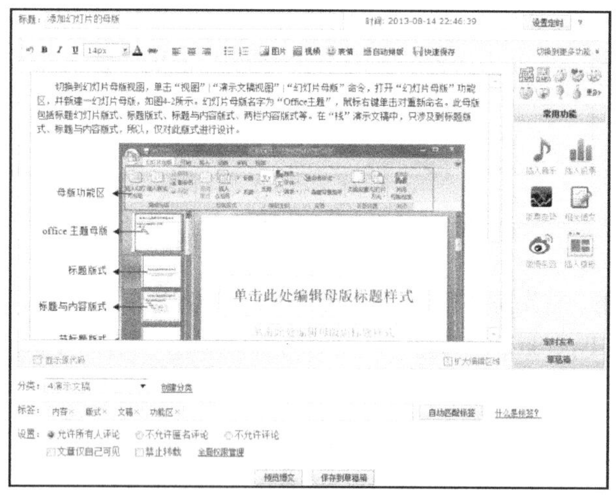

图6-28　插入图片后的内容提交界面

（3）视频内容录入

视频内容在网络课程中容易受到学习者的青睐，因此视频的提交就显得尤为重要。有两种常用的方法可以插入视频，一是插入本地视频，二是插入网络视频。

① 插入本地视频。

在提交博文时，单击“视频”按钮，打开提交本地视频的界面，如图6-29所示，与提交图片的方法一致，单击“浏览”按钮，找到本机存放视频的位置即可。支持的视频有MPEG、AVI、MP4、3GP等多种格式。选择了要上传的文件后，单击“下一步”按钮即可。

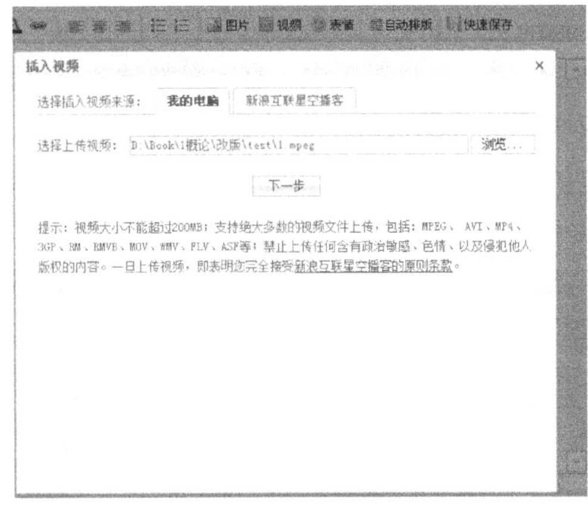

图 6-29　视频提交页面

视频文件一般较大，需要上传一段时间，图 6-30 所示为视频上传页面，视频上传完成后，输入视频标题、频道、标签等信息，单击“插入视频”按钮即可。

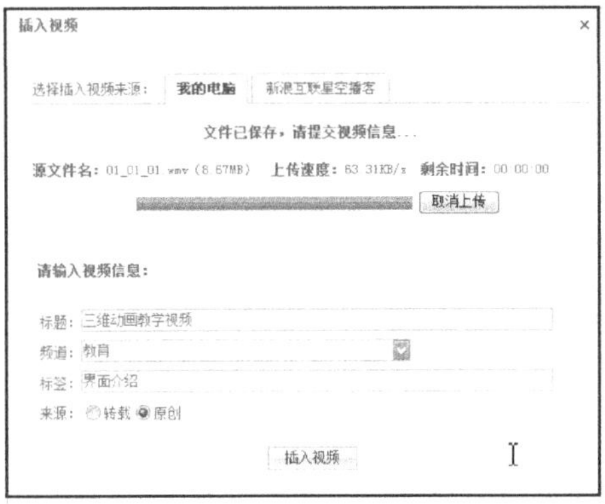

插入视频
选择插入视频来源：　我的电脑　新浪互联星空播客
文件已保存，请提交视频信息...
请输入视频信息：
标题：三维动画教学视频
频道：教育
标签：界面介绍
来源：转载　原创
插入视频

图 6-30　视频上传界面

视频插入后，返回到博文提交页面，可在内容输入区域看到视频的外观，如图 6-31 所示。在下方选择该博文的分类、标签等信息后，单击“发博文”即可提交该内容。

图 6-31　视频提交后在内容提交区预览效果

② 插入网络视频。

目前在大的视频网站（如优酷、土豆等）中，有大量教学视频可直接使用，能节省教师自己制作的精力和时间。图 6-32 所示为优酷上的一个教学视频示例。

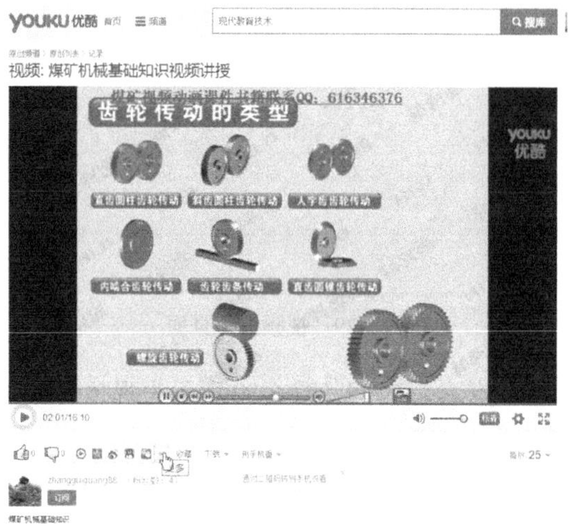

图 6-32　优酷上的教学视频示例

单击视频下方的“更多”按钮，打开如图 6-33 所示的转载界面。单击“html 代码”一行后面的“复制按钮”，即把转载需要的代码进行了复制。

图 6-33　视频转载功能界面

在新浪博客的“发博文”页面中，的在输入内容区域的下方，有个“显示源代码”选项，把前面的框勾选，按键盘上的 Crtl+V 组合键，可把复制的视频转载代码粘贴到内容框内，如图 6-34 所示。

图 6-34　粘贴转载视频的代码

再把“显示源代码”前面的框勾选去掉，即可打开如图 6-35 所示的内容编辑界面，可看到视频的截图。

图 6-35　转载视频可视化编辑界面

如前所述，选择内容分类等选项后，单击“发博文”按钮即可提交该内容。

经过本节的操作，回到个人博客的首页，单击“博文目录”按钮，可看到制作的网络课程的大致外观，如图 6-36 所示。

图 6-36　网络课程外观

值得注意的是，除教学内容外，把教学中的所思所想记录在博客上，也可提高学生浏览网站的兴趣。

6.3　基于 Moodle 的网络课程开发

【情境创设】

某校为国家级职业教育示范校，学校为了方便教师利用互联网辅助教学，花重金购置了一套网络教学平台软件。这套软件功能很强大，教师利用这个平台可以上传自己的教学资料（包括教案、收集的音频视频、图片等）。教师还可以在平台上开发调查、在线测试、聊天、讨论交流等高级功能。但是平台购置一年多了，很少有教师使用，原因是他们都不会用。

那么，一般的网络教学平台都有哪些功能？该如何使用呢？

6.3.1 Moodle 概述

网络教学平台，也称学习管理系统（Learning Management System， LMS）是指能有效地对学习资源、学习者、助学者进行管理的网络系统。它在基于网络的教学形式里具有重要的作用，是网络教育的基础设施之一，是网络教育得以开展的基本保证和主要工具。网络教学平台一般表现为安装在学校网络服务器上的一套软件包，可以实现诸如注册、选课、开课、网上学习、网络讨论、提交作业、在线测试等功能。下面以 Moodle 为例介绍网络数学平台。

1. Moodle 简介

Moodle 是 Modular Object-Oriented Dynamic Learning Environment（模块化面向对象的动态学习环境）的缩写，它是一个课程管理系统（CMS），基于社会建构主义的开发理念，适合于完全在线的课程，也可以作为传统课程的补充和辅助。

Moodle 平台在国外使用较多，主要用于远程或课外补充课程中，它的优点是不受时间地点的限制，可以根据学生的个人情况调整学习时间或方法，属于自主学习的形式。如果没有线上的指导老师，则对学生自我约束力要求较高，失败的例子也比较多。目前在我国也有很多学校采用，如“鞍山一中网络课程”、“上海师范大学东行记网络课程”、“淄博教师培训网”等。图 6-37 所示为 Moodle 教学平台所提供的功能。

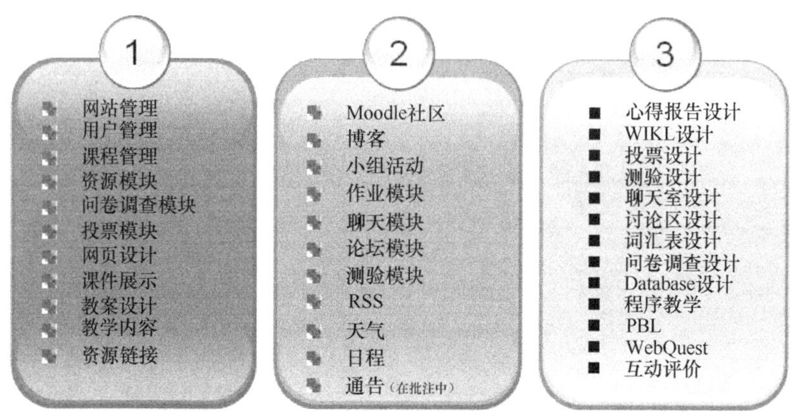

图 6-37　Moodle 的教学功能

2. Moodle 安装

Moodle 是用 PHP 脚本语言编写的课程管理系统，属于开源软件，可广泛用于小学、中学、大学、教师培训、企业培训等诸多教育领域。运行 Moodle 平台需要安装 Web 服务器、PHP 编译器和网络数据库软件。Web 服务器一般采用 Apache，PHP 编译器版本要求在 4.1.0 以上，网络数据库软件一般采用 MySQL。

（1）安装网络服务器

为了便于初学者安装，采用 WAMP（在 Windows 环境下 Apache、MySQL 和 PHP 的集成安装）作为服务器，该软件可以在 http：//www.wampserver.com/en/ 网站免费下载。图 6-38 所示为 WAMP5-v1.7.4 的安装界面，按照提示一直单击“确定”按钮即可完成安装。

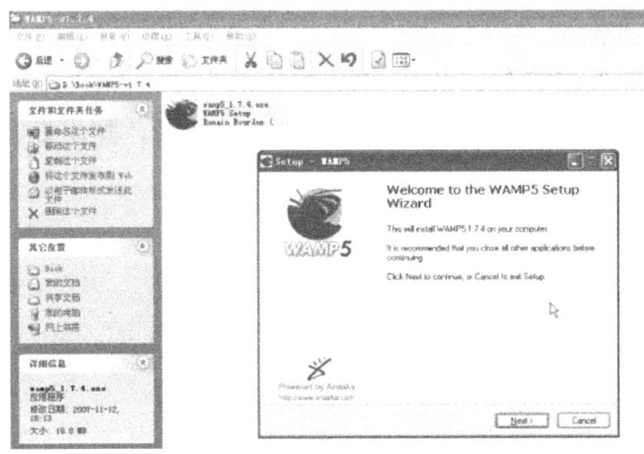

图 6-38　WAMP 安装界面

安装结束后，在桌面的右下角会出现一个“ ”图标，单击该图标打开如图 6-39 所示的菜单。

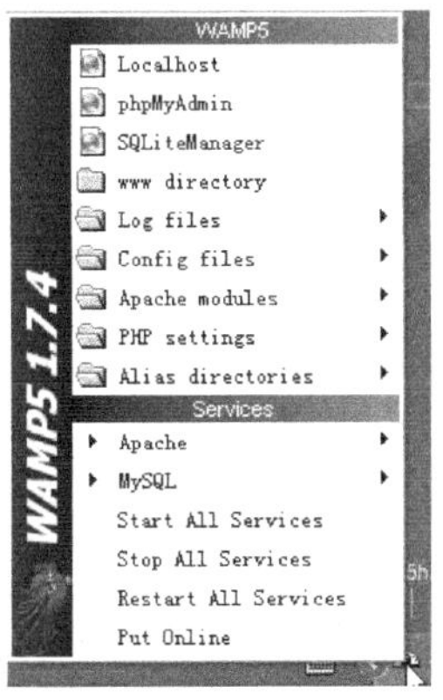

图 6-39　WAMP 功能菜单

单击菜单的“phpMyAdmin”，打开如图 6-40 所示的界面，这是 MySQL 数据库的管理界面，先为 Moodle 教学平台建立一个数据库。

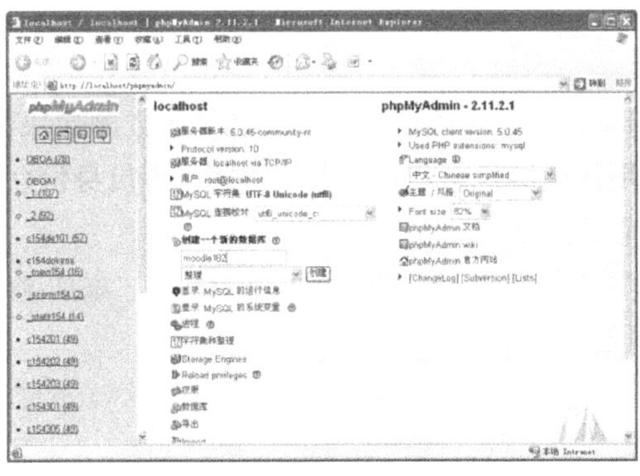

图 6-40　phpMyAdmin 界面

在如图 6-41 所示的位置，输入数据库名称“Moodle”，单击“创建”按钮即可。

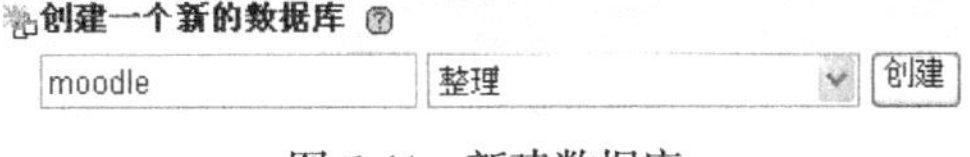

图 6-41　新建数据库

（2）安装 Moodle 教学平台

数据库创建成功后，把下载的 Moodle 压缩包解压到“C：\wamp\www”下，这个目录为 WAMP 的默认 Web 服务目录。通过网址访问 http：//127.0.0.1/moodle，弹出如图 6-42 所示的界面。

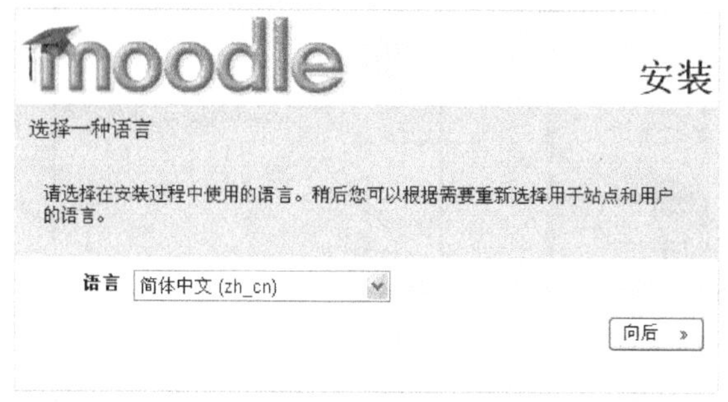

图 6-42　Moodle 安装首页

按照提示，输入数据库名字“Moodle”，用户名为“root”，密码为空，不填。一直按“确定”或“下一步”按钮即可完成安装。

3. 课程创建与管理

（1）Moodle 网络课程简介

从最基本的角度来讲，Moodle 网络课程是一个资源和活动的存放空间。Moodle 有它自己的组织类别和课程的思路。记住，在 Moodle 课程中只会发现资源和活动。类别和子类别只是用于帮助组织和管理课程。可以按照如图 6-43 所示的图组织课程结构。

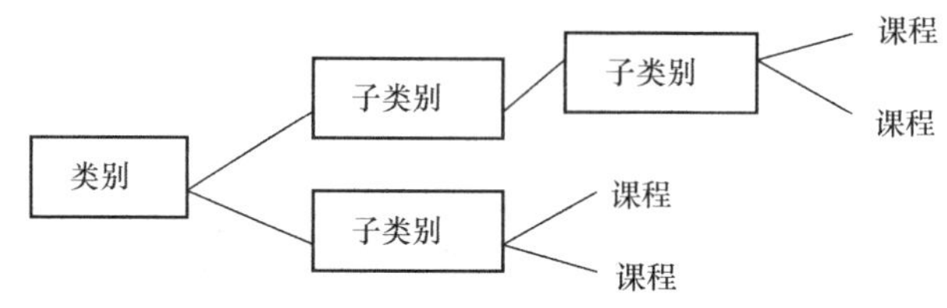

图 6-43　Moodle 的课程组织结构

（2）创建课程类别

必须以站点管理员身份登录后，才能创建、编辑和修改或删除课程类别，具体步骤如下。

① 如果现在还没有使用管理员身份登录站点，请用管理员身份登录。

② 登录后，进入新建立的网站首页。

③ 在首页左下角的设置菜单，选择“管理”|“课程”|“添加/修改课程”命令，如图 6-44 所示，打开课程类别编辑页面。

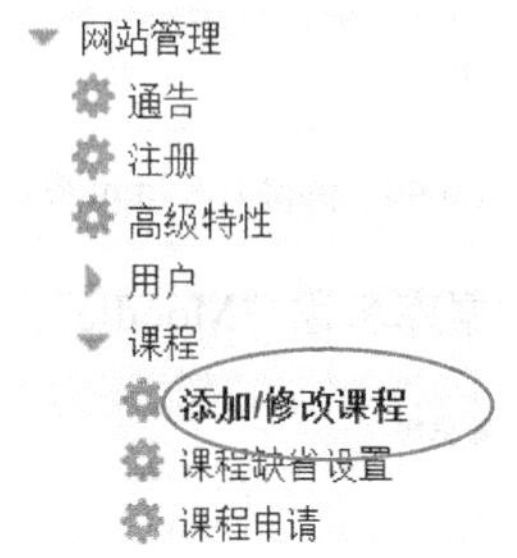

图 6-44　创建 Moodle 课程类别

④ 如图 6-45 所示，在这个页面，可以创建新课程和新类别，也可以调整类别在首页中的显示顺序、移动类别、隐藏类别和删除类别。单击“添加新类别”按钮，则添加新类别页面被显示出来。

⑤ 选择新类别在阶层式类别中出现的位置。如图 6-46 所示，新添加的类别将成为教育技术学类课程的子类。

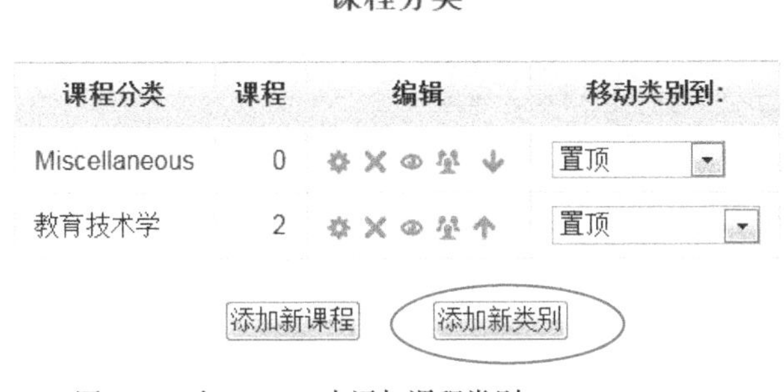

图 6-45　在 Moodle 中添加课程类别

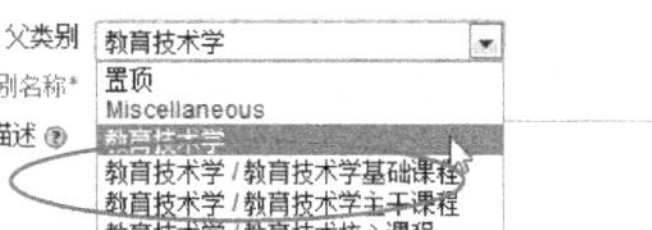

图 6-46　选择新类别的位置

⑥ 在“类别名称”中，输入新类别名称。用户将在课程类别列表中看到它。

⑦ 在描述栏中，输入该类别的描述。用户将在类别列表中看到这些文字，它有助于用户判断该类别课程是否适合他们。

（3）在 Moodle 上新建课程

在具体的课程类别下，可以新建课程，如图 6-47 所示。

单击“添加新课程”按钮之后，在自动弹出的“Moodle：添加新课程”页面中（见图 6-48），设置相应的课程信息。下面分析一下这些课程信息应该如何填写。

① 类名：在这个选项的下拉列表中可以选择开设的课程属于哪一类课程，如“06 英语”。

② 全名：给设置的课程一个完整的名称，如“0602 大二英语”。

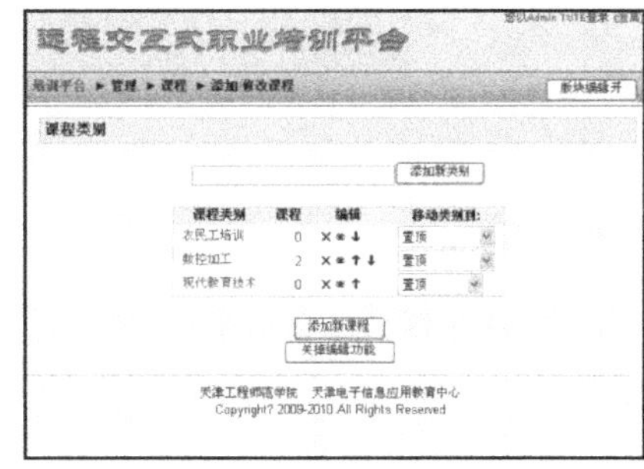

图 6-47　课程类别管理

应该给课程加上一个代码，可以用课程类型号+年级号表示，01 表示大一，02 表示大二，依此类推。

③ 简称：给课程设置一个简称，如“大二英语”。

④ ID 号码：用课程类型号+年级号表示，如“0602”。

⑤ 概要：用简单的语言描述一下课程内容和特色等。

⑥ 格式：在这个选项中可以设置三种格式，分别为社区格式、主题格式、星期格式，教师可根据课程的内容设置，在这里选择“主题格式”。

⑦ 课程开始时间：设置开设的课程从什么时候开始，如“2006 年 9 月 1 日”。

⑧ 选课时间：设定学生选择课程的有效天数，最长时间为 1 年，在此选择“无限制”。

⑨ 星期/主题的数目：设置完成课程所需要的星期数或者主题数，在此选择“30”。

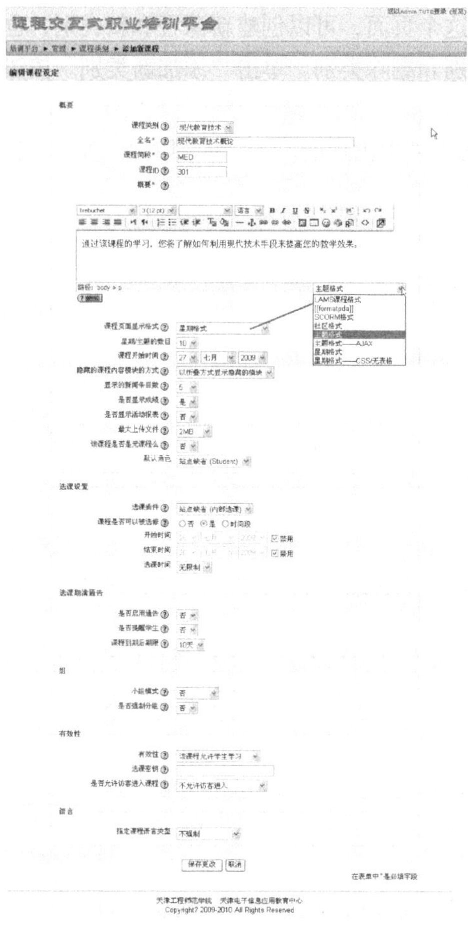

图 6-48　新建课程页面

⑩ 小组模式：在这个选项中有三种模式，分别为无小组、分隔小组、可视小组，考虑到初一年级有几个班，所以在此设置“可视小组”。

关于其他的课程信息设置，限于篇幅，不再详细介绍。

在完成课程信息的设置之后，单击“保存更改”按钮，即可以看到已经设置好的课程模块了。

4. 用户添加与管理

（1）创建教师和学生账号

建立课程后，需要考虑谁是课程主讲教师，如何添加学生，在分配教师和学生的时候，需要先添加用户账号。接下来介绍如何在 Moodle 网站中创建教师和学生账号。

- 以管理员身份登录，打开刚安装的新 Moodle 站点首页。
- 在页面左端的设置菜单，单击“网站管理”，打开网站管理菜单。
- 单击“用户”，然后单击“账户”，弹出如图 6-49 所示的菜单。

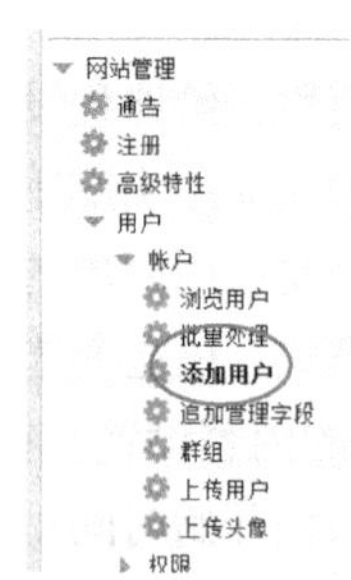

图 6-49　在 Moodle 中添加用户账号

在图 6-49 中单击“添加用户”链接，弹出如图 6-50 所示的添加新用户页面。其中，带“*”号的是必填字段（包括账号、密码、名字、姓氏、电子邮件、市/县、国别，其余为选择性填写（个人相片、兴趣和可选项）。通过这样的方式，可以为课程创建教师和学生账号。

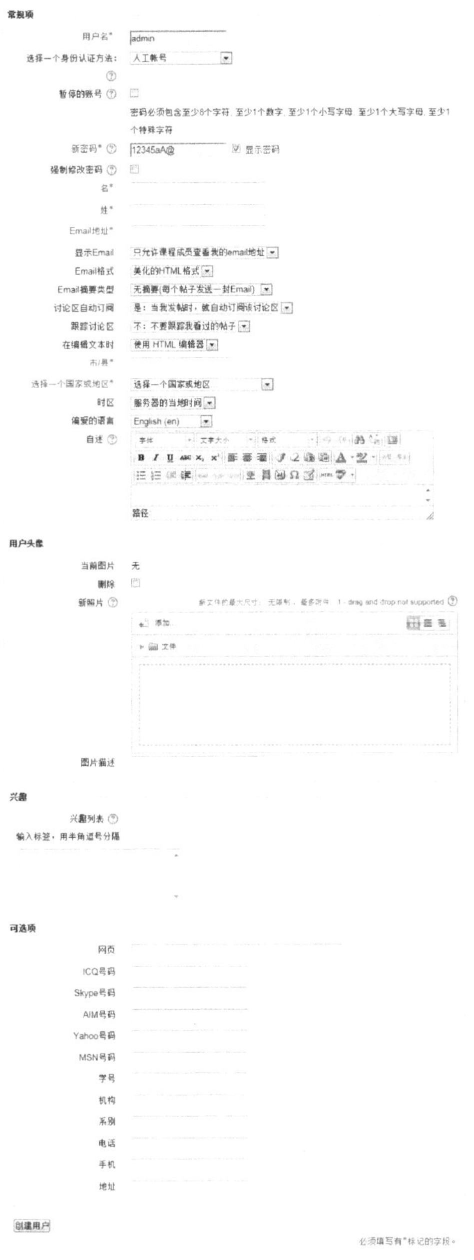

图 6-50　Moodle 的新用户页面

（2）在课程中委派教师和学生

经过上面的步骤后，管理员就在 Moodle 站点中创建了可能成为教师或学生的用户账号。但在 Moodle 站点中，创建了站点用户账号并不意味着用户已经选择了指定的课程。用户还必须自己选择选修的课程或者通过任课教师手动的方式指定学习特定课程的用户。另外，网站管理员一般不是任课教师，但是他们指派特定的用户成为课程任课教师。以下介绍网站管理员如何为课程委派教师和学生。

① 以管理员身份登录刚创建的课程。

② 在课程中，选择“设置”|“课程管理”|“用户”|“已选课用户”命令，如图 6-51 所示。

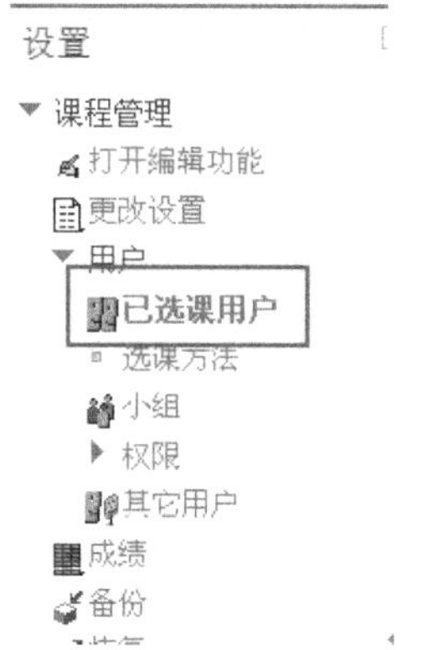

图 6-51　在 Moodle 中选择已选课用户

③ 弹出如图 6-52 所示的已选课用户页面。

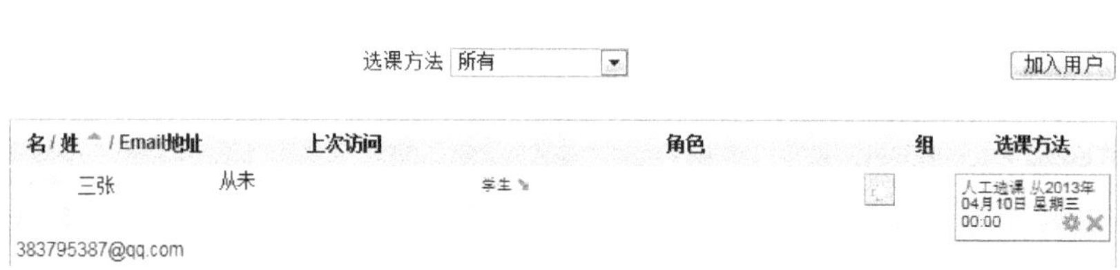

图 6-52　在 Moodle 中加入用户页面

④ 在如图 6-52 所示的右上角，单击“加入用户”按钮，会显示已经注册的用户页面，如图 6-53 所示。

图 6-53　在 Moodle 中已注册但未选课的用户账号

⑤ 在“分配角色”选项卡中，设置用户的角色，如果打算将用户设置为教师，请在这里将分配角色设置为“教师”，如果需要将注册用户设置为学生，则在这里设置为“学生”。

⑥ 在打算加入课程的用户右边，单击“选课”按钮，则用户的显示会发生变化，用来表示该用户已经选择该课程。

⑦ 单击“结束”按钮，返回已选课页面，则刚才的用户已经被添加到已注册用户列表中。

5. 添加教学资源与教学活动

使用自己的用户名和密码登录到 Moodle 网站后，选择进入自己开设的课程，如“0602 初一英语”，然后单击课程页面右上方的“打开编辑功能”，此时可以看到如图 6-54 所示的页面，就可以在自己的课程中随意地添加各种资源和活动了。在课程的每一个模块中，都有“添加资源...”、“添加活动...”两个这样的下拉列表框。

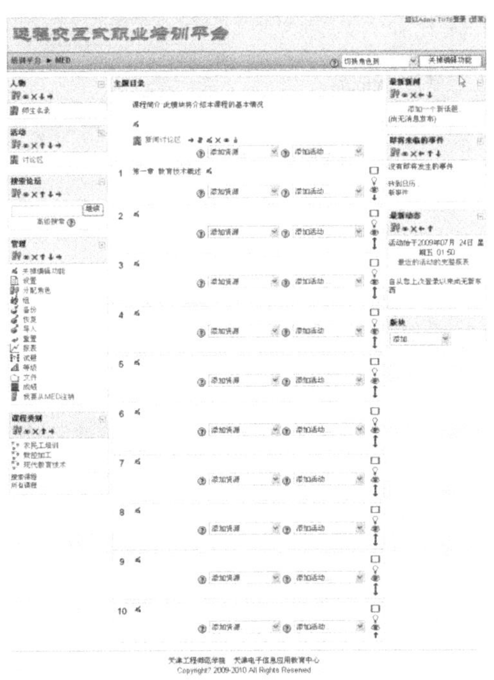

图 6-54　课程设置页面

提示

（1）“添加资源”下拉框下包含“插入标签”、“编写文本页”、“编写网页”、“链接到文件或站点”、“显示一个目录”、“部署 IMS 包”。

（2）“添加活动”下拉框下包含“SCORM/AICC”、“WIKI”、“互动评价”、“作业（高级文件上传、在线文本、上传单个文件、离线活动项目）”、“投票”、“数据库”、“测验”、“程序教学”、“聊天”、“讨论区”、“词汇表”、“问卷调查”。

Moodle 课程中的资源一共有五种：文本页、网页、文件或站点、目录和标签。

背景材料：

资源就是授课时所需要用到的教学内容，教师希望放入课程的各种信息。可以将事先准备好的文件存储到服务器上；可以直接在 Moodle 中修改页面；也可以是外部的页面，作为课程的一部分来显示。

Moodle 教学平台在资源开发模块中能提供如下功能：支持显示任何电子文档、Word、PowerPoint、Flash、视频和声音等；可以上传文件并在服务器进行管理，或者使用 Web 表单动态建立（文本或 HTML）；可以连接到 Web 上的外部资源，也可以无缝地将其包含到课程界面里；可以用链接将数据传递给外部的 Web 应用。

在 Moodle 教学平台中提交资源的操作较简单，只需要按照提示逐步完成即可，下面以“链接到网页或站点”为例进行演示。

实例　链接到网页或站点

如果你的计算机中存储着一些课件，如“.ppt”文档或者是“.doc”文档，或者是一个优秀的学科网站的 URL 地址（网址），都可以通过在 Moodle 课程中以添加文件或站点的方式，添加为课程资源。图 6-55 所示为添加链接界面。

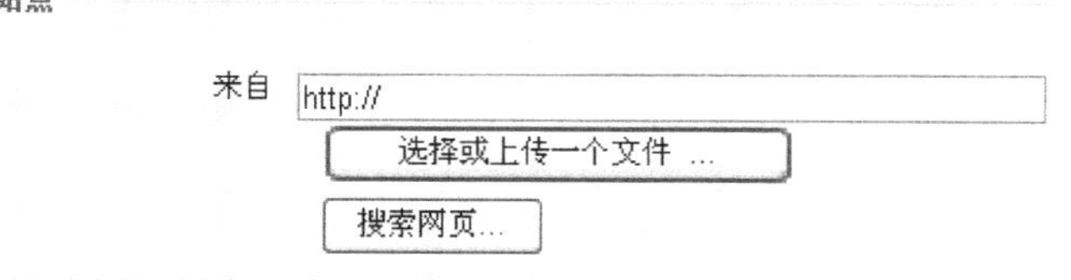

图 6-55　添加链接界面

（1）单击页面中的“选择或上传一个文件 ...”按钮，在打开的“初一英语 » 文件管理”对话框中单击“新建一个文件夹”按钮，在弹出的“创建文件夹：”对话框中输入文件夹的名称“Module-Unit 3”，如图 6-56 所示，然后单击“创建”按钮。

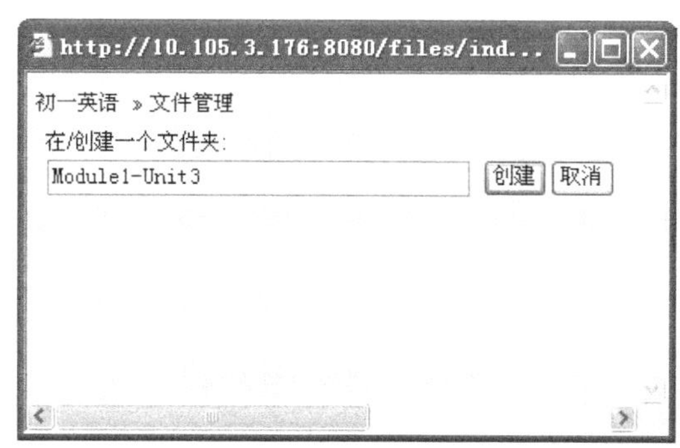

图 6-56　创建文件夹

返回到“文件管理”窗口后，会看到在名称的区域下多了一个名称为“Module-Unit 3”的文件夹，如图 6-57 所示。

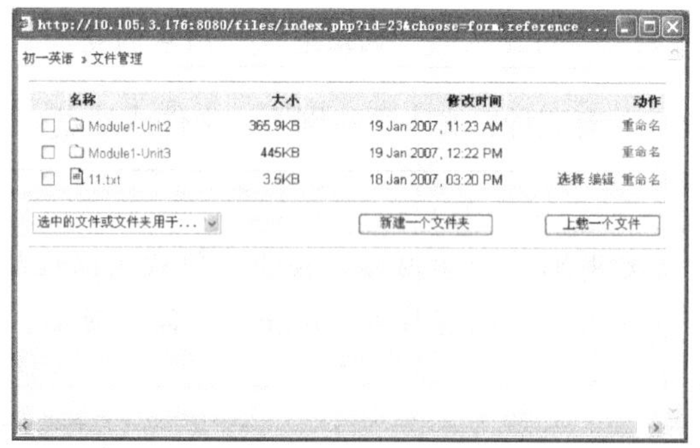

图 6-57　文件管理界面

（2）单击打开名称区域中的“Module-Unit 3”文件夹，在弹出的“初一英语 » 文件管理 » Module1-Unit3”对话框中，单击“上载一个文件”按钮，在弹出的“初一英语 » 文件管理 »

Module1-Unit3”对话框（见图 6-58）中单击“浏览...”按钮，选择打开需要上传的文件，然后单击“上传这个文件”按钮。

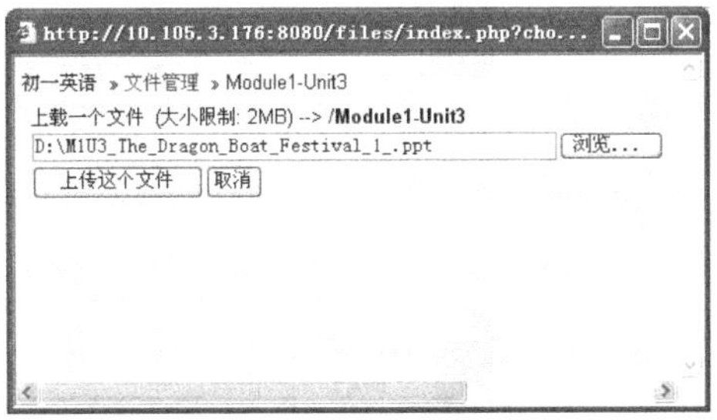

图 6-58　上传文件界面

返回到上一级窗口后，可以看到在“Module-Unit 3”文件夹中添加了上传的 ppt 文档，如图 6-59 所示，单击选中文档前面的复选框，然后单击“选择”按钮即可。

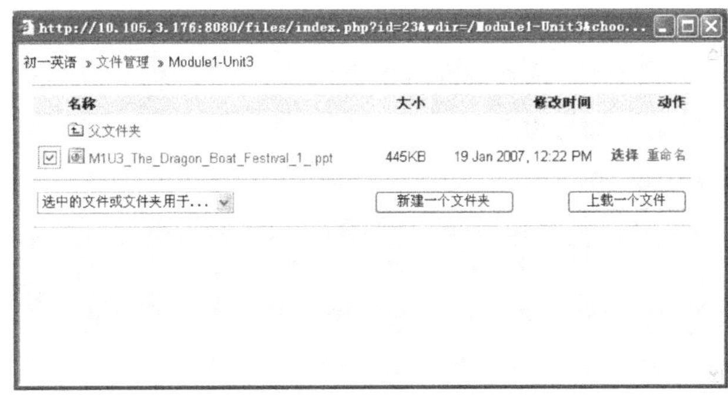

图 6-59　文件上传后界面

（3）返回“链接到文件或站点”的页面后，可以看到如图 6-60 所示的文件链接信息。

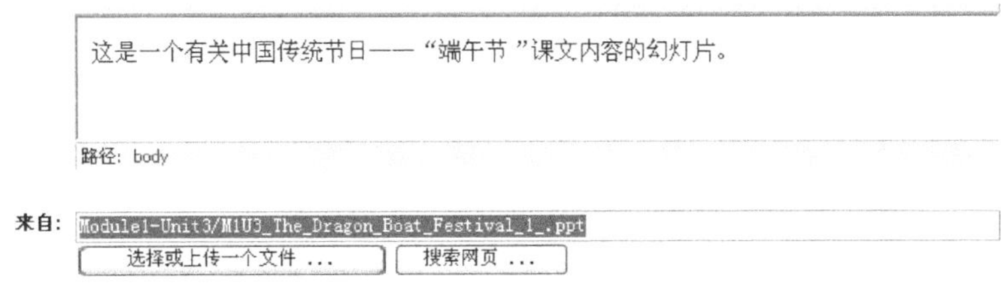

图 6-60　添加链接主界面

（4）完成文件以“新窗口”方式打开之后，单击“保存更改”按钮就可以把上传好的文件以资源的形式添加到课程中。

6.3.2　开发实例

下面以《数控加工》网络课程的制作为例，介绍如何利用 Moodle 教学平台实施教学。

1. 总体规划

在具体开发之前，必须对要实现的网络课程有个总体的规划，即确定要制作的网络课程包括哪些内容、模块、功能等。《数控加工》网络课程包括教学资源和教学活动两大功能模块，如图 6-61 所示。

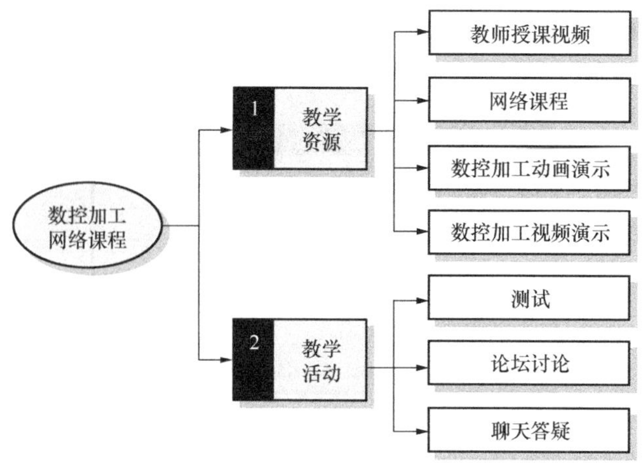

图 6-61 《数控加工》网络课程总体设计图

其中，教学资源中又包括教师授课视频、网络课程、数控加工的动画演示和数控加工的视频演示四个子模块。教学活动包括测试、论坛讨论和聊天三个子模块。所有这些资料、素材、讨论区中的论题都需要提前制作完成，这些都准备妥当之后就可以提交到 Moodle 中了。

2.《数控加工》课程的添加与设置

课程的添加与设置步骤如下。

（1）如前文（见 6.3.1 小节）完成 Moodle 网络教学平台的安装。

（2）以管理员的身份登录，可以设置或修改课程网站的标题，如图 6-62 所示。把网站的全名设为“远程交互式职业培训平台”，再添加简短的描述，然后单击“确定”按钮。

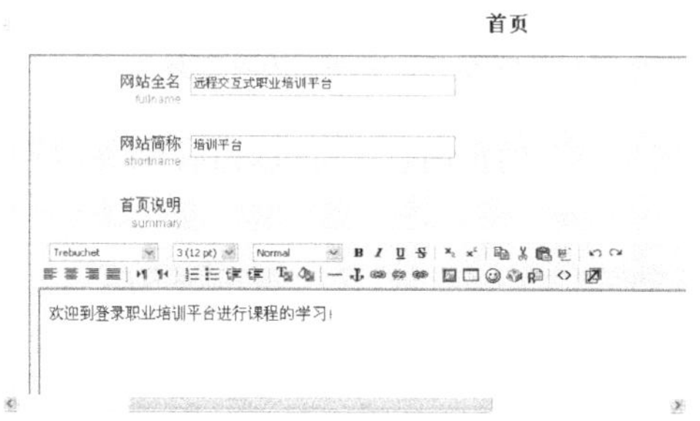

图 6-62 设置 Moodle 平台的名称

（3）回到网站的主界面，如图 6-63 所示。

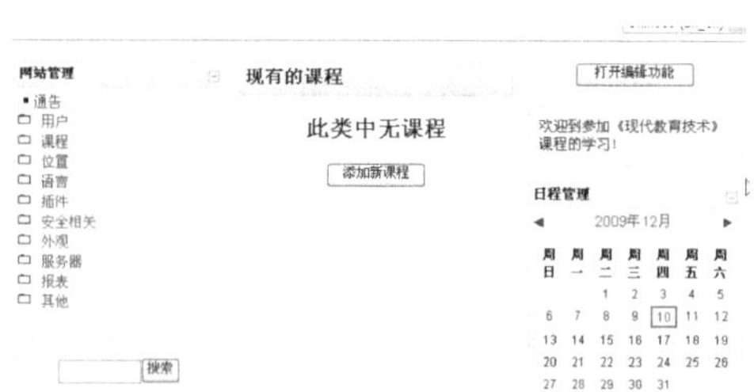

图 6-63 安装完成后的 Moodle 界面

（4）单击“添加新课程”按钮，打开如图 6-64 所示的页面。

（5）在课程的“全名”处填入“数控加工”。

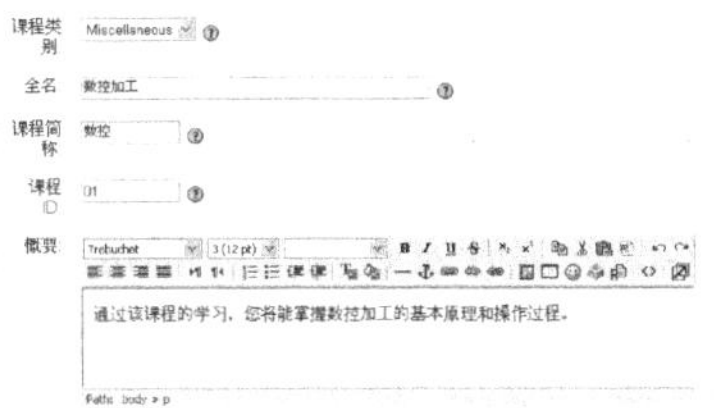

图 6-64　添加“数控加工”课程

（6）在课程设置页面的下部，有课程页面显示格式设置选项，如图 6-65 所示。选择“主题格式”。

图 6-65　课程显示格式设置

（7）课程设置完成后，单击“确认”按钮，回到课程页面，如图 6-66 所示。

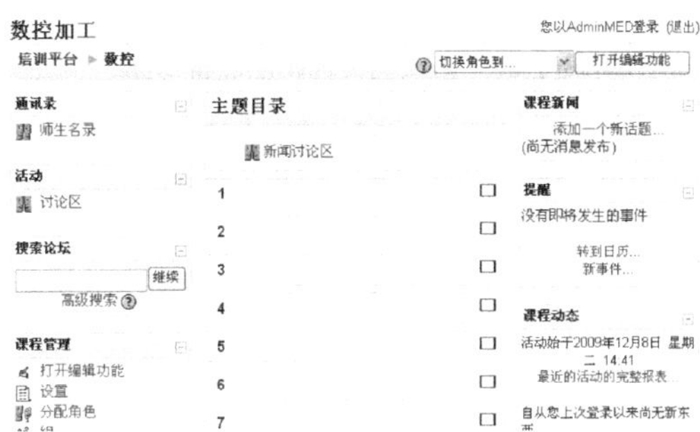

图 6-66　添加课程后 Moodle 界面

（8）单击“打开编辑功能”按钮，界面如图 6-67 所示。

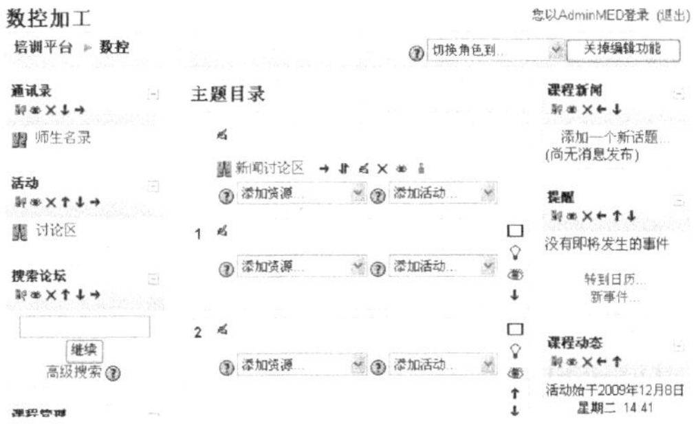

图 6-67　打开编辑功能后 Moodle 界面

至此，添加课程的工作已经完成，下面就可以利用“添加资源”和“添加活动”两个下拉列表来提交课程资源和设置教学活动了。

3. 教学资源的制作

《数控加工》课程中“教学资源”设置为四个模块，且这四个模块中存在大量的图像、视频、动画等多媒体元素。如果都粘贴到网页文本框中进行提交的话，费时费力，且多媒体文件容易产生链接错误。为了简便起见，在本次资源开发过程中，将每个知识点做成单独的网页，在服务器上放在 Moodle 平台的目录里面，按链接的形式进行提交。操作步骤如下。

（1）“授课视频”和“视频演示”的制作

① 把授课视频做成网页进行链接。

A. 使用 Dreamweaver 软件，把视频插入网页中，如图 6-68 所示。然后把网页文件和视频文件一起放到服务器的目录下，如本例中放在服务器“C:\wamp\www\sk\a1\4.1.1.htm”。

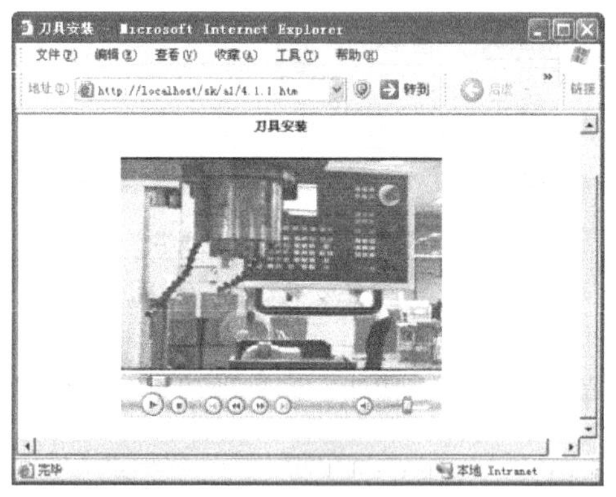

图 6-68 视频网络课程的网页形式

B. 在 Moodle 平台中“添加资源...”下拉列表框中选择“链接到文件或站点”，打开如图 6-69 所示的界面。

C. 在“名称”后的文本框中填入课程网页的题目，如“刀具安装”。

D. 在“来自”后的文本框中填入“http://localhost/sk/a1/4.1.1.htm”，提交内容即可。

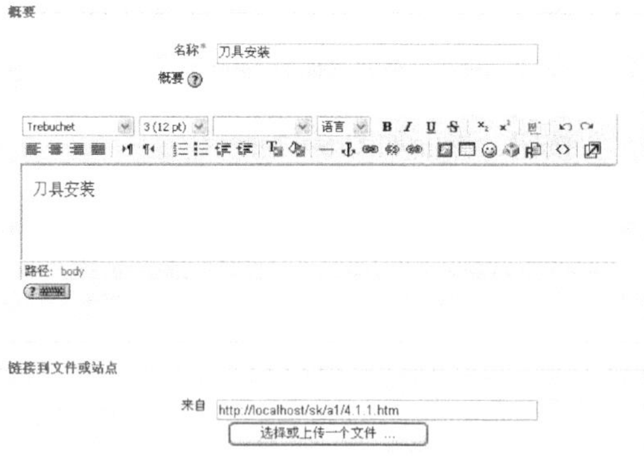

图 6-69 向 Moodle 中添加链接

② 直接把视频通过网页形式提交。

还有一种向 Moodle 中提交视频资源的方法是直接通过网页提交。目前各种视频网站中有大量的教学内容，如优酷网（http://www.youku.com/）、土豆网（http://www.tudou.com）等，这些资源可以直接整合进网络课程。图 6-70 所示为优酷网中的数控加工教学视频，把该视频提交到 Moodle 的过程如下。

图 6-70　优酷网中数控加工教学视频

A. 单击视频下方的“站外引用”，会出现下方的灰色区域，单击在“html 代码”后的“复制”按钮。

B. 在 Moodle 平台中“添加资源…”下拉列表框中选择“编写网页”，打开网页提交界面。

C. 在“名称”后的文本框中填入课程网页的题目，如“数控编程与加工”。

D. 在“全文”下的可视化输入区域内单击“‹›”按钮，界面如图 6-71 所示。右击鼠标，单击“粘贴”按钮，将优酷网上的视频引用到 Moodle 中。

再单击“‹›”按钮，打开如图 6-72 所示的界面。单击网页下方的“提交”按钮，视频引用完成。

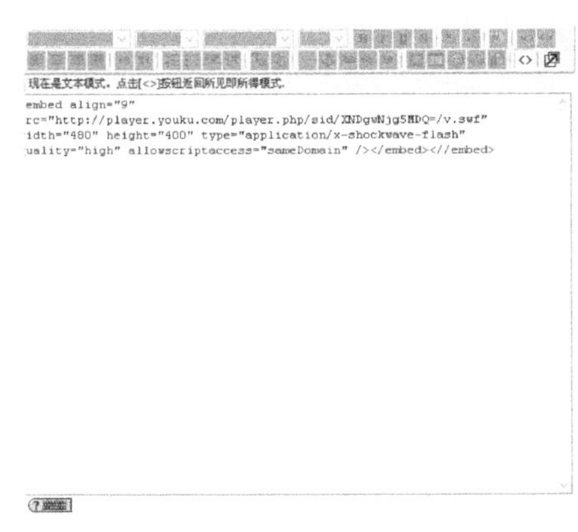

图 6-71　代码形式向 Moodle 中添加视频

图 6- 72　向 Moodle 中添加外部视频后界面

粘贴到输入框中的代码如下：

```
<embed src="http://player.youku.com/player.php/sid/XNDgwNjg5MDQ=/v.swf" quality="high" width="480" height="400" align="middle" allowScriptAccess="sameDomain" type="application/x-shockwave-flash"></embed>
```

（2）“网络课程”的制作

在《数控加工》课程中，还包括大量的图文并茂的网络课程。把网络课程提交到 Moodle 中，文本的输入较简单，直接输入到可视化输入框即可，图片的输入稍显复杂。提交方式如下。

① 在 Moodle 平台中“添加资源…”下拉列表框中选择“编写网页”，打开网页提交界面。

② 在“名称”后的文本框中填入课程网页的题目，如“数控技术概论”。

③ 网络课程中文字的输入，直接输入到“全文”下的可视化输入框内。

④ 图片的输入过程为：在“全文”下的可视化输入区域内单击“▣”按钮，打开如图 6-73 所示的窗口。

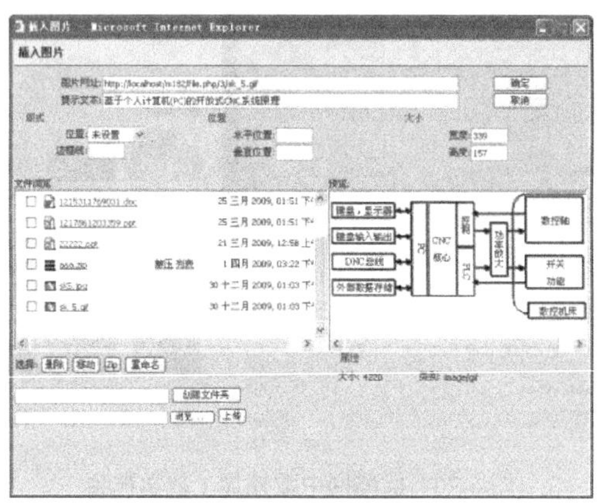

图 6-73　图片提交窗口

单击下方的“浏览”按钮，选择“sk_5.jpg”文件，单击“上传”按钮，“sk_5.jpg”文件就出现在中间的白色区域中，单击该文件，其网址在上方“图片网址”后的文本框中显示，单击“确定”按钮，就回到如图 6-74 所示的界面。

单击下方的“提交”按钮，一个网络课程的网页就制作好了。

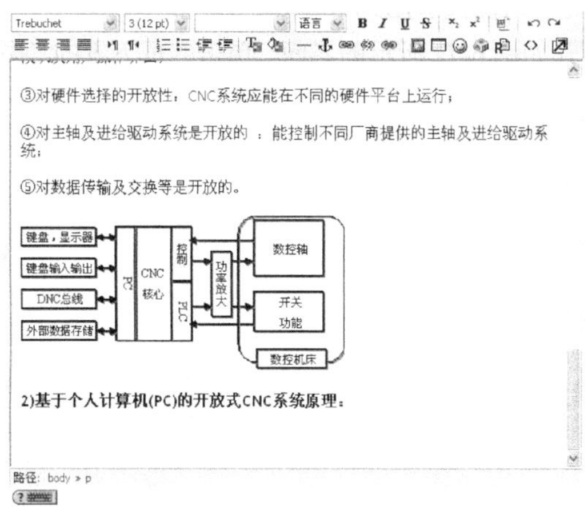

图 6-74　插入图片后的网页编辑框

通过图 6-73 最下方的“浏览”和“上传”按钮，把要使用的图片文件导入平台中。

（3）“动画演示”的制作

在“数控加工”网络课程中，为了展示加工的原理，还用 Flash 动画进行了过程模拟。Flash 动画提交到 Moodle 平台的过程如下。

① 在 Moodle 平台中“添加资源...”下拉列表框中选择 链接到文件或站点 ，打开如图 6-69 所示的界面。

② 参照图 6-69，通过“名称”后的文本框把该教学资源命名为“模拟加工”。

③ 参照图 6-69，在窗口中单击“选择或上传一个文件”，出现类似如图 6-76 所示的界面。单击下方的“上载一个文件”按钮，出现图 6-75 所示的界面。通过“浏览”按钮，找到“3.15.swf”文件，单击“上传这个文件”按钮。

④ 上传成功后，文件列表就包含了文件“3.15.swf”，如图 6-76 所示，单击其后的“选择”功能，回到“链接”提交界面。

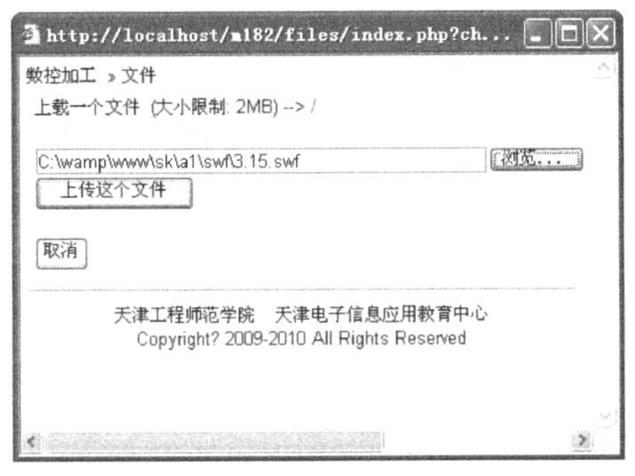

图 6-75　提前制作好的网络课程

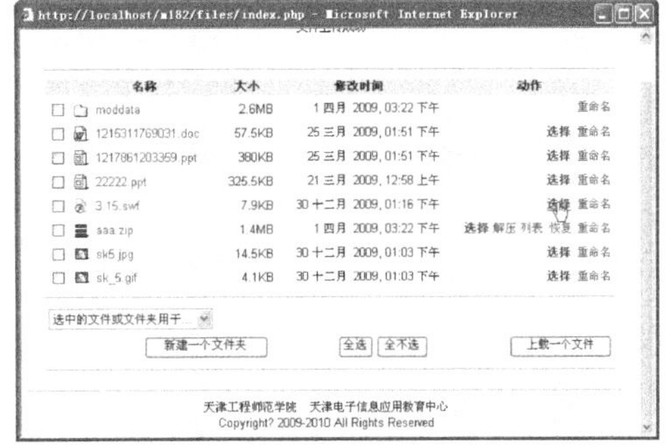

图 6-76　选择 swf 动画文件

⑤ 单击“确定”按钮，链接到动画文件的操作就完成了。

4. 教学活动的制作

在《数控加工》网络课程中，教学活动分为三个模块，依次如下。

（1）聊天答疑

该功能是教师在固定时间登录平台，与学生进行聊天，解答学生在学习过程中遇到的问题。步骤如下。

① 在“添加活动...”下拉列表框中选择“聊天室”，打开如图 6-77 所示的界面。

② 在“聊天室名称”和“简要描述”两项填入内容，单击“确定”按钮即完成聊天室的设置。

③ 聊天室的使用界面如图 6-68 所示。

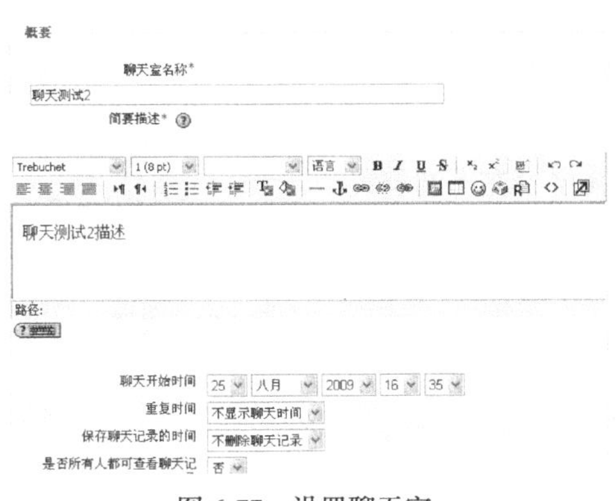

图 6-77　设置聊天室

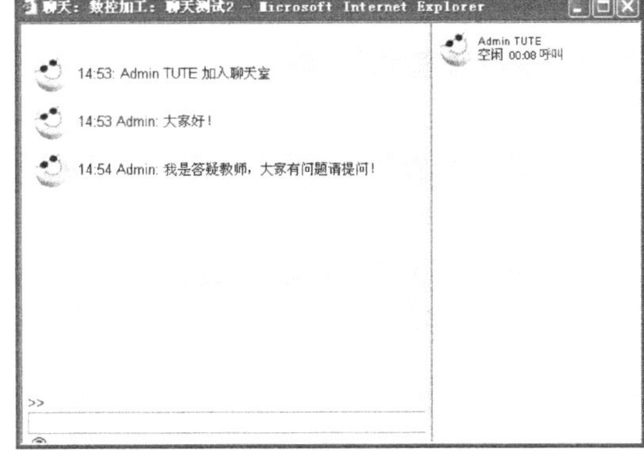

图 6-78　聊天室预览

（2）论坛讨论

与聊天答疑不同，论坛讨论中师生交互是异步的，即学生、教师的提问与回答在时间上并不连续。这个模块的好处是对交互的内容有充分的思考时间，可以进行较深入的交流。实现步骤如下。

① 在“添加活动...”下拉列表框中选择“讨论区”，打开如图6-79所示的界面。

② 在“讨论区名称”和“讨论区简介”两项填入内容，单击“确定”按钮即完成讨论区的设置。

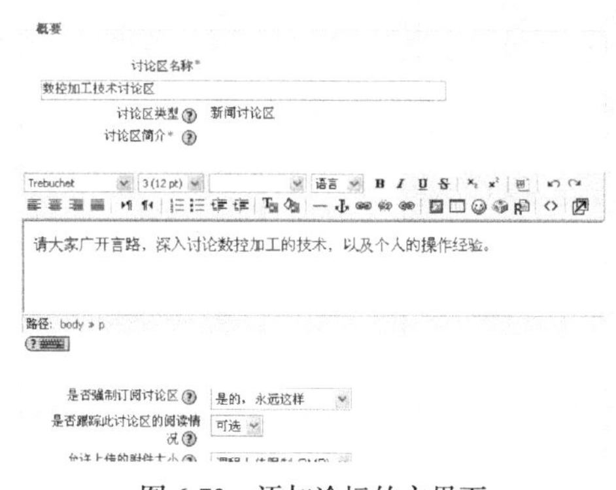

图6-79　添加论坛的主界面

③ 讨论区的使用界面如图6-80所示。对问题的回复紧跟问题后面，但退后2个字符。

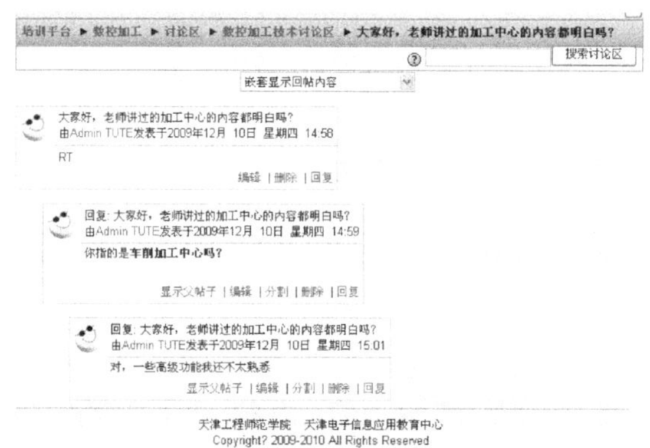

图6-80　论坛界面预览

5. 更改课程网站外观

为了美观起见，需要对外观进行修改。步骤如下。

（1）以平台管理员的身份登录Moodle平台，在屏幕左下的位置上有外观设置的功能链接，如图6-81所示。

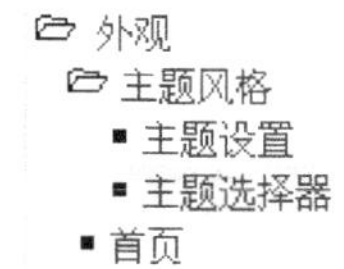

图6-81　设置外观的选项

（2）单击“主题选择器”，打开如图6-82所示的界面。

（3）单击“formal_white”后的“选择”按钮，即应用了这个模板。

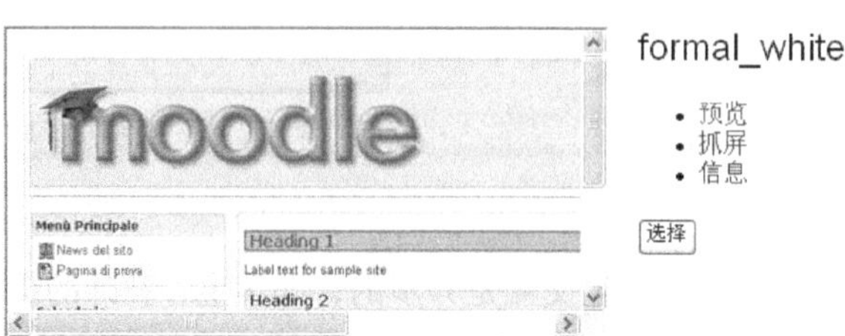

图6-82　可选择的模板

（4）应用模板后，界面如图 6-83 所示。默认为 Moodle 的 Logo 图标。

图 6-83　应用模板后的课程界面

（5）下一步要更换为自己的 Logo。Logo 图片的存放路径为“theme/formal_white/logo.jpg”和“theme/formal_white/logo_small.jpg”。“logo.jpg”的大小为“400 × 100”，“logo_small.jpg”的大小为“200 × 50”。两张图片分别如图 6-84 和图 6-85 所示。

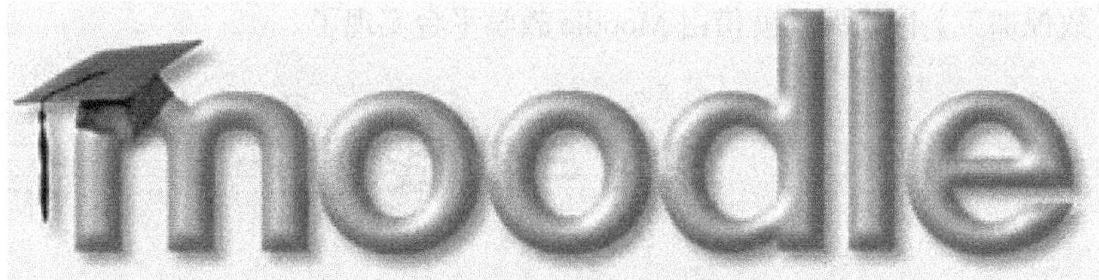

图 6-84　原始的 Logo 图片

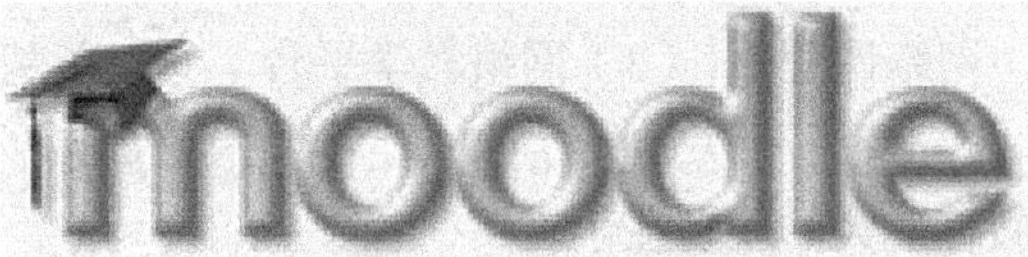

图 6-85　原始的小 Logo 图片

（6）按照图片的大小和颜色风格，设计好自己的 logo。设计的图片如图 6-86 和图 6-87 所示。

图 6-86　替换后的 Logo 图片

图 6-87　替换后的小 Logo 图片

在设计 Logo 图片时，可综合使用 3ds Max、Photoshop 等工具软件；另外，图片大小不一定和原始图片完全一致，只要差不多大小即可。

（7）用设计好的图片替换原来的 Logo 图片，替换后的效果如图 6-88 所示。

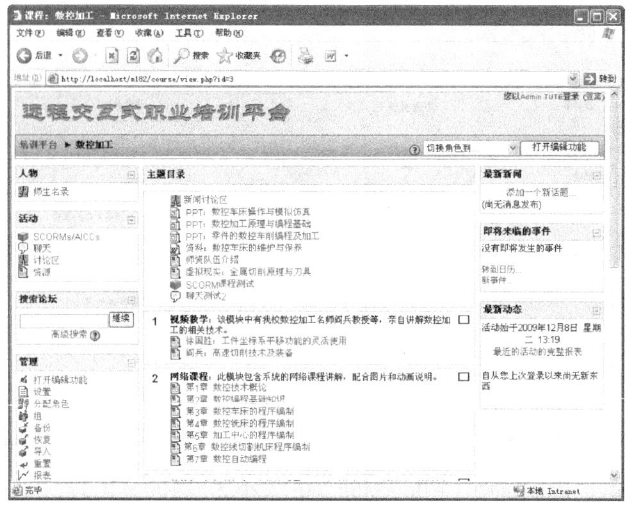

图 6-88　更改 Logo 后的课程界面

至此，《数控加工》网络课程就借由 Moodle 教学平台实现了。

练习与实践

一、练习题

1. 名词解释

（1）远程教育　（2）网络课程　（3）网络教学平台　（4）基于资源的学习

2. 填空题

（1）远程教育与传统教育最大的区别在于＿＿＿＿＿＿＿＿。

（2）网络课程六要素说认为，网络课程有六个要素，分别是＿＿＿＿＿＿、＿＿＿＿＿＿、＿＿＿＿＿＿、＿＿＿＿＿＿、＿＿＿＿＿＿和＿＿＿＿＿＿。

（3）Moodle 的全称是＿＿＿＿＿＿＿＿。

（4）网络课程开发的一般流程包括＿＿＿＿＿＿、＿＿＿＿＿＿、＿＿＿＿＿＿和＿＿＿＿＿＿四个阶段。

（5）Moodle 教学平台中，课程资源包括＿＿＿＿＿＿＿＿＿＿＿＿等，课程活动包括＿＿＿＿＿＿＿＿＿＿＿＿等。

二、教学实践活动

请选择一个具体的知识点（一首诗、一篇散文、一个数学定理等），设计一个专题教学网站，在设计过程中考虑以下几个问题：

（1）网络课程包括哪些模块？每个模块用什么媒体元素（文本、图片、音频、视频、动画）表现？

（2）每个模块包含几个页面？请为每个页面设计制作脚本。

（3）设计与开发过程的流程是怎样的？流程中的每个阶段各完成什么工作呢？

三、技术实践活动

图 6-89 所示为基于 Moodle 开发的教学网站，请自愿组成协作小组，选择一个具体的学科，

用 Moodle 教学平台开发一门网络课程。下述步骤会有所帮助。

（1）软件下载网址：

WAMP　http：//www.wampserver.com/en/

Moodle　http：//moodle.org/downloads/

（2）先安装 WAMP 服务器，再安装 Moodle 教学平台

（3）新建课程，完成设置

（4）设计学习资源和学习活动

（5）更改 Moodle 教学平台的模板，选择喜欢的版式

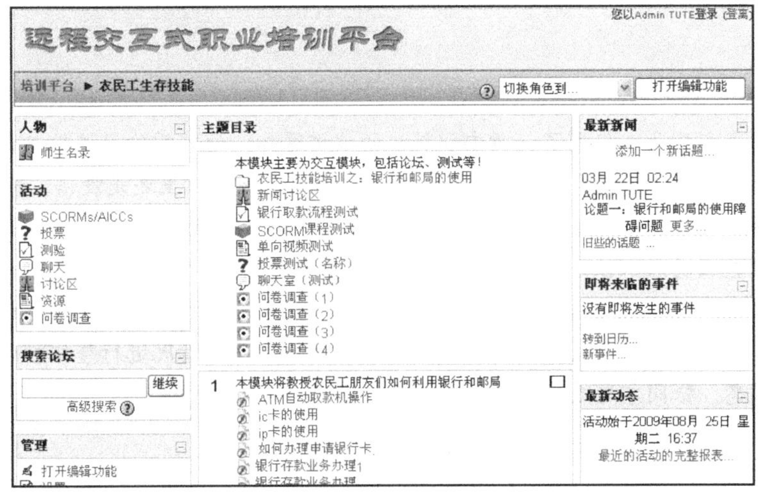

图 6-89　基于 Moodle 开发的教学网站

学习资源

- **参考书目**

[1] 祝智庭．网络教育应用教程．北京：北京师范大学出版社，2001.

[2] 丁兴富．远程教育研究．北京：首都师范大学出版社，2002.

[3] 訾光宾．异步网络教学平台的开发与应用研究．首都师范大学硕士论文，2006.

[4] 訾光宾．孙淑艳．用“远程学习圈理论”分析网络学习管理系统．现代教育技术，2005（1）：28-32，36.

[5] 孙淑艳，訾光宾．网络课程设计．天津电大学报，2005（2）：17-20.

[6] 何琳麟. 基于 Virtools 的初中化学虚拟实验的研究与设计. 四川师范大学硕士论文，2004.

- **相关网址**

[1] 国家精品课程资源网：http://www.jingpinke.com/

[2] 中国开放教育资源联合会：http://www.core.org.cn/

- **专家讲座**

[1] 网易公开课：http://open.163.com/

[2] 新浪公开课：http://open.sina.com.cn

模块 7 教学设计

【情境导入】

张同学今年本科毕业，接到了一所中职院校的试讲通知，他非常珍惜这份工作，构思了一个晚上，试讲的内容总算定下来了，但如何讲好 20 分钟的内容，他心里还是没谱。透过宿舍的窗户，远远望见正在施工的楼房，他突然茅塞顿开，设计的过程其实和盖楼非常相似。在盖楼动工之前，首先需要了解这些楼的未来住户，如果面向的是刚参加工作的人群，就应该是小户型的。经过充分的需求了解之后，就要设计出房子整体规划的草图，然后，制订盖房子的具体计划，购买盖房子的各种建筑材料。在房子盖成之后，还要对房子的结构、建筑情况进行整体性的评估，看是否满足了最初的设想。张同学思虑好久，开始着手设计试讲的内容。

【重点难点】

1. 重点

- 教学目的分析、学习者及环境分析
- 根据教学分析，制定教学策略

2. 难点

- 教学资源的开发
- 教学策略的制定

【名词术语】

教学设计　教学目标　教学环境　教学策略　形成性评价　总结性评价

7.1 教学设计基础

7.1.1 教学设计起源

教学设计的发展和媒体技术的发展息息相关，其作为一个独立的领域起源于第二次世界大战。在这场战争中，需要把 1200 万缺乏军事知识的老百姓训练成陆、海、空各兵种作战部队，把 800 万普通青年训练成制造军火、船舶、飞机等技术工人。整个项目周期仅仅 6 个月，项目预算若干亿美元。美国当时成立了战争培训视觉教具部，花费了 10 亿美元，生产了 457 部教学电影（课件），购买了 5.5 万部电影放映机，运用电影、广播、幻灯片等媒体技术开展“混合式”培训，培训出了大量战时需求的相关人员，在军事培训史上创造了奇迹，同时也引起了世界对媒体教学的高度关注。

1945 年德国投降后，德军总参谋长谈及战争失败原因时说："我们精确计算了一切因素，只是没有算到美国训练军备的速度，我们最大的错误就在于低估了他们迅速掌握电影教育的速度。""二战"结束后，这批教育心理学家继续为解决教学问题而工作，并开始将训练看做系统，尝试开发包括分析、设计和评价一系列过程的比较正式的教学系统。

7.1.2 教学设计的发展

教学设计一战成名，随后很快被运用到军事、学术、商业、工业等领域中。到 20 世纪 60 年代后期，教学设计已经形成一个专门的领域。随着教学媒介进入计算机时代，一直到 80 年代，许多教学设计人员开始将注意力从计算机辅助教学转向基于计算机的教学，基于计算机的教学也开始逐渐占据教学设计的领域。到 90 年代，一方面，计算机多媒体技术、网络通信技术、人工智能技术进一步发展并交叉融合；另一方面，建构主义的学习理论和教学理论逐渐成熟。在这种情况下，人们开始利用多媒体计算机和基于 Internet 的网络通信技术构造基于建构主义的学习系统。未来教学设计发展主要趋势将是越来越注重跨学科研究和跨领域应用、越来越注重信息技术与教育理念的整合及越来越注重各种因素整合下的学习环境的建构。

7.1.3 教学设计的层次和应用范围

教学设计主要解决教学问题，根据问题的范围、层次、难度等的不同，教学设计也具有不同的层次和应用范围，一般可归纳为以下三个层次。

1. 以"产品"为中心的层次

教育公司要开发系列的教学平台、教学软件及教学课件等，这些都归属为教育产品。开发出的教育产品是否能满足真正的教学需要，最关键的是是否遵循了教学设计的原则和流程。教学产品的类型、内容和教学功能常常由教学设计人员和教师、学科专家共同确定。产品的开发过程也需要媒体专家和媒体技术人员参加。

2. 以"课堂"为中心的层次

学校范围的教学设计都是围绕课堂教学这个层面的，在规定的教学大纲和教学计划下，针对一个班级的学生，在固定的教学设施和教学资源条件下进行教学设计。其设计工作的重点是充分利用已有的教学媒体和设施，选择或编辑现有的教学材料来完成目标，一般不涉及教学材料的开发。这个层次的教学设计一般都由专任教师完成。

3. 以"系统"为中心的层次

上面两个层次的课堂教学和教学产品都可看作教学系统。但这个层次的系统主要特指比较大、比较综合和复杂的教学系统，通常指一个企业的整体培训方案等。这一层次的设计内容面广，设计难度较大，需要调研培训的需求，确定培训的目标，开发教学材料，选择恰当的教学活动等。这一层次的设计的人员组成主要有教学设计人员、学科领域专家、行政管理人员。

产品、课堂、系统三个层次都有相应的教学设计模式，在具体设计实践中，可以按照面临的具体的层次，使用相应的设计模式。产品、课堂、系统三个层次的教学系统设计与其设计规模大小的关系，可以用图 7-1 表示。

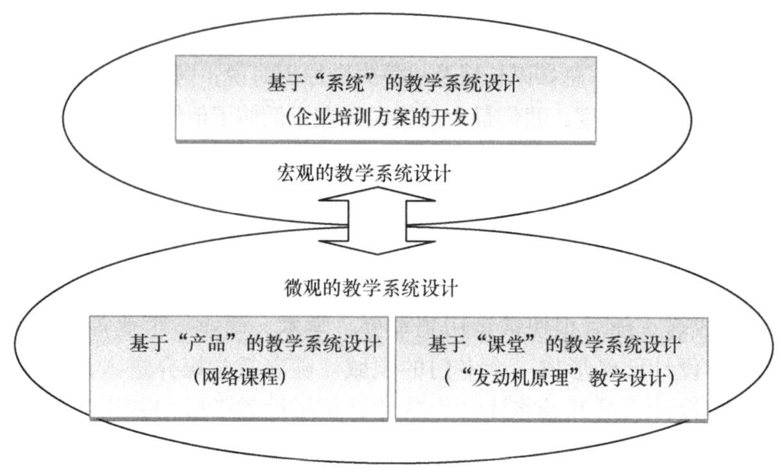

图 7-1　教学系统设计不同层次的应用

7.2　教学设计的过程

试想当建筑公司在签订盖房子的合同之后，会马上去买水泥和沙子，招建筑工人吗？当然不是，首先建筑公司要知道建造的房子的用途，这就需要做一些调查，充分了解到房子的用途，并找来设计师设计出未来房子的模型，反复地商讨房子的设计并制订详细的施工计划。建筑工程的实施有其成熟的模式和固定的流程，在建房的过程中，要依据这些模式和流程，才能保证房屋构建的质量。

教学设计与盖房子的过程非常相似，同样也有一些经典成熟的模式供参考，在其发展的历程中，创建了几种公认的经典的模式。其中，迪克和凯里的模式得到了普遍的欢迎和应用。该模式的最大特点是接近教师的实际教学，即在课程规定的教学内容、教学目标的前提条件下，详细说明如何传递教学内容，其整个流程比较符合教师的实际教学情况和学生的实际学习情况。借鉴迪克和凯里的经典模式，可将教学设计的过程分为分析阶段、设计与开发阶段和评价阶段。具体如图 7-2 所示。

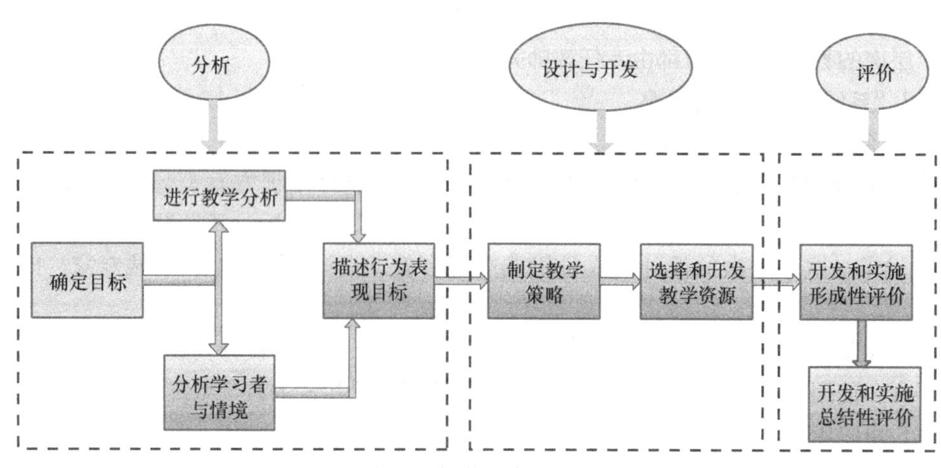

图 7-2　教学设计的过程

7.2.1　分析阶段

分析阶段主要包括需求目标的确定、教学目的的分析、学习者及环境的分析，具体如图 7-3 阴影部分所见。

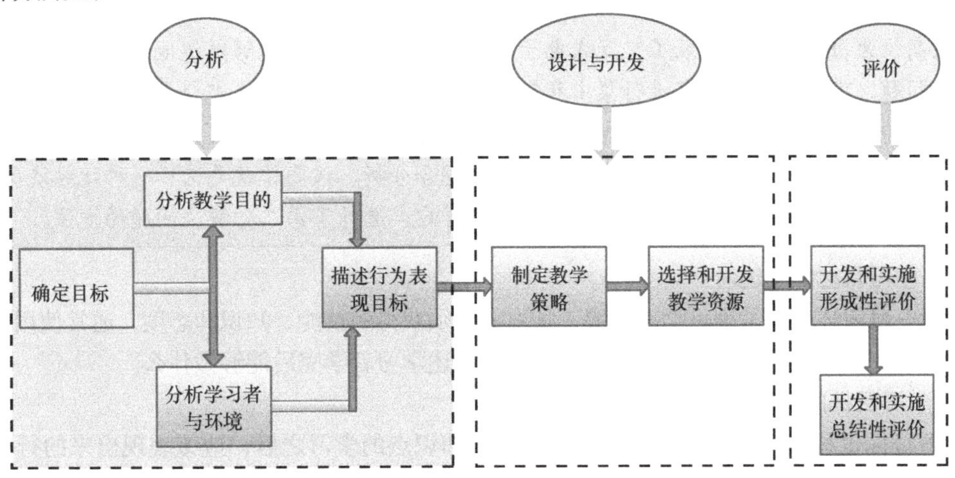

图 7-3　教学设计的分析阶段

思考：

设计师在设计房屋的时候，首先要了解这些房屋未来住户的基本需求，如果住户定位在中层收入的家庭，那么房屋的面积不能太大，也不能太小，以两室一厅的户型为主；如果定位高端高收入的住户，房屋的面积就要大一些，考虑设计成复式结构等。设计师为了满足不同住户的需求，还要多群体进行一些调研，了解不同阶层对住房的需求。正像建筑商要满足住户一样，在进行教学设计时，也要进行全方位的调研分析，了解学习者的需要。

1. 确定需求目标

在教学设计过程中最关键的工作就是确定教学目标。如果教学目标确定得不合适，再好的教学也达不到真正的意图。在确定目标之前，首先要进行需求分析，在需求分析过程中确定了可以通过教学来解决的问题。随后，要进行的是学习目标的分析，确定需要解决的问题是一门课程的目标还是一个任务的目标。最后，产生出精确的目的陈述语句，说明学习者能做什么、在什么环境下做。

（1）学习需要分析

① 学习需要。

需要就是人对某种目标的渴求或欲望。学习需要是指在某一特定情况下，学习者学习方面目前的状态与所期望达到的状态或应该达到的状态之间的差距。

例如：

某高校希望该学校 95%的学生能够通过“英语四级”考试，但是，记录显示只有 81%的学习者能够通过考试，与期望值相差 14%，因此，在这种情况下，一个比较合适的目标就是要使通过“英语四级”的学生人数再提高 14 个百分点，达到 95%。

② 学习需要分析。

学习需要分析是指通过系统化的调查研究过程，发现教学中存在的问题，通过分析问题产生的原因，确定问题的性质，论证解决该问题的必要性和可行性。学习需要分析主要包括以下几个方面：首先，通过调查研究，分析是否存在要解决的问题；然后，分析问题的性质，是否需要通过教学解决；最后，分析现有条件，论证解决问题的可能性。

例如：

某高校为每个教室都安装了交互式电子白板，现在要让教师能够熟练地使用该技术。为了解决该问题，可以请生产厂家进行集中和定期的培训；另外，可优选部分具有一定基础的技术人员和教师接受厂家培训，然后再逐步培训其他教师；还可以出资让生产厂家派技术人员常住学校，随时辅导教师应用交互式电子白板。通过综合分析，该高校就要选择一种既经济实惠又便捷的方法服务教师。最后，综合各方面的因素考虑，选择了第二种解决问题的方法。

（2）学习目标的阐述

目标一般表述为为了满足学习需要，学习者必须获得的技能、知识和态度，通常使用的描述语句为“解决”、“运用”、“管理”等动词，主要阐述学习者学完后能够做什么。

① 学习目标的撰写。

学习目标也称为行为目标，是对学习者完成知识点的学习之后，应该表现出来的行为的详细、具体及明确的表述。具体目标的编写应该包括四方面的内容：学习者（Audience）；行为（Behavior）；条件（Condition）；标准（Degree）。学习者是指明确教学对象是谁，不能有任何的含糊；行为是指学习者在应用环境下应该能做什么；条件是指行为在什么条件下产生（包括工具）；标准是指行为所能达到的程度或标准。简称为ABCD模式。

例1：师范类模块的学生通过一学期的学习，能够理解教学设计，使用教学设计的基本思路和步骤，选用合适的媒体技术，规范撰写一节课教学内容。

例2：呼叫中心的操作员能够使用“客户服务工作帮助”系统为打进电话的客户提供服务。

② 学习目标写作步骤。

为了明确地阐述学习目标，撰写的过程遵循以下步骤：

- 描述一个教学目的；
- 尽可能多地写出学习者达到目的后能做出的可见行为；
- 将写出的行为排序，从中选出最能表达目的的行为；
- 将这些行为归纳为一句话，明确说明学习者能够做什么；
- 评价所产生语句的清楚程度，以及与原先含糊概念之间的关系；
- 根据ABCD法写出确切的教学目标。

有一个最初目标表述为“每个人都要知道礼貌待人，热情服务的价值”。这个目的的阐述本意是清楚的，但内容仍旧是含糊的。进一步明确细化行为，首先，要将“都要知道其价值”改为“都能做到”，说清楚对每个人的要求是什么。其次，要决定具体要求每个人做什么，可以把“服务”这个词进一步细分为“和顾客打招呼、处理业务、结束交易”。尽管只做了这两处小小的修改，目的就变得清楚了很多。尽管修改后的目的基本清晰了，但还有两个词“礼貌”、“热情”需要进一步明晰。将这两个概念与前面已经确定的三个服务阶段相联系，可以进一步细化目的。

最后目标表述为：每个人在问候顾客、处理业务和结束交易的时候都要做到热情、礼貌，如主动打招呼、个别问候、专心处理、辅助填表、最后以谢谢和祝愿结束。

2. 教学目的分析

目的分析有两个步骤，首先要按照确定的目标将学习分为不同的类型；接下来要确定并顺序化完成具体目的的主要步骤。

（1）教学目的分类

加涅将人类学习分为言语信息、智慧技能、认知策略、动作技能和态度。这五类学习代表了个体所获得的所有学习结果。在本书中主要关注言语信息、智慧技能、动作技能和态度四种类型。

① 言语信息。

言语信息是指学习者通过学习以后，要求学生能说出、列出或描述出某种东西。学生在教学过程中存储信息，在考试的时候回答是什么。基本上来说，言语信息类教学目的都需要学生对于特定问题给出特定的回答。

例如：
给出一些城市名，说明它们是哪些国家的首都。

② 智慧技能。

智慧技能要求学生用以前没有学习过的知识来解决问题或完成某个活动。主要包括三种类型：形成概念、运用规则和解决问题。

A. 概念形成：就是要能够判断某个实例是不是概念的一部分。

B. 运用规则：就是揭示两个或更多的概念之间的关系。

C. 问题求解：把两条或更多的规则结合在一起，组成一个能解决问题的高级规则，它是学习者在解决问题过程中的思维产物。

③ 运动技能。

运动技能的特征是要有肌肉运动，可以借助设备，也可以不借助设备，来达到某个结果。在某些环境下，心智运动类教学目的可能有大量的心理活动，即可能有许多精神的或认知的活动伴随着运动动作。

例如：
能够完成摄像机的安装和具体操作。

④ 态度。

态度就是习得的、影响个人对特定对象做出行为选择的有组织的内部准确状态。判断是否达到某个态度的办法是做事情，这个事情可以是心智运动技能、智慧技能或言语信息，因此，态度教学能影响学生在某种环境下的行为选择。

为了便于对以上四种学习类型的理解，表 7-1 列出了每种学习类型及对应的具体实例。

表 7-1　　学习类型及对应的实例

学习类型	具体实例
言语信息：陈述事实，提供特定信息，如说出物体名称	（1）能说出中国有多少个省 （2）列举本学期所修的课程 （3）能说出多媒体课件开发的一般过程
智慧技能：辨识，学习概念，使用规则，解决问题	（1）在州地图上确定两个地点之间的距离 （2）识别出一个矩形的对角线 （3）演示在介词后使用人称代词的宾格形式

续表

学习类型	具体实例
运动技能：体力活动，常常也包含思维活动	（1）击球入洞 （2）跳绳 （3）打羽毛球
态度：做出选择，行为表现出某种信仰或偏好	（1）住酒店时非常注意人身安全 （2）选择阅读专业书籍 （3）选择正确对待健康的生活方式

（2）教学目的的分析过程

教学目的的教学量随目的不同有很大的差异，有些目的所陈述的知识技能不到一个小时就能完成，有些可能要学很多小时才能达到。目的越小，越容易精确分析要学什么。目的分析就是要可视化地显示完成教学目的过程中要做的每一步。用流程图表示教学目的的具体步骤，每一步用一个方框来表示，如图 7-4 所示。

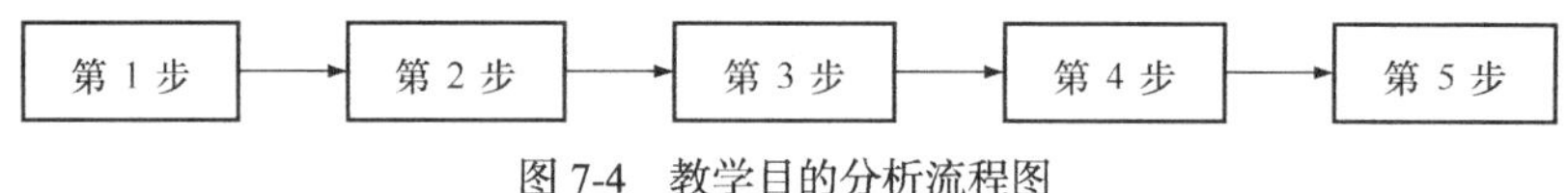

图 7-4　教学目的分析流程图

这张图说明了要完成目的，必须先做第 1 步，做完第 1 步后，再做第 2 步、第 3 步、第 4 步和第 5 步。做完第 5 步后，这个过程就算完成了。

描述每个步骤的语句必须要有一个动词，来描述可以观测到的行为。如果达到目的的过程需要做出决策，那么在目的分析流程图上要用一个菱形来表示，多条可选择路径从菱形的各顶点拉出，如图 7-5 所示。

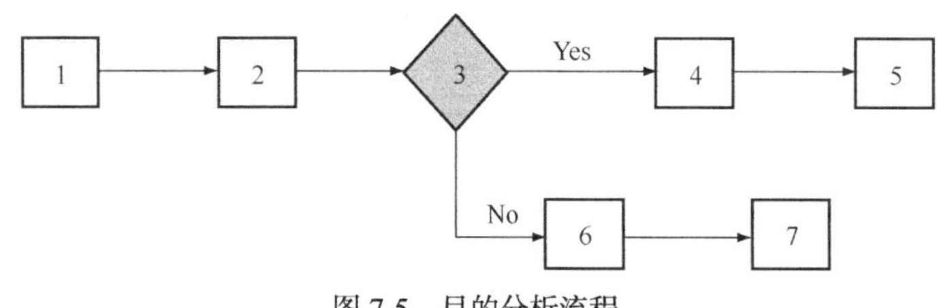

图 7-5　目的分析流程

这张图表示目的的完成过程，第 1 步和第 2 步按顺序执行，然后要做一个判断，答案为“是”，学生就继续完成第 4 步和第 5 步，如果答案是“否”，学生就做第 6 步和第 7 步。

在分析目的的时候，很多时候很难确定每步应该包含多少内容。一般来说，对于 1～2 小时的教学，应该至少有 5 步，最多不超过 15 步，如果少于 5 步，可能是步骤分得不够细；如果超过了 15 步，一种可能是要分析的块太大了，另一种可能是因为步骤列得太细了，所以基本原则就是不断地修改每一步，直到 1～2 小时的教学都只有 5～15 步。图 7-6 所示为智慧技能类学习目的分析案例。

3. 学习者分析

学习者在学习的过程中，都会有一些差异性的特点。例如，某个人可能会快速阅读书面的文章，而另一个人却阅读得很慢而且疙疙瘩瘩，第三个人甚至拒绝去尝试。这些差异由学习者的先前知识、学习动机及认知和身体能力所致。

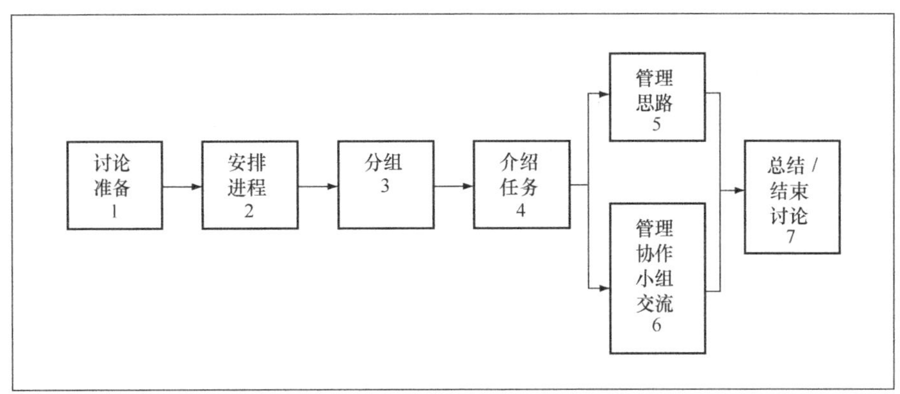

图 7-6 智慧技能类学习目的分析案例

（1）起点能力水平分析

任何一个学习者在学习时都会把原有的知识和技能带入新的学习过程中，因此，教学设计者必须了解学习者原有的知识和技能，称为起点能力水平或起点能力。起点能力分析包括预备能力分析和目标能力分析。

① 预备能力分析。

进行预备能力分析是为了明确学习者对于面临的学习是否有必备的行为能力，应该提供给学习者哪些“补救”活动。

分析方法：在传统的课堂教学中，通常根据经验先在学习内容分析图上设定一个教学起点，将该起点以下的知识技能作为预备能力，并以此为依据编写预测题，从而实现对预备能力的预估。

例如：“电视节目制作”知识点的分析（如图 7-7 所示）。如果将电视节目制作作为教学起点，那么教学起点线以下的内容就可作为编写预测试题的依据。通过测验可以发现对特定的课题内容，哪些方面学习者已经准备就绪，哪些方面学习者需要补习。

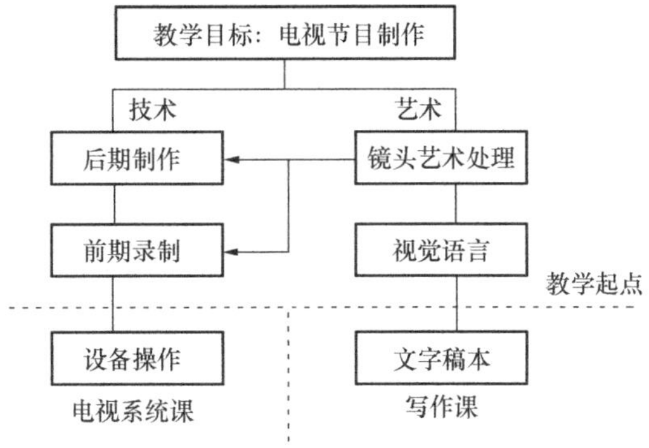

图 7-7 “电视节目制作”学习内容的分析

② 目标能力分析。

目标能力分析是为了了解学习者对要学习的东西已经知道了多少，是否存在错误理解等。

分析方法：可以直接使用期终考试题在学期开始之前就对整个学期的教学目标所要求的能力进行测试。

（2）态度分析

态度主要是指学习者对所学内容、教学媒体及对学校或培训机构的看法。学习者对于要学的内容可能已有印象或持有某种态度，甚至对于该如何教也有自己的看法。因此，设计者需要根据学习者样本群来确定具体的教学内容和教学策略。

分析方法：判断学习者学习态度最常见的方法是态度问卷量表。此外，观察、访谈等方法都可用于学习态度分析。

例如：

下面是用以了解师范模块的学生对于学习现代教育技术课程态度问卷的部分题目，通过学生对问卷的回答，可以从中了解到学习者对现代教育技术课程的学习态度。

（1）你对这门课程感兴趣吗？（　）

①毫无兴趣　②不清楚　③一般感兴趣　④非常感兴趣

（2）作为一名师范生，你觉得开设这门课程有必要吗？（　）

①根本没必要　②不清楚，现在还不知道　③有必要　④很有必要

（3）你觉得老师应该如何讲授这门课程？

（3）动机分析

许多教师认为学习者的动机水平是成功教学的重要因素。当学习者对要学的内容没有兴趣或缺乏动机时，学习几乎是不可能的。学习动机是指直接推动学生进行学习的一种内部动力，是激励和指引学生进行学习的一种需要。一般来说，动机具有加强学习的作用。动机的中等程度的激发或唤起，对学习具有最佳的效果。动机过强或过弱，不仅对学习不利，而且对保持也不利。科勒提出的 ARCS 动机模型（Attention 注意力，Relevance 关联性，Confidence 自信心，Satisfaction 满足感）是具有实践可操作性的动机策略设计模型，可用于学习动机分析。具体如表 7-2 所示。

表 7-2　ARCS 动机模型

动机类型	具体应用
注意力	对于低年级学生，可以通过卡通片、彩色图片、故事等激发学生的兴趣；对于高年级学生可以提出能引起他们思索的问题，激发其求知欲
关联性	教学目标和教材内容应与学生的需要和生活相贴近，为了提高课程目标的贴切性，可以让学生参与制定目标
自信心	为了建立自信心，教学中应提供学生容易获得成功的机会。如教师课堂提问时注意将难易不同的问题分配给不同程度的学生，使他们都能参与问题讨论
满足感	每节课都应让学生学有所得，让学生从成功中得到满足；对学生学业的进步多做纵向比较，少做横向比较，避免挫折感

4. 学习环境分析

（1）学习环境

学习环境分析在基础教育和职业教育教学设计中的作用不同。基础教育主要是以学习系统性的基础知识为主，“学习环境”往往指的是考试或做题时遇到的假设环境，所以，许多以课堂为中心的教学设计往往将此环节省略了。而职业教育基本上按照建设、生产、服务、管理第一线的工作岗位或岗位群来设置课程，“学习环境”通常就是实践基地或学校实训中心，教学设计中对学习环境的分析、设计、开发是重头戏。

（2）学习环境分析的方法

① 对环境现状及应具有的设施、资源等进行描述。

表 7-3 所示是山西省教育厅在对全省农村初中校长实施中小学远程教育教学应用的培训，运用对比分析法对学习环境进行了分析。

表 7-3 农村初中校长远程教育培训的学习环境的对比分析

	设施设备	资源	条件
应具备的条件	卫星接收器 综合布线 （电源线、网络线、闭路线） 教学光盘播放点 卫星教学收视点 多媒体教室 计算机教室	教学光盘 卫星接收资源 K-12 教学资源 “农远”专用资源	县、校两级的技术支持服务体系 教育技术能力较强的教师队伍 校内信息技术教师
现状	多媒体教室 计算机教室	教学光盘 已储存好的卫星资源 已下载上网“农远”专用资源	优秀的技术支持 高水平的指导教师 专业骨干教师

注：本案例来源于聂明智，推动农村远程教育工作的思考，山西省农村远程教育初中校长培训第二期培训，2007。

② 列出学习环境的特点。

学习环境的特点具体指学习场地的特点、学习场地对学员需要的满足程度、学习场地模拟工作环境的程度及学习场地对教学需求的满足程度。如表 7-4 所示列出了山西省电化教育馆培训中心的学习环境的特点。

表 7-4 山西省电化教育馆培训中心的学习环境的特点

信息类型	参数	“农远工程”校长培训案例分析	分析
学习场地的特点	数量	1	学习环境优越
	设施	多媒体教室，计算机教室	
	设备	计算机	
	资源	已下载好的“农远”专用资源	
	条件	统一吃住，集中培训	
学习场地对学员需要的满足程度	地点	太原，集中学习，距离不会产生不便	满足校长的需求程度高
	方便性	方便，培训中心派车统一接送	
	空间	多媒体教室比较宽敞，计算机教室有些拥挤	
	设备	一人一机，每 30 人有一指导教师	

续表

信息类型	参数	“农远工程”校长培训案例分析		分析
学习场地模拟工作环境的程度	监管特征	监管严格	实际环境无人监管	学习环境比实际操作环境优越，模拟程度不高
	物理特征	条件优越	实际环境条件较差	
	社会特征	省厅领导很重视	社会、学校不关心	
学习点对教学需求的满足程度	教学模式	任务驱动	以工作为导向	实际环境的复杂性会增加应用的难度，校长会有“恐技心理”，产生畏难情绪
	传递方式	师徒辅导式	实践操作，技能训练	
	时间	一个月	一周	
	人员	30 人一班	35 人一班	

注：本案例来源于聂明智，推动农村远程教育工作的思考，山西省农村远程教育初中校长培训第二期培训，2007。

③ 数据的收集。

数据收集的目的在于说明学习场地获得的知识、技能能否满足工作环境的需求，并说明现有设施、资源和条件对教学环境设计的制约作用。收集的方法主要是实地考察法。具体案例如表 7-5 所示。

表 7-5　　学习环境数据收集

信息类型	数据来源	“农远”案例
学习场地的数量、特点	访谈：当事人、管理人员 观察记录：设施、设备、资源、工具、材料	询问主管培训的副馆长 访谈培训部主任
学习场地对学员需要的满足程度	访谈：当事人、监督人员、管理人员技能水平 观察：在所选地点观察学员参与活动的典型过程	访谈前期参与培训的校长 观察校长培训的全过程
学习场地模拟工作环境的程度	访谈：当事人、监督人员、管理人员 观察：1～3 个典型的实施点	当时运用：较熟练 未来运用：较困难
学习场地对教学需求的满足程度	访谈：当事人、主讲教师、监督人员、管理人员 观察：在所选地点观察主讲教师完成教学的典型过程	访谈主讲教师和参训的校长 观看主讲教授和上机辅导教师的教学全过程

注：本案例来源于聂明智，推动农村远程教育工作的思考，山西省农村远程教育初中校长培训第二期培训，2007。

7.2.2 设计阶段

设计阶段主要包括制定教学策略，选择和开发教学资源。具体如图 7-8 阴影部分所示。

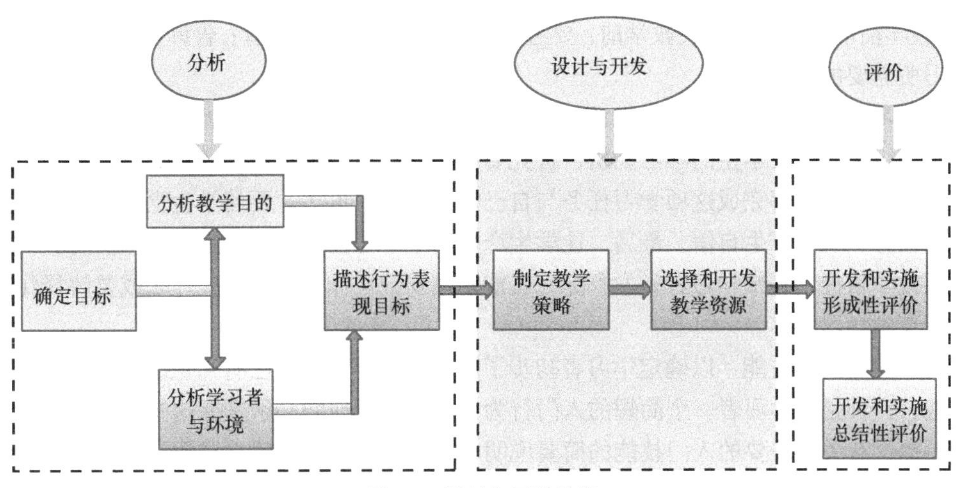

图 7-8　设计与开发阶段

1. 制定教学策略

（1）教学策略

教学设计的分析阶段主要关注教什么，在设计阶段主要考虑如何教的问题。教学策略是指在教学目标确定以后，根据已定的教学任务和学生的特征，有针对性地选择与组合相关的教学内容、教学组织形式、教学方法和技术，形成的特定教学方案。

> 微观的教学策略包括分组讨论、独自阅读、个案研究、讲座、计算机模拟、工作表、小组协作项目等，宏观教学策略是指向学生引入某个专题，到学生掌握某个目标为止的整个策略。

（2）教学基本步骤

教学策略由系列教学活动表现，教学活动由一些教学事件组成，加涅在《学习的条件》一书中提出了九种教学事件。为了方便教学设计过程，可将加涅的教学事件归结为五个主要的学习步骤，其详细框架按照时间顺序具体如表 7-6 所示。

表 7-6　　教学策略的学习成分

学习步骤	具体内容
（1）教学导入活动	① 吸引学习者的注意，激发其学习动机 ② 描述具体目标 ③ 描述并促进对先决技能的回忆
（2）呈现教学内容	① 教学内容 ② 实例
（3）学习者参与活动	① 练习 ② 反馈
（4）评价	① 起点行为测验 ② 前测 ③ 后测
（5）后续活动	① 为保持提供记忆辅助 ② 考虑迁移问题

① 教学前活动在开始正式教学前，要考虑三个因素：激励学习者；告诉要学什么；确保具备开始学习所需要的预备知识。

激励学习 者对教学最典型的批评是说教学缺乏趣味，不吸引学习者。依据科勒教授提出的 ARCS 模型，为了激发学生的学习动机，首先要引起学生对一项学习任务或学习目的的注意和兴趣；其次，使学生理解完成这项学习任务与自己密切相关；再次，要使学生觉得自己有能力完成这项学习任务，从而产生自信，最后，让学生产生完成学习任务后的满足感。

说明教学目标 告知学习者教学目标，就能知道要记忆什么，要解决什么或要解释什么，帮助学习者集中学习内容。

告诉学习者预备技能 以确定学习者初步了解新学内容和他们已有知识之间的关系。一般有两种方法，一种是给学习者一个简短的入门行为考试，告诉他们必须掌握这些技能才能继续；另外一种是提供有关所需要的入门技能的简要说明，告诉他们教学是建立在假设他们能够完成这些技能的基础上的。告诉学习者预备技能可以让学习者为后续的教学做好准备。

② 内容呈现。

内容呈现就是要准确判断需要向学习者呈现哪些信息、概念、规则和原理。 这一步最容易犯的错误是呈现了太多的信息，特别是很多与教学目标不相干的信息。重要的是不仅要定义新概念，也要解释它们与其他概念之间的关系。还要为每个概念提供一定数量的例子。在学习这些概念的时候要运用例子和反例来支持学习，例子的形式可以是图解、流图、演示、模型、行为示范等。

③ 学习者参与活动。

学习者要有机会来练习他们将会做的事情，他们不仅要有机会练习，还要能够得到有关表现的反馈信息。学习者被告知他们的回答是否正确。对于成人学习者，知道怎样正确地完成一个任务是最好的强化，还可以伴随一些肯定的语句，如“很好，你做对了”，但是年幼的学习者经常更喜欢强化类型的反馈，比如，在教室教学时老师肯定的表情、在多媒体教学中跳出来的动画或激动的音乐、同伴的认同、特别权利，或者能做某个其他活动的机会。

④ 评价。

评价中的学习前诊断性测试，主要是测试前学习者已掌握的知识和技能，就能知道要记忆什么，要解决什么或要解释什么。学习过程中的形成性测试和学习结束后的总结性测试。另外，还有一些态度问题的测试，可检测学习者在接触到具体内容的学习时对教学的看法。

⑤ 后续活动。

后续活动主要是为了将学习的内容进行长时间的记忆保持和将知识进行迁移。学习者是否已经记住了教学目标中一些应该记住的内容。学习的知识技能是否迁移到新环境，应使用各种手段尽可能地促进其迁移。

（3）不同学习类型的教学策略

加涅将学习类型主要分为智慧技能、言语信息、运动技能和态度，其在教学中使用的具体的教学策略也有一定的差别，具体如表 7-7 所示。

表 7-7 不同学习结果类型的具体教学策略

学习结果类型	教学策略
智慧技能	教学前活动：提供联系新旧知识的方法
	内容呈现： （1）教学顺序：从从属技能开始教

续表

学习结果类型	教学策略
智慧技能	（2）教学内容：区分概念，共性错误 （3）例子：尽量选择学习者熟悉的例子
	学生参与： （1）练习：练习和学习目标的一致性，新旧知识的联系，从易到难，提供学习者熟悉的情境 （2）反馈：关注学习者的对与错
	评价方式：确定何时及怎样测试学习者的能力
	后继活动：注意知识的保持和迁移
言语信息	教学前活动：考虑运用组织结构来总结归纳目标的方法，告诉学习者怎样运用这些信息
	内容呈现： （1）建立新旧知识之间的联系 （2）用纲要和表格来归纳信息 （3）对全新的知识设法采用各种记忆法
	学生参与： （1）用练习来巩固记忆 （2）反馈必须包含正确答案和错误答案的错误原因
	评估：在应用环境中提供能帮助回忆的线索
	后继活动：注意言语信息的保持
运动技能	教学前活动：开发执行规程
	内容呈现： （1）需要一些视觉的呈现手段 （2）将一个技能拆成几个部分，最后再融合成一个完整的技能
	学生参与： （1）在实际练习之前先在脑海中想象一遍过程有利于完成练习 （2）学习者何时运用设备：讲完再用，边讲边用 （3）给学习者一个使用帮助
	评估：学习者能否完成所教的技能
态度	态度由三部分组成：感觉（喜好）、行为、认知理解
	内容呈现： （1）内容：教授各种行为及其之所以重要的原因 （2）练习：最好在练习之后给予相应的奖励和惩罚 （3）反馈：告诉学习者为什么对或错 （4）榜样的力量
	评估： （1）学习者是否知道自己处于别人的观察之下 （2）评估应该包括相关的言语信息、智慧和运动技能
	后继活动

2. 教学资源的选择与开发

（1）选择现有的教学资源

完成教学策略之后，下一步的工作就是选择和开发相关教学资源。在学校教学中，一般会有一些现场的可供参考的教学资源，如教学大纲、教学指导书、教材及测试试题。在教学中可根据具体需要有选择地使用这些已有的材料，也可根据内容的需要自行开发一些教学资源，如多媒体课件、评测试题等。

（2）开发教学资源

如果所讲授的课程是新开的，没有现成的资源可供参考，就需要去开发内容相关的教学资源了。以下是可供参考的教学资源开发的步骤。

① 分析教学目标的具体教学活动策略。

② 查阅文献、咨询领域专家可供参考的教学资源。

③ 在现有教学资源的基础上修改或开发新的教学资源。

④ 依据教学活动策略，编写教学材料，收集或设计每个教学活动所需要的媒体素材。

7.2.3 评价阶段

教学设计的评价阶段主要包括形成性评价和总结性评价，具体如图 7-9 阴影部分所示。

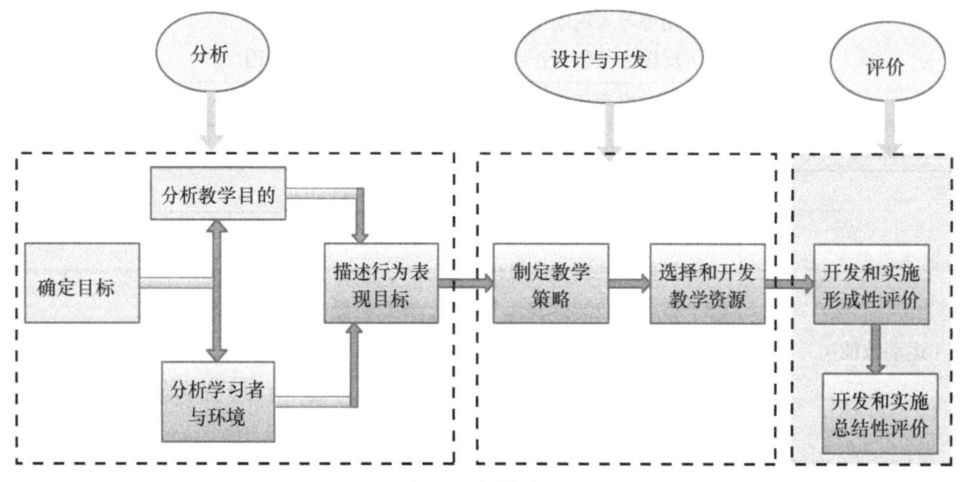

图 7-9 评价阶段

1. 形成性评价

（1）形成性评价的类型

形成性评价是一种重过程的，重视评价对象主体性的，以促进评价对象发展为根本目的的教学评价。它是在教学中通过学生自评、互评、观察等形式对学生的学习行为、能力、态度和合作精神等进行的持续性评价。主要包括真实性评价和表现性评价。

① 真实性评价。

真实性评价指的是在真实的生活环境中评价学生的表现，评价是学习的一部分，是不断发展变化的，成功或失败只能用学生在新的环境中应用知识和技能能力的具体事实说明。

例如：一名学生为了解释发动机的零件，让学生亲自动手重新组装一个发动机。而传统的评价方法强调的是对发动机零件的记忆。

② 表现性评价。

表现性评价关注“我们怎么知道学生知道了什么”，要求定期观察和评价学生的表现。学生应该知道评价的标准，明确的标准不仅可以使学生知道关键信息，同时也可以给学生确立一个奋斗的目标。表现性评价常常与真实性评价一起运用，评价形式多样，包括自我评价、同伴评价等，一般会给出具体的评价量表。

（2）形成性评价的步骤

① 制订评价计划。

确定收集资料的类型和制定评价标准，选择设计成果的试用对象并阐明试用教学设计成果评价的条件。

② 设计编写评价工具。

在教学设计成果的评价中，使用测验可收集认知目标的成就信息，使用态度量表收集态度情感目标的成就信息，使用观察表收集动作技能目标的成就信息。另外，也可根据学习过程的需要，开发一些有针对性的评价量规。

③ 收集评价资料。

在真实的教学情境下，使用已设计的评价工具收集相关数据。

④ 整理和分析评价资料。

将收集到的数据进行分类归纳，并使用相关工具进行分析，撰写分析报告。

2. 总结性评价

在以课堂为中心的教学设计中，总结性评价是指一种“事后评价”，是在教学活动告一段落后，为了解教学活动的最终效果而进行的评价，其评价的首要目的是给学生评定成绩，并为学生做证明或提供关于某个教学方案是否有效的证明。

（1）总结性评价的特点

① 数量少。

总结性评价着眼于学生对某门课程整个内容的掌握，注重于测量学生达到该课程教学目标的程度。因此，总结性评价的次数或频率不多，一般是一学期一次或一学年两三次。期中、期末考查或考试以及毕业会考等均属此类。

② 范围广。

总结性评价的概括性水平一般较高，考试或测验内容包括的范围较广，且每个题目都包括了许多构成该课程的基本知识、技能和能力。

（2）总结性评价的作用

① 评定学生的学习成绩。

教师通过日常观察和几次总结性考试，对学生的进步水平和达到教学目标的程度予以确定并打出分数，评出等次或写出评语。

② 预言学生在后继教学过程中成功的可能性。

一般来说，在某门学科的总结性考试中得分高的学生，大多数在其他学科或该学科的其他部分的学习中也会获得高分。

③ 确定学生在后继教学过程中的学习起点。

在这一点上，总结性评价的作用与形成性评价和诊断性评价基本相同。某个年级结束时的总结性评价结果，既可作为确定学生在下一个年级的教学中从何起步的依据，也可以反映学生在认知、情感和技能方面的学习准备程度。

④ 证明学生掌握知识、技能的程度和能力水平。

总结性评价的结果也可用来证明学生是否已掌握了某些必备的知识和技能（至少在当时）并具备了某些特殊的能力。小学、中学、职业技术学校乃至大学的各科总结性考试成绩都具有这种作用。由于这类考试把重点集中在某些特定内容的行为表现及其特点上，因此，测试题必须认真挑选，评定也必须具体。

⑤ 对学生的学习提供反馈。

总结性评价测试的是学生在教学过程某一阶段上的学习结果，合理编制的总结性考试（考查）可为学生提供有关其前一阶段学习情况的信息，从而起到反馈作用，要么鼓励，要么使之纠正前段学习中的错误或改进自己的学习方法。

3. 修改教学

根据收集到的评价相关的数据，反思教学策略是否恰当，并整体反思教学设计的整个过程，最初的教学分析是否准确，教学目标的陈述是否合理，教学媒体的选择是否恰当，在此基础上，改进教学策略和教学方法，从而导致有效教学。

7.3 教学设计案例

本案例以中等职业院校的《Flash 软件动画制作》课程中的“遮罩动画”知识点为例，依据教学设计的流程进行设计，最终形成该知识点详细的教学设计，如表 7-8 所示。

表 7-8 “遮罩动画”教学设计

知识内容	遮罩动画	教学模式	基于项目的教学
1. 教学内容分析：《Flash 软件动画制作》是中等职业院校普遍开设的一门应用型的课程，学生比较感兴趣。遮罩动画知识点是《Flash 软件动画制作》课程中重要的内容，学生对于这一高级动画的原理和制作较难理解和掌握。遮罩动画是在学习了逐帧动画和补间动画制作的基础上要学习的知识点，其原理与制作对于没有实践经验的初学者来说理解起来比较抽象，学生即使在课堂上按照教师讲解的操作步骤能够完成简单的操作，但由于理解不够透彻，大部分学生对教师布置的项目任务，在制作的过程中会遇到很多问题，很难完成任务要求。			
2. 教学目标：在知识层面上能够理解遮罩动画原理、制作要点；在操作层面上熟练掌握遮罩动画制作的步骤；在应用层面上能够制作出遮罩动画效果的电子相册。			
3. 学习者分析：中职院校的学生缺乏学习主动性和自律性，对于软件类课程的学习比较感兴趣。具有基本的计算机操作基础，能够使用常用的软件工具和网络交流工具。由于在很多课程的学习中都采用了项目化的教学，学生对这种教学方式比较熟悉和适应。			

教学传递过程

阶段	教师活动	学生活动
1. 课前设计	录制两段教学视频，时长分别是 4 分钟和 6 分钟。4 分钟的视频主要讲述遮罩动画的原理，画面内容先是拿出一张纸，遮盖在一幅照片上，用剪刀把纸中间挖开一个洞，然后让洞逐渐变大。画面配有教师对演示过程的陈	利用 U 盘、移动硬盘、手机等移动存储设备或通过电子邮件、QQ 等网络交流工具获取教师录制的视频及其他教学资

续表

阶段	教师活动		学生活动
1. 课前设计	述和对遮罩动画的原理及制作要点的详细讲解 6 分钟的视频主要是利用屏幕录制软件录制 Flash 软件制作遮罩动画的详细步骤，教师一边讲解一边操作，在 Flash 软件中新建文件后导入照片，在照片图层的上面新建一个图层，在新建的图层上制作一个圆从小变大的补间动画效果，然后将新建的图层设置为遮罩层，测试动画的效果		源。在课前完成视频内容的学习，按照视频操作步骤，制作遮罩动画，并随时记录学习中遇到的问题
2. 课中讲授	提出课题项目	(1) 讲解学生在课前预习中遇到的共性问题 (2) 布置项目任务：制作遮罩动画效果的电子相册要求使用各种遮罩动画的形式呈现照片，照片大小、颜色调整合适，添加适当的文字和背景音乐 (3) 案例引导：播放遮罩动画效果制作的优秀电子相册 (4) 抛出问题：如何制作电子相册？	观摩优秀案例，讨论回答教师的提问
	分组完成	(1) 将学生进行分组，3 人组成一个制作小组 (2)教师巡视查看各组学生的制作过程，随时了解学生的学习进展，指正容易出错的操作，实时点评好作品，对大多数学生的共性问题，教师给予广播式的指导 (3) 在大屏幕上循环播放优秀电子相册案例	带着电子相册制作的任务，参考教师展示的优秀电子相册案例，运用课前通过观看视频资源已掌握的遮罩动画制作步骤等知识，完成遮罩动画效果电子相册的制作
	成果评价	组织各组展示汇报作品，并让学生对作品进行自评和学生间相互评价，最后教师进行总结性评价	每组派代表展示汇报作品，学生欣赏作品并进行评价
3. 课后巩固	(1) 收集和整理学生作品 (2) 对学生在制作电子相册中遇到的问题进行总结及对每组作品撰写点评。将这些课堂动态生成的资源分享给学生		(1) 完善并提交作品 (2) 根据需要，继续学习教师课前提供的教学视频和课后分享的资源

练习与实践

一、练习题

1. 填空题

(1) 教学设计主要包括________、________、________阶段。

（2）加涅将学习结果分为________、________、________、________、________。

（3）教学媒体选择的主要方法有________、________。

2. 简答题

（1）教学设计应用的层次和范围是什么？

（2）什么是学习需要分析？

（3）如何进行学习环境分析？

二、教学实践活动

1. 项目名称：完成 20 分钟知识内容的教学设计

2. 基本要求

（1）按照教学设计的基本流程来设计

（2）撰写教学设计方案

3. 教学设计模板

<table>
<tr><td>备课小组</td><td></td><td>执笔</td><td></td><td>日期</td><td></td></tr>
<tr><td>教学内容</td><td colspan="3"></td><td>授课时长</td><td></td></tr>
<tr><td colspan="6">教学目标：</td></tr>
<tr><td colspan="6">教学重难点：</td></tr>
<tr><td colspan="6">教学资源：</td></tr>
<tr><td colspan="6">学生分析：</td></tr>
<tr><td colspan="6">教学媒体：</td></tr>
</table>

<table>
<tr><td>教学过程</td><td>教师活动</td><td>学生活动</td><td>使用媒体</td><td>设计意图</td></tr>
<tr><td>1. 导入</td><td></td><td></td><td></td><td></td></tr>
<tr><td rowspan="6">2. 新授知识</td><td></td><td></td><td></td><td></td></tr>
<tr><td></td><td></td><td></td><td></td></tr>
<tr><td></td><td></td><td></td><td></td></tr>
<tr><td></td><td></td><td></td><td></td></tr>
<tr><td></td><td></td><td></td><td></td></tr>
<tr><td></td><td></td><td></td><td></td></tr>
<tr><td>3. 巩固练习</td><td></td><td></td><td></td><td></td></tr>
<tr><td>4. 总结</td><td></td><td></td><td></td><td></td></tr>
<tr><td>5. 拓展</td><td></td><td></td><td></td><td></td></tr>
</table>

学习资源

- **参考书目**

[1] 钟志贤. 信息化教学模式. 北京：北京师范大学出版社，2005.

[2] 加涅等著. 皮连生等译. 教学设计原理. 上海：华东师范大学出版社，2005.

[3] 技能训练教学设计与实施. 北京：中国劳动社会保障出版社，2007.

- **相关网址**

[1] http://www.xchen.com.cn/zuanti/jiaoan/

[2] http://www.edu888.net/sj/

[3] http://www.eduwg.com/article/

[4] http://www.yangteacher.com/

模块8 信息技术与职教课程整合

【情境导入】

信息技术与职业教育课程整合是教育教学改革的一个新途径，与职业教育教学有着密切的联系和继承性，同时又是具有相对独立性特点的新型教学结构类型。信息技术与职教课程整合，强调要把信息技术作为促进学习者自主学习的认知工具和情感激励工具，利用信息技术所提供的自主探索、多重交互、合作学习、资源共享等学习环境，调动起学生的主动性和积极性，使学生的创新思维与实践能力在整合过程中得到有效的锻炼。

【重点难点】

1. 重点

- 信息技术与职教课程整合的方法

2. 难点

- 职业教育信息化教学的案例设计

【名词术语】

信息技术与职教课程整合　职业教育教学模式

8.1 信息技术与职教课程整合概述

信息时代的到来为职业教育的变革提供了前所未有的契机与动力。从某种程度上说，信息技术大大推进了教育改革，也为职业教育改革提供了强大的支持。在教学中充分发挥信息技术的优势，可以优化教学内容的呈现方式，丰富学生的学习方式，改善教师的教学方式，创设符合职业教育特点的教学模式，促进师生之间的互动，从而达到全方位的信息技术与职教课程的整合。

8.1.1 职业教育课程的特点

在职业教育里，与课程整合的信息技术主要是指虚拟现实技术、多媒体技术、数字图像技术、影视成像技术、传感器技术等。它们所生成的视觉环境是立体的，音效是立体的，人机交互是和谐友好的。职业教育里的信息技术与课程整合是要创建与现实社会类似环境，解决学习媒体情景化及自然交互性问题。因此，其具有以下特点。

1. 多感知性（Multi-Sensory）

由于信息技术系统中装有视、听、触、动觉的传感及反应装置，因此，学习者在虚拟环境中可获得视觉、听觉、触觉、动觉等多种感知，从而达到身临其境的感受。

2. 沉浸性（Immersion）

信息技术可以根据人类视觉、听觉的生理心理特点，由计算机产生逼真的三维立体图像。学习者戴上头盔显示器和数据手套等交互设备，便可将自己置身于虚拟环境中，成为虚拟环境一员。学习者与虚拟环境各种对象相互作用，如同在现实世界中一样。学习者移动头部，虚拟环境中的图像也实时地跟随变化，拿起物体可使物体随着手的移动而运动，而且还可以听到三维仿真声音。学习者在虚拟环境中，一切感觉都是那么逼真，有一种身临其境的感觉，从而引发其积极情感。

3. 交互性（Interactivity）

信息技术环境中的人机交互是一种近乎自然的交互，学习者不仅可以利用计算机键盘、鼠标进行交互，而且能够通过特殊头盔、数据手套等传感设备进行交互。计算机能根据使用者的头、手、眼、语言及身体运动，来调整系统呈现的图像及声音。学习者通过自身的语言、身体运动或动作等自然技能，就能对虚拟环境对象进行考察或操作，从而易于实现师—生、生—生的情感交融。

4. 构想性（Imagination）

信息技术能够为使用者提供广阔的可想象空间，可拓宽学习者的认识范围，不仅可再现真实存在的环境，也可以随意构想客观不存在的甚至是不可能发生的情境。

5. 自主性（Autonomy）

职业教育更加强调实践能力，强调在实践中获取技术的经验与技巧。信息技术为学习者提供了既具有系统性又有相对独立性的客户端。学习者既可以在教师的指导下操作与训练，同时也可以根据自己的学习进度和熟练程度，自主安排学习进程和操作项目，为职业教育因材施教提供了现实可能性。

8.1.2 信息技术与职教课程整合的内涵

信息技术与课程整合的概念众多，学者们对该定义的阐述各有不同，在此我们综合各种观点看法，对信息技术与职教课程整合的概念进行界定。“课程”广义上是指所有学科，或指学生各种学习活动的总和，狭义上是指具体的一门学科。“整合”是指一个系统内各要素的整体协调，相互渗透，并使系统各要素发挥最大效益，这是一个促使教学动态平衡的过程。职业教育作为教育领域的一个分支，既遵循教育的一般规律，也有自己的领域特色。因此，信息技术与职教课程整合的内涵如下。

信息技术与职教课程整合是指在职业教育教学领域，信息技术、信息资源、信息方法、人力资源和学科课程内容有机结合，共同完成课程教学任务的一种新型的动态教学过程。它要求建立适应职业教育需要的信息化教学环境，依据职业成长规律组织课程内容，建立以过程控制为基本特征的质量控制体系，发展学习者适应信息时代所需要的技能型人才素质，以培养高阶职业能力。

知识背景：

信息技术介入教育教学大致经历了三个发展阶段。

（1）CAI（Computer-Assisted Instruction）阶段，这是信息技术介入教育教学的最初阶段，主要利用计算机的信息存储、传输、显示等功能辅助教师进行课堂教学，更好地进行重点、难点问题的阐述，丰富课堂教学的形式，CAI 课件大多以模拟演示为主。

（2）CAL（Computer-Assisted Learning）阶段，该阶段用计算机作为学生学习的工具，如用计算机搜索资料、讨论答疑、自学练习等，这一阶段对信息技术的应用领域进行了扩充，不仅可以利用计算机进行辅助教学，更强调了计算机对学习者的辅助学习作用。

（3）IITC（Integrating Information Technology into the Curriculum）阶段，此阶段全面升级了信息技术在教学中的应用范畴，强调了信息技术对创建理想的教学情境，全新的学习方式、教学方式的作用。

1. 学习工具：技术融入教学

信息技术与职课程整合是指将信息技术以工具的形式与课程融为一体，也就是将信息技术融入职业教育课程教学各要素中，使之达到以下层面：（1）教师的教学工具；（2）学习者的认知工具；（3）学习内容的表征形态；（4）学与教的主要媒介。从而，信息技术既是学习的对象，又是学习的手段。

2. 学习表征：数字化学习

信息技术与职教课程整合是指在职业教育教学中，把信息技术、信息资源、信息方法、人力资源与课程内容有机结合，共同完成课程教学任务的一种新型的教学方式。在理论课程、实验实训、技能训练等过程中，数字化成为知识的表征方式，成为学习者—教师、学习者—学习者、学习者—企业人员等学习共同体成员之间交互的媒介。

3. 学习结构：自主—合作

信息技术与职教课程的整合，就是通过将信息技术有效地用于职业教育各类教学过程（包括学校学习、工作场学习、企业顶岗实习等）来营造一种信息化教学环境，实现一种既能发挥指导者主导作用又能充分体现学习者主体地位的以“自主—探究”合作为特征的教与学方式，使传统的以教师为中心的职业教育教学结构发生根本性变革，从而使学生的创新精神与实践能力的培养真正落到实处。

由此可见，整合的实质与落脚点是变革传统的教学结构，即改变以教师为中心的教学结构，创建新型的既能发挥教师主导作用又能充分体现学生主体地位的主导—主体相结合的教学结构。信息技术与职教课程的整合不等于两者的综合，而是融合、集成与一体化。两者相互渗透，使信息素养的培养显性地和隐性地贯穿于职业教育的各个教学环节中。

8.1.3 信息技术与职教课程整合的层次

根据信息技术与课程整合的不同程度和深度，可以将整合的进程分为三个阶段：封闭式的、以知识为中心的课程整合阶段；开放式的、以资源为中心的课程整合阶段；全方位的课程整合阶段，并且每个阶段还可以细分成几个层次，如表 8-1 所示。

表 8-1 信息技术与课程整合的层次划分

阶段	层次	教学策略	学习方式	教师角色	学生角色	教学评价	信息技术的作用	硬件要求
封闭式的，以知识为中心的课程整合	信息技术作为演示工具	说教式讲授	集体听课	知识施予者	知识被灌输者	纸笔测试、口头回答	演示工具	一台教师机、投影机
	信息技术作为交流工具	说教式讲授，个别辅导	个体作业为主	知识施予者、活动组织者	被灌输为主、呈现出主动参与学习的兴趣	纸笔测试	简单的人人交互工具，培养学习兴趣、促进情感交流	局域网或互联网

续表

阶段	层次	教学策略	学习方式	教师角色	学生角色	教学评价	信息技术的作用	硬件要求
封闭式的，以知识为中心的课程整合	信息技术作为个别辅导工具	个别辅导式教学，个别化学习	个体作业	计算机软件的开发者或选择者、辅导者	主动学习、接受软件讲授	纸笔测试或计算机测试	简单的人机交互工具，实现教师职能的部分代替	人手一台 PC 机
开放式的，以资源为中心的课程整合	信息技术作为资源环境	探索式学习等策略	个体作业+协作学习	教学的引导者、帮助者	学习主动参与者	测试/学生的作品	资源搜集、查询工具	局域网或互联网
	信息技术作为信息加工工具	个别化学习，协作式学习	个体作业为主、少量协作作业	知识施予者、学习的指导者、活动组织者	学习主动参与者	测试/学生的作品	学生表达思想、观点、交互的工具	网络教室或局域网
	信息技术作为协作工具	多种学习策略，以问题解决式、任务驱动式为主	协作作业为主	教学的指导者、帮助者、教学活动的组织者	学习主动参与者	按照学生的作品进行评价	生活、学习的协作工具	互联网
	信息技术作为研发工具	多种学习策略，以发现式、任务驱动式为主	协作作业或个体作业或二者均有	教学的指导者、帮助者、促进者	主动探索、主动发现、主动建构	有一定价值的作品	智能工具	宽带互联网
全方位的课程整合			课程内容改革					
			教学目标改革					
			教学组织架构改革					

1. 以知识为中心的课程整合

（1）以知识为中心的课程整合的特征

以知识为中心的课程整合一般需要严格按照教学大纲的要求和进度安排进行，学生参考的资料为教材与课件，基本与其他资源处于脱离状态，并且教学活动按照教材的安排和课时的要求来设计，整个教学在以“知识”为中心的指导下进行，教学目标、教学内容、教学形式及教学组织都和传统课堂教学没有区别。另外，整个教学过程以教师的讲授为主，学生是被动的接受者，是知识灌输的对象。信息技术的引入，只是在帮助教师减轻教学工作量方面取得了一些进步，而对学生思维与能力的发展，与传统方式相比并没有实质性的进步。

（2）以知识为中心的课程整合的三个层次

按照教学对技术的依赖程度和学生的投入程度，以知识为中心的课程整合阶段可以分成信息技术作为演示工具、信息技术作为交流工具、信息技术作为个别辅导工具三个层次。不同层次中教学策略、学习方式、教学评价，以及教师和学生在教学活动中的角色都是不同的。

2. 以资源为中心的课程整合

（1）以资源为中心的课程整合的特征

在以资源为中心的课程整合中，教育者日益重视学生对所学知识的意义建构。教学设计以资源为中心、以学为中心，整个教学对资源是开放的。学生在学习某一学科内的知识时可以获得许多其他学科的知识，学生在占有丰富资源的基础上完成各种能力的培养。学生成为学习的主体，教师成为学生学习的指导者、帮助者和组织者。

（2）以资源为中心的课程整合的四个层次

按照对学生能力由低到高的培养顺序，可以将此阶段分为4个层次：信息技术提供资源环境，信息技术作为信息加工工具，信息技术作为协作工具，信息技术作为研发工具。每层着重培养的学生的能力分别是：信息获取和分析能力，信息分析和加工能力，协作能力，探索和创新能力。这是一个逐层加深的过程，所使用的硬件也需要逐层升级。

3. 全方位的课程整合

从前面的论述可以知道各层次之间的区别非常明显，但是有一点相同，都没有使教学内容、教学目标以及教学组织架构进行全面的改革和信息化。随着科学技术的进步，以及人们对信息技术与课程整合的不断探索，教育内容、教学目标、教学组织架构会得到很大程度的改革，从而完成整个教学的信息化，将信息技术无缝地融合到教育的每一个环节，达到信息技术和课程整合的更高目标。

（1）教育内容的改革

信息技术在教学中的应用，给传统教学内容结构带来了强大的冲击。首先，强调知识内在联系、基本理论、与实际问题相关的教学内容变得越来越重要，而那些大量脱离实际、简单的知识传授和技术培训的教学内容则成为一种冗余和障碍。其次，教学内容的表现形式也会发生很大变化，将由原来的以课本为主的文本性、线性结构形式的材料，变为多媒化、超媒体的形式，教材的多媒化，就是利用多媒体，尤其是超媒体技术，建立教学内容的结构化、动态化、形象化表示，使学生在学习某一内容时，可跳转到和该内容相关的任何知识点和资源。而这些资源的表现形式包含文字、图形、声音、动画、视频等多种媒体元素。最后，教育内容的发展趋势是：教材的难度增加，重视基本理论，强调知识内在的联系。应当依据高难度、高速度和理论化进行教材编写，在课程设计上重在学科结构合理，教学内容少而精，重点发展学生的认识、辨别能力。技能训练中强调实际工作能力的培养，减少学习与工作的不同点，使学生经过技能训练能够达到适应未来工作岗位的岗位需求的标准，有较好的解决实际问题的能力。教学大纲要着眼于能力，特别是思维能力、创造力的培养，而不仅仅是现成知识的传授和一般技术的培训。

（2）教学目标的改革

教育内容的逐步改革势必对现有的以知识为中心的教学目标产生强烈冲击，以能力为核心的教学目标将成为主体。这些能力一般包括：信息处理（获取、编辑、组织和评价）的技能；问题解决能力；创新思维能力；学习能力；合作与协作的能力。这些目标已经开始受到人们的重视，一些开拓者已经在实际教学中尝试上述目标的教学，如前两个阶段中提到的一些教学策略和模式，但是，这些尝试几乎都是小范围的、短时间的、自发组织的。随着信息技术和课程改革的不断深入，必将产生新的、强调帮助学生参与真实性任务和产生真实性项目的教学目标。

（3）教学组织架构的改革

教育内容和教学目标的改革会促使教学组织架构和形式发生相应的变革。教学目标强调以解决实际问题为学习的核心，这就要求教学必须打破课堂教学中听课的时间和空间限制，取而代之的是以项目和问题为单位，对学习的时间和空间进行重新设计和规划。在教学的组织形式上、活动安排的分组上，也要打破传统的按能力同质分组的方式，实行异质分组，从而使教学组织架构出现一个灵活、多样的全新形态。

8.2 信息技术与职教课程整合的模式

信息技术的介入，使职业教育的教学结构和组织形式多样化。目前，我国主要呈现以下方式。

8.2.1 集体授课的讲授型模式

集体授课的讲授型教学模式源自于传统的课堂教学，其特点是以教师为中心，教师讲，学生听，授课内容和学习进度由教师控制，这种能比较系统地传授新知识，是最经济的教学模式之一。在信息技术环境下的讲授型教学，主要包括计算机辅助课堂讲授教学和基于因特网的讲授教学两种。

1. 计算机辅助课堂“群体—讲授”型模式

计算机辅助课堂“群体—讲授”教学，其教学形式与传统教学基本相同，也是在同一时间内对整个班级群体进行同样内容的教学，只是将信息技术作为辅助教师教学的手段加以运用。在这种教学模式中教师通常是采用多媒体课件辅助其课堂教学，利用多媒体信息将图形、图画、动画、视频图像和声音等各种媒体信息元素表示的教学内容呈现出来，从而突破教学内容中的重点和难点，使学生获得生动形象的感性材料。在这种教学模式中，教师可以根据教学实际情况和学生的反馈信息，及时调整教学进度、强化教学重点，因而教师的导航和调控作用可以得到充分的发挥。

计算机辅助课堂“群体—讲授”型模式的主要内容为：备课时，教师分析教学内容，设计制作课件或从资源库里选择课件。在这个阶段教师要根据课程的需要，认真钻研教材，分析重点、难点，构思多媒体教学过程和教学信息的呈现形式，撰写脚本，修改完善，然后要找课件制作所需的各种素材，如图像、声音、动画等，利用多媒体制作软件完成课件的制作。课上教师利用课件创设情境，展示教学信息，引导学生接受教学信息、认真思考，最后教师进行总结。而学生则会进入教师创设的情境，从而对呈现的教学信息进行思考，进而习得知识，根据教师的总结巩固掌握的内容。

计算机辅助“群体—讲授”教学模式的主要优点为：集文字、图片、声音、图像的表达于一身，使课堂教学变得生动活泼；可以不受时间、空间、宏观、微观的限制，使教学内容变得具体形象，便于突破教学重点和难点；简单、易操作，能够快速、及时地呈现教学内容，提高了教学效率。

2. 基于因特网的讲授型模式

基于因特网的讲授型教学模式是指利用网络实现集体授课的教学模式，通常情况下可以根据教师和学生登录网络的时间，分为同步讲授型和异步讲授型两种情况。

同步讲授型教学模式指分布在不同地点的教师和学生在同一时间登录网络，进行网络教学。比较简单的网络同步讲授型教学中，除了教师和学生在空间上分离、要通因特网创设一个虚拟空间外，时间上是一致的，教师在讲的同时，学生在听，师生之间还可以进行简单交互，这基本上与传统班级授课教学模式一样。

异步讲授型教学模式指师生在时空上多处于分离状态。最简单的网络异步讲授型教学，只要利用 WWW 服务及电子邮件服务就可以满足基本要求。这种模式是由教师将教学要求、教学内容以及教学测评等教学材料发布到网上，学生通过浏览这些页面来进行学习。当学生遇到疑难问题时，不能与教师进行同步交流，可以通过 E-mail 在网上向教师或专家进行咨询，教师或专家再通过电子邮件或 BBS 对学生的疑难问题给予解答。

基于因特网的讲授型教学模式的主要优点在于，突破了传统课堂教学中学生人数及上课地点的限制，即世界各地的学生都可以参与学习，不必集中于同一地点。其主要缺点是缺乏在课堂上直接面对教师的氛围，学习情境的真实性不强；教师难以因人而异地进行因材施教。

8.2.2 小组协作学习型模式

小组协作学习教学模式是指在计算机网络的支持下，学生为达到共同的学习目标，突破地域和时间上的限制，进行同伴互教、小组讨论、小组练习等合作性学习活动。教师在整个学习过程中只起指导作用，负责安排教学计划，实施网上教学，批改学生作业，评价学生学习成绩等。此模式的核心就是以小组的形式去共同完成某一任务，学生与教师或者其他学生进行双向互动，从而实现个人和小组的最大进步与收获。如图 8-1 所示，对计算机支持小组协作学习模式进行了直观的表示。

小组协作学习的教学形式中讨论学习和协作学习是比较常见的两种形式。

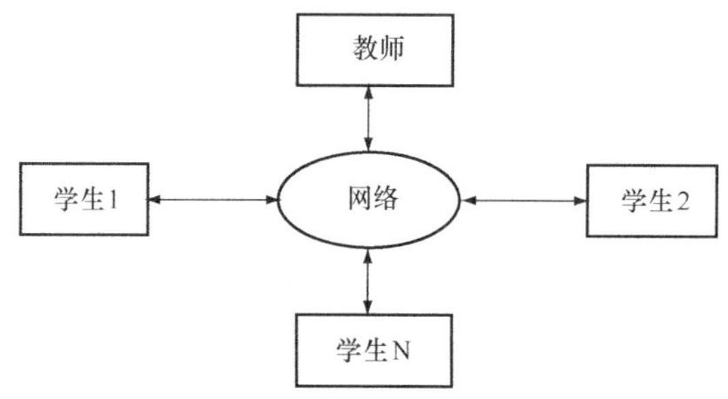

图 8-1 计算机支持小组协作学习模式

1. 讨论学习模式

信息技术环境下的讨论学习途径多种多样，方式非常灵活，内容也极其广泛。其中最简单常用易操作的就是基于 BBS 或 CHAT 的网上讨论学习。一般情况下，讨论都是由教师有计划地布置讨论问题，学生在各自的讨论组中进行讨论，在整个讨论过程中教师要不断地对学生进行引导和鼓励，帮助他们建立正确的认识，引导学生沿着正确的路线学习，并对学生的学习情况进行总结评价。讨论学习模式中，又可以分成在线讨论和异步讨论。在线讨论，也就是教师和学生同时在网上，教师参与控制整个讨论过程；异步讨论指教师和学生在不同的时间上网进行指导和参与讨论，在异步讨论中教师有一个特别重要的任务就是控制讨论时间，要确保学习讨论在规定的时间内完成。图 8-2 所示为讨论型教学模式示意图。

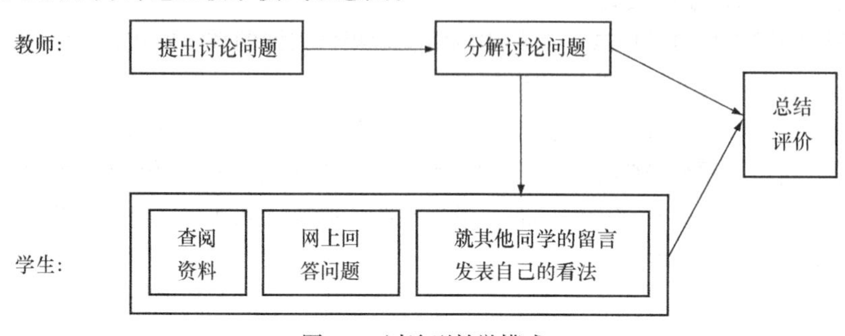

图 8-2 讨论型教学模式

2. 协作学习模式

协作学习（Collaborative Learning）是一种通过小组或团队的形式组织学生进行学习的策略。基于因特网的协作学习模式主要包括竞争、辩论、问题解决、伙伴、角色扮演等。

（1）竞争。竞争模式是指两个或更多的协作者参与学习过程，并有辅导教师参加。辅导教师根据学习目标与学习内容，对学习任务进行分解，由不同的学习者“单独”完成，看谁完成得最快最好。由辅导教师和其他学习者对学习者的任务完成情况进行评论。所有参与学习的协作者任务完成后，就标志着总任务的完成。

竞争性模式有利于激发学生的学习积极性与主动性，但易造成因竞争而导致协作困难的结果。因此，要特别对学习者强调竞争是建立在协作基础上的，他们的关系不仅是竞争，更是一个项目的共同完成者。

（2）辩论。协作者之间围绕给定主题，首先确定自己的观点，在规定的时间内借助各种手段如虚拟图书馆、互联网等查询支持资料，为自己的观点寻找论据。辅导教师根据辩论双方各自的主题选出正方与反方，然后展开辩论。辩论中各方在阐述自己观点的同时要对对方的观点进行反驳，当然也可以不确定论点的正反方而直接进行辩论。最终由辅导教师或者中立的学习者进行裁决，确定获胜的一方。

（3）问题解决。首先应该做的事情就是确定问题。问题的种类多种多样，其来源也不相同。应该根据学生所学学科与其兴趣确定，同时考虑学生的实际能力。问题解决过程中可以采取多种方式，如竞争、合作、辩论等，并借助互联网、数字图书馆等资源查阅资料，为问题解决提供材料与依据。最终学习者的成果可以是报告、展示作品或论文等形式。问题解决是协作学习的一种综合性学习模式，它对于培养学生的各种高级认知活动和问题解决与处理能力具有明显的作用，因此其对应的学习者应该具有较好的分析问题、解决问题的能力与素质，并且能够在海量信息中快速找到有用资料。

（4）伙伴。伙伴指协作者之间为了完成某项学习任务而结成的伙伴关系。伙伴之间可以对共同关心的问题展开讨论与协商，并从对方那里获得问题解决的思路与灵感。学习伙伴可以是其他学习者，也可以是计算机，他们可以为某个问题的解决产生争论，从而加深对问题的分析与理解，促进问题的解决。

（5）角色扮演。该种模式是让不同学生分别扮演指导者和学习者的角色，由学习者解答问题，指导者对学习者的解答进行判别和分析。当学习者在问题的解答中有疑问或者不能解答时，指导者要对其进行辅导，使学习者理解问题。他们的角色关系可以进行互换，通过这样的过程增强学习者对问题的多方面理解，并对问题产生新的认识，增加他们的学习兴趣和学习积极性。

8.3 信息技术与职教课程整合的案例

8.3.1 案例一 中职《家电维修》课程

本案例将三维交互模式应用于中职电工专业教学实践，受实验学校教学条件的限制，教学媒体只局限于交互式电子白板、电子笔，教学资源是 PPT。

教学知识点：自动保温式电饭锅工作原理。

设计思想：提出问题 ⟶ 分析问题⟶ 解决问题 ⟶应用拓展。

提出问题阶段：应用情境导入，教师将一个开关有故障的电饭锅展示给学生，并请两个学生分别感受故障；教师在交互式电子白板上投影电饭锅的示意图，在图上相应标注，提出问题。

分析问题阶段：学生讨论故障，学生与交互式电子白板实现操作交互，学生在解决故障的实践中学习各组成部件，从而理解电饭锅的工作原理。

解决问题阶段：综合故障的排除，理论教学与实践教学一体化。教师应用交互式电子白板展示综合训练题，学生在交互式电子白板上答题，实现操作交互。

应用拓展阶段：学生运用交互式电子白板的拖拽功能完成虚拟实训，理解常见故障的产生原因。

8.3.2 案例二 中职《计算机组装与维护》课程

教学过程如表 8-2 所示。

表 8-2 计算机组装与维护——主板

<table>
<tr><th>教学环节</th><th colspan="2">教师活动</th><th>学生活动</th><th>白板功能的应用</th><th>设计意图</th></tr>
<tr><td rowspan="2">创设情境，导入任务</td><td colspan="2">情境：购机选购配件
（1）发起讨论：选购配件首要考虑哪个部件？或者说，一台计算机的性能是否充分发挥主要由哪个部件决定？（引出主板的重要性）
给与提示、启发：从资源库调出“科学家霍金”图片进行类比</td><td>以组为单位讨论，每组派一名代表回答
在启发下思考、得出问题的答案</td><td>书写
资源库
批注</td><td>利用电子白板开展小组讨论</td></tr>
<tr><td colspan="2">（2）提出学习任务。
从资源库调出主板实物图，讲明学习任务：要求掌握主板的组成部件功能特点及各部件间的关系，能正确指认主板各部件</td><td>明确学习任务</td><td>资源库</td><td>增强直观性，创设情境，激发学生学习兴趣</td></tr>
<tr><td rowspan="3">任务相关内容讲练</td><td colspan="2">（1）讲解主板的概念</td><td>理解、记录</td><td>批注</td><td></td></tr>
<tr><td rowspan="2">（2）讲解主板的组成</td><td>① 以北桥为中心的高速设备区的各部件讲解
在主板实物图上用智能笔勾画、标注
降低实物图透明度，抽象出原理图，讲解
组织练习</td><td>观察、理解 、记录、回答问题
两人一组练习，在主板实物图上勾画标注，绘制原理图</td><td>资源库
荧光笔
智能笔
降低图片透明度</td><td>师生互动：从实物图中抽象出原理图，直观、易于理解
师生、生生互动：学生通过在主板图上直接标画，巩固和加深了对原理图的记忆和理解</td></tr>
<tr><td>② 以南桥为中心的低速设备区的各部件讲解
在主板实物图上用智能笔勾画、标注
降低实物图透明度，抽象出原理图，讲解
组织练习</td><td>理解、记录、回答问题、提出问题
两人一组练习，主板部件拖动练习</td><td>遮幕
放大镜
荧光笔
智能笔
降低图片透明度
图片拖动、旋转</td><td>师生互动：从实物图中抽象出原理图，直观、易于理解
师生、生生互动：学生合作完成以原理图为基础的模拟安装练习。学生在拖动练习中，可以多次尝试体验，有利于形成专业技能</td></tr>
</table>

续表

教学环节	教师活动		学生活动	白板功能的应用	设计意图
任务相关内容讲练	(2)讲解主板的组成	③ 主板部件间关系 举例：根据“个字符从键盘输入到显示器上显示”过程理解部件间关系 组织讨论 启发提示 播放 Flash 课件动画辅助理解	学生小组讨论，派代表到白板上指图阐述	播放动画 批注	利用电子白板开展探究式教学，辅以动画课件的直观教学，通过实例帮助学生轻松、深刻理解主板各部件的关系
	(3)介绍各部件的基本安装顺序，播放主板安装视频		观看录像，记忆	视频播放 批注	让学生感受真实操作过程，为实训做准备
任务模拟练习	(1)部件快速识别基础练习（使用教学举例用主板实物图） (2)部件快速识别延展练习（使用资源库中另一个主流型号主板实物图）		每组派代表参赛	探照灯	使用探照灯引入竞争，增强趣味性 锻炼实际操作能力，帮助巩固新知识
任务总结	回放教学资源、总结		学生参与到小结中，和教师形成互动	页面保存、回放功能	师生互动：回顾所学知识，巩固并加强记忆和理解
任务扩展作业	结合本课教学内容思考：购机时为什么尽量不选集成显卡？				课堂教学延伸，联系生活实际，培养学生分析问题能力

纵观整个教学过程，教学整体思路如下：引入课堂──►学习任务的提出──►技术理论知识传授──►技术实践知识的构建──►学习任务总结──►学习任务扩展，基本符合“中职知识结构交互图”，而多维交互有效地促使了知识结构交互的实现。

8.3.3　案例三　中职《Flash 软件动画制作》课程

1. 教学分析

(1)教学内容分析

《Flash 软件动画制作》是中等职业院校普遍开设的一门应用型的课程，学生比较感兴趣。遮罩动画知识点是《Flash 软件动画制作》课程中重要的内容，学生对于这一高级动画的原理和制作较难理解和掌握。遮罩动画是在学习了逐帧动画和补间动画制作的基础上要学习的知识点，其原理与制作对于没有实践经验的初学者来说理解起来比较抽象，学生即使在课堂上按照教师讲解的操作步骤能够完成简单的操作，但由于理解不够透彻，大部分学生对教师布置的项目任务，在制作的过程中会遇到很多问题，很难完成任务要求。

(2)教学目标分析

在知识层面上能够理解遮罩动画原理、制作要点；在操作层面上熟练掌握遮罩动画制作的步骤；在应用层面上能够制作出遮罩动画效果的电子相册。

（3）学习者分析

中职院校的学生缺乏学习主动性和自律性，对于软件类课程的学习比较感兴趣。具有基本的计算机操作基础，能够使用常用的软件工具和网络交流工具。由于在很多课程的学习中都采用了项目化的教学，学生对这种教学方式比较熟悉和适应。

2. 教学流程设计

吸取翻转课堂教学应用成功经验，本节课的教学流程设计主要包括课前、课中和课后三个环节，分别实现知识传递、知识内化和知识补救，具体如表 8-3 所示。

3. 案例评析

（1）课前

课前预习是有效教学不可或缺的环节，但传统的预习仅是提前看看课本、做做习题的浅层预习，知识传递主要通过课堂教授实现。在对遮罩动画知识点的教学中，教师也曾试图让学生课前上网查阅资料和通过教材来预习，但效果的确不高。在实施翻转课堂教学模式时，针对学生的具体情况，教师在课前精心地录制了 10 分钟的遮罩动画知识点的视频教程，分发给学生进行学习，学生根据自身情况来安排和控制学习进度，视频的节奏也自己掌控，懂了的快进跳过，没懂的倒退反复观看，也可以停下来仔细思考或做笔记，把遇到的问题罗列出来，通过网络交流工具向教师和同学求助，或拿到课堂上进行解决。通过课前的视频教程学习，学生对遮罩动画的原理和操作步骤有了一定的理解和掌握，达到了课前的深度学习，实现了知识传递。

表 8-3　　教学流程设计

<table>
<tr><th>环节</th><th colspan="2">教师活动</th><th>学生活动</th></tr>
<tr><td>课前
知识传递</td><td colspan="2">录制两段教学视频，时长分别是 4 分钟和 6 分钟。4 分钟的视频主要讲述遮罩动画的原理，画面内容先是拿出一张纸，遮盖在一幅照片上，用剪刀把纸中间挖开一个洞，然后让洞逐渐变大。画面配有教师对演示过程的陈述和对遮罩动画的原理和制作要点的详细讲解
6 分钟的视频主要是利用屏幕录制软件录制 Flash 软件制作遮罩动画的详细步骤，教师一边讲解一边操作，在 Flash 软件中新建文件后导入照片，在照片图层的上面新建一个图层，在新建的图层上制作一个圆从小变大的补间动画效果，然后将新建的图层设置为遮罩层，测试动画的效果</td><td>利用 U 盘、移动硬盘、手机等移动存储设备或通过电子邮件、QQ 等网络交流工具获取教师录制的视频及其他教学资源。在课前完成视频内容的学习，按照视频操作步骤，制作遮罩动画，并随时记录学习中遇到的问题</td></tr>
<tr><td rowspan="3">课中
知识内化</td><td>提出课题项目</td><td>（1）讲解学生在课前预习中遇到的共性问题
（2）布置项目任务：制作遮罩动画效果的电子相册要求使用各种遮罩动画的形式呈现照片，照片大小、颜色调整合适，添加适当的文字和背景音乐
（3）案例引导：播放遮罩动画效果制作的优秀电子相册
（4）抛出问题:如何制作电子相册?</td><td>观摩优秀案例，讨论回答教师的提问</td></tr>
<tr><td>分组完成</td><td>（1）将学生进行分组，3 人组成一个制作小组
（2）教师巡视查看各组学生的制作过程，随时了解学生的学习进展，指正容易出错的操作，实时点评好作品，对大多数学生的共性问题，教师给予广播式的指导
（3）在大屏幕上循环播放优秀电子相册案例</td><td>带着电子相册制作的任务，参考教师展示的优秀电子相册案例，运用课前通过观看视频资源已掌握的遮罩动画制作步骤等知识，完成遮罩动画效果电子相册的制作</td></tr>
<tr><td>成果评价</td><td>组织各组展示汇报作品，并让学生对作品进行自评和学生间相互评价，最后教师进行总结性评价</td><td>每组派代表展示汇报作品，学生欣赏作品并进行评价</td></tr>
</table>

续表

环节	教师活动	学生活动
课后 知识补救	（1）收集和整理学生作品 （2）对学生在制作电子相册中遇到的问题进行总结及对每组作品撰写点评。将这些课堂动态生成的资源分享给学生	（1）完善并提交作品 （2）根据需要，继续学习教师课前提供的教学视频和课后分享的资源

（2）课中

在极其有限的课堂教学中，要想通过一节课实现项目化的教学显然是不现实的。教师在课堂上既要讲述遮罩动画的原理和操作步骤，又要完成电子相册制作的项目任务，时间很紧。未完成的项目只能安排在课后，教师难以监控项目的进展，学生遇到问题得不到及时的解决。

在翻转课堂的教学模式中，课前经过深度预习之后，学生对遮罩动画的原理和操作步骤有了一定的理解和掌握，在课堂上教师以项目引领、任务驱动、小组合作，创设的自主学习环境让每一位学生都参与到项目的制作中。在项目进展中遇到问题，组内协作解决或咨询教师。教师巡视各组的学习进展，对有问题的小组和学生及时给予指导。这种教学模式优化了中职课堂结构，在学生主动建构知识的过程中，将课堂上的互动引向更高层次，让学生动起来、课堂活起来，实现知识的应用创新。

（3）课后

课后，教师将课堂中观察到的问题进行梳理，将这些课堂动态性生成的资源和学生的作品收集整理后分享给学生。这些内容能被长期保存，遇到问题可随时查阅。另外，因病或参加其他活动课堂缺席的学生利用这些资源进行补课。对于学习困难的在课堂上又不敢提问的学生，也可通过教师提供的资源进行补救性学习。知识的及时补救，让课前、课中、课后达成连贯一体，培优补差，优生吃“好”后进生吃“饱”。

4. 结论

翻转课堂对于传统课堂而言是一场颠覆性的变革，颠倒了传统的教学流程、教学理念、教学模式及教师和学生的角色，贯彻了建构主义的相关思想，也为信息技术在教学中的应用搭建了更广阔的平台。坐而言不如起而行，教师要树立课堂教学改革的信念，提升信息素养和技术素养，抓住翻转课堂的关键点，在课堂教学中积极实施翻转课堂的教学模式，提高学生的学习兴趣和成效。在职业教育领域热衷于项目化教学的浪潮中，翻转课堂因其独特的优势引发了职业教育界的思考，预想不久的将来就会有许多中职院校的教师在项目化教学中采用这种教学模式。

8.3.4　基于虚拟实验平台的职业技能训练

虚拟实验是基于虚拟现实技术的应用而发展起来的,其实现技术和研究方法还处在不断深化、不断发展的阶段。在信息技术与职教课程的整合过程中，虚拟现实技术正发挥着越来越重要的作用，特别是在职业教育虚拟装配与虚拟训练方面。

1. 虚拟实验的内涵

从实验的效果来看，虚拟实验是指在计算机系统中采用虚拟现实技术实现的各种虚拟实验环境，实验者可以像在真实的环境中一样完成各种预定的实验项目，所取得的学习或训练效果等价于甚至优于在真实环境中所取得的效果。

从基本组成形式来看，虚拟实验由实验所依赖的模拟程序、实验单元、工具和参考资料组成了一个创造和引导模拟实验的交互环境，即实验场所。用户可以通过增加新的物体、建立新的实验并把它们转化成超文本文件来扩充实验室。

从实现原理和工具来看，虚拟实验是以数学理论、相似原理、信息技术、系统技术及与其应用领域有关的专业技术为基础，以计算机和各种物理效应设备为工具，采用“面向对象”思想创建的能够实时操作的、非实在的实验空间，在此环境中，实验者可以像在真实的环境中一样完成各种预定的实验项目。

从远程协作的角度来看，1999 年 5 月，美国爱荷华州立大学举行的虚拟实验室专家会议上采用的定义是：虚拟实验是利用分布式信息通信技术构建一个电子平台，实现研究和创新活动的多方协作和远程实验。

2. 虚拟实验的角色定位

在传统的实验教学环境下，实验教学主要分为两条线进行，如图 8-3 所示，一条是以教师为主线，教师通过布置实验任务，然后对实验进行讲解，做相关的实验演示，在学生实验过程中进行指导，然后批改实验报告；另一条是由学生来完成的，主要是了解实验任务，听教师讲解实验、观察实验，然后自己按照教师的要求进行验证性的实验取得数据，完成实验报告。

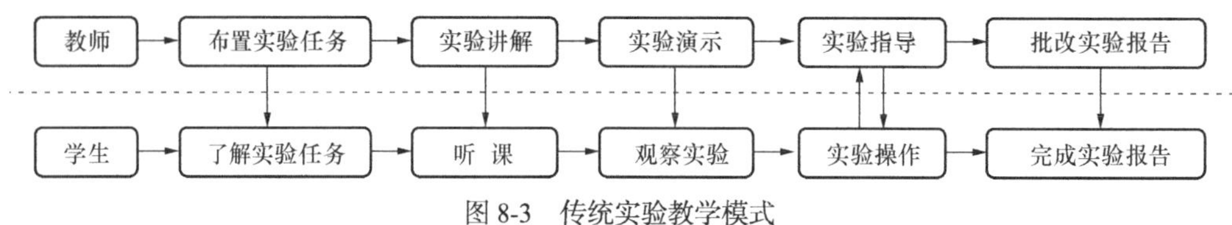

图 8-3 传统实验教学模式

这种实验教学的模式，学生只是按部就班地进行验证，学习行为是由教师决定的，不是自主地学习，这样的实验教学不能充分地培养学生的动手能力和创新能力，不利于知识的自主建构。

在虚拟实验教学环境下，克服了传统实验教学的缺点，学生学习行为由学习者自己决定，教学过程如图 8-4 所示。学生先选定实验项目，进入到虚拟实验室中，进行实验的预习，如果通过虚拟实验测试，才可以进入到真实实验室进行实验，然后完成实验报，准备考核。

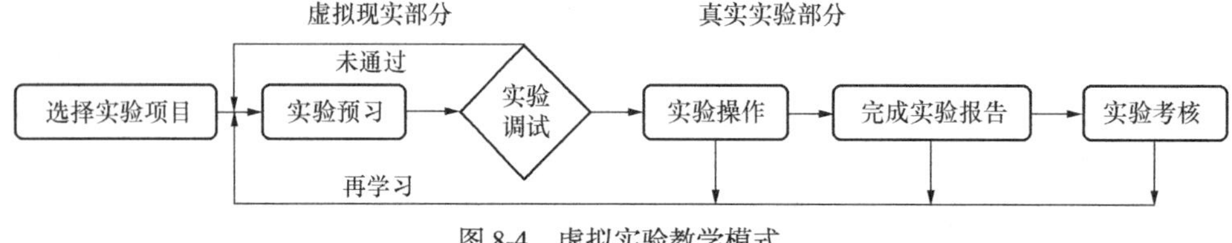

图 8-4 虚拟实验教学模式

在这种实验教学模式中，学生是学习的主体，完全是一个自学习的过程，教师起到的是主导作用，只要进行必要的组织、管理和辅导就可以了。虚拟实验教学不能完全代替真实实验教学，真实实验教学也不能完全代替虚拟实验教学，虚拟实验教学是以真实实验教学为基础的。

在这虚实两个部分中流动着的共同变量是实验技能，显然，实验技能在这两个部分中不是同一形态的，是一种虚与实的映射关系。虚是实的延伸，而实是虚的归宿。学生通过做虚拟实验所掌握的技能并不是实际实验技能本身，在虚拟实验训练中所积累的知识只有实现了向实际实验的正迁移才具有意义。

3. 虚拟实验的主要分类

（1）从访问途径分类

一类是本地虚拟实验系统，又称为单机版虚拟实验系统。此类虚拟实验在本地计算机上进行，不能通过远程计算机进行访问。另一类是远程虚拟实验系统。远程用户可以通过网络访问此实验系统。远程虚拟实验系统的运行对网络的依赖性很强，不同类型的实验对网络传输水平要求也是不同的，通常网络的传输速率是开发此类实验必须考虑的因素。

（2）从实验者交互程度分类

一类是“演示型”虚拟实验系统。“演示型”虚拟实验系统的实验过程和实验参数已经固定，只对实验现象进行演示，此过程中实验者作为“观众”，只能观看实验现象。另一类是“操作型”虚拟实验系统。在操作型虚拟实验系统中，实验者可以亲自参与实验，选择实验器材，设计实验对象的参数，此过程中实验者是实验主导者。

（3）从实现手段上分类

一类是纯软件方式开发的虚拟实验系统。这类虚拟实验系统又有基于 2D 模拟的虚拟实验系统和基于 3D 模拟的虚拟实验系统；根据实现技术分，又有基于 Flash 交互技术的虚拟实验系统、基于 ActiveX 技术的虚拟实验系统、基于 VRML 技术的虚拟实验系统、基于 Java 技术的虚拟实验系统、基于仿真软件的虚拟实验系统等。另一类是远程控制网络虚拟实验系统。服务器端接受客户端的实验请求和实验参数，配置与之连接的实验仪器硬件设备。用户在客户端实现对真实实验仪器设备的远程控制，并可在实验结束后，查看服务器端返回的实验结果。

4. 职业教育应用虚拟实验的优势

职业教育强调理论学习与实践操作相结合，重点强化实践操作是职业教育的最大特点。对于实验教学，虚拟实验虽然不能完全取缔传统实验，但其灵活多样的表现形式，在解决中职实验教学开展过程存在的问题，促进实验教学的创新发展方面发挥着重要的作用。

（1）解决设备匮乏难题，提供大量实习机会

传统进行的现实实验，要购置大量计算机相关设备，如主机、服务器等，还要定期维护和维修。虚拟实验通过软件模拟各种不同的实验环境、实验仪器，可以大量节省用于购买昂贵实验设备的费用，大幅度节省实验室的建设和使用费用，缓解中职经费不足、设备匮乏的问题。

虚拟实验系统中可以任意进行不同的实验操作，为实验的开展提供了很大的方便。此外，基于网络技术构建的“虚拟实验室”，学生甚至可以进行讨论和提交实验报告等活动，突破时空的限制。

（2）提高实验过程中的可控性与安全性

在现实实验中，有一些实验是无法进行的，如对操作系统的安装，除了会造成学校实验的不方便外，还有些实验是现实条件中根本无法满足的，如对整个学校进行网络布线，而这些都可以通过虚拟实验，在设定的实验环境中进行。

在实验中往往会由于操作者的错误操作而带来危险，如造成主板烧坏、操作系统的安装冲突等，借助虚拟实验，完全可以消除这些问题，保障了实验设备、实验人员的安全性。

（3）整合实验与教学，实现一体化

现实实验中，由于教学与实验被分割在不同时间、不同的地点，导致学生不能很好地将理论应用在实验过程中，往往在实验的时候已经不记得如何实验。而虚拟实验除了能进行不同实验以外，还能满足实验各个不同环节的虚拟。如教师讲授环节、基础知识介绍方面、教学考核等方面，对教师和学生都能有很大帮助，充分体现实验教学一体化的需求。

（4）促进中职教师实验教学观念的变革

在中职教学中，理论授课教师与实验指导教师通常为一个教师，导致部分教师依然采用课堂中以自己为主体的填鸭式教学模式，置学生于被动的态势去学习。虚拟实验给对于传统教学模式已经厌倦的学生一个主动、自主、协作学习的机会，真正地体现出学生为主体的地位，间接地促进教师改变现有的教学模式，重新对整个实验教学过程进行思考与设计。

（5）提高中职学生的积极性，培养学生的创新意识和能力

实验设备的匮乏、教师满堂灌的教学模式、学生对实验的不熟悉等因素，使学生在进行实际实验时，或者没有设备在一边看其他同学做实验，或者对实验特别小心，不得不按照教师安排的步骤一步步地进行，学生依然被动地、机械地重复教师的演示，很明显不利于学生能力的提高以及创新意识的培养。

虚拟实验在实际实验之前进行，不仅有助于学生对实验内容有整体的认识，而且在学生为主体的地位下，给学生更多自主学习的机会，学生可以充分发挥自己的想象，设计自己的实验。当学生回到实际实验时，可以大胆进行实验，这种探究式的实验模式更有利于学生创新能力的提高。

5. 案例：数字图像处理虚拟训练

基于网络机房的中职广告设计专业“数字图像处理”职业技能训练

（1）学习目标

① 学生经过训练熟悉 Photoshop 软件的各种操作，并能熟练完成教材中的题目。

② 学生能够完成岗位技能综合训练环节，提高就业竞争力。

③ 在对平台资源库的不断维护中，培养学生的团队精神和责任感。

（2）教师角色。学习活动的组织者、指导者。

（3）学习活动

① 学生在职业技能训练平台中根据教材提供的题目进行学习，可以在自主学习和协作学习两种学习方式中进行选择。针对自主学习方式，平台提供在线指导、教师指导、理论知识、教学录像、实例参考、操作练习等训练形式；在协作学习方式中，学生可以通过多人合作进行知识的学习，包括相互竞赛和共同合作两种途径，同时提供聊天室、信息版面（发布信息的公告牌，内容可以是竞赛邀请、某种提议，或者自己的学习感受）、在线会议、电子邮件、群体邮件（所有学习者公用的电子邮箱）、同主题讨论等方式进行交流和互反馈。在职业技能训练的整个过程中，系统具备两种学习方式之间的跳转功能，允许学习者两种学习方式交叉进行。

② 维护资源库。资源库集中了学习者学习过程中最具参考价值的创作实例和经验总结。在职业技能训练的过程中和岗位技能综合训练中，学习者完成的出色作品可以上传到资源库，随时丰富参考资料，形成良性循环的资源库资源维护体系，由此培养学生的团队精神和责任感。

③ 岗位技能综合训练环节是更高层次的训练。内容是在需要使用 Photoshop 软件的职业中要面对的实际工作，通过此环节锻炼学生的职业能力，达到减短甚至消除岗前培训的目的，提高学习者的市场竞争力。

（4）教学过程

图 8-5 所示为课程学习的全部过程，由于在技能训练之前学生们已经学习了 Photoshop 软件的使用，这里就不涉及理论课的内容，学生直接进行技能训练。

在学生进入职业技能训练系统的时候，可以选择是否进行前测评估，这样能够明确学生的当前已有认知水平，帮助为接下来的学习确定有效的学习策略。导航信息呈现系统所提供的所有学习内容列表，导航信息本身是概括而全面的。当开始学习时学生就可以根据个人需求和学习风格自由选择学习方式，进行自主学习或者协作学习。其中，自主学习主要是为场独立型的学习者而准备，具体的训练形式有在线指导、教师指导、理论知识、教学录像、实例参考、操作练习；协作学习则是为场依存型的学生而准备，这些学生更希望多人合作进行知识的学习，包括相互竞赛和共同合作两种途径，学习过程中学生可以通过聊天室、信息版面、在线会议、电子邮件、群体邮件、同主题讨论等方式进行交流和互反馈。在职业技能训练的整个过程中，系统具备两种学习

方式之间的跳转功能，允许学生两种学习方式交叉进行。资源库集中了学生学习过程中最具参考价值的创作实例和经验总结。在职业技能训练的过程中和岗位技能综合训练中，学生完成的出色作品可以上传到资源库，随时丰富参考资料，形成良性循环的资源库资源维护体系。岗位技能综合训练内容是学习者将来职业中要面对的实际工作，通过此环节保证学习者的职业能力与市场需求无缝接合，减短甚至消除岗前培训，提高学习者的市场竞争力。查看过职业技能训练的反馈消息，学习者可以进行后测评估，初步检验学习效果。退出职业技能训练后，提倡学习者进行所学技能的实体操作练习，巩固学习成果，验证学习经验。整个过程中教师可以查看学生的训练情况，以便随时作出指导。

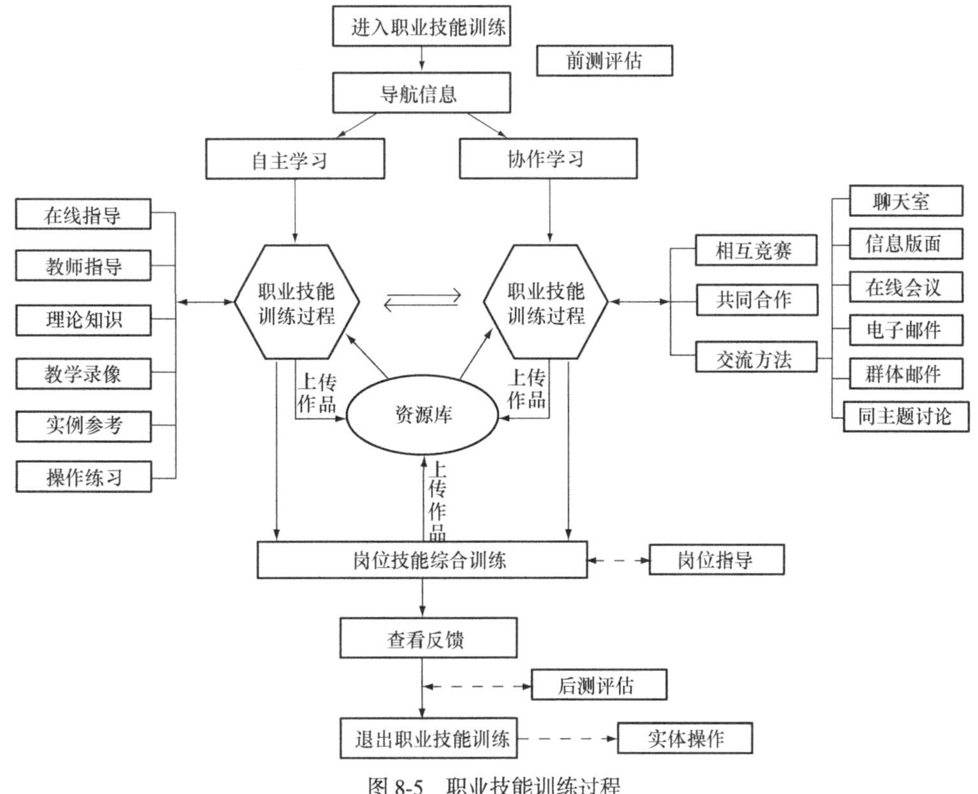

图 8-5 职业技能训练过程

（5）案例分析

本案例以职业技能虚拟训练平台为教学环境，在训练前进行了大量的平台开发工作，本案例具有如下特点。

① 学习方式的交叉。

信息技术的应用，有利于保证学生学习的主体地位；学习方式的交叉，提供了灵活自由的学习空间。学习者可以根据需要自由选择学习内容、学习方式、学习策略，一定程度上满足了不同学习风格的学生的学习需要，使学生的思维朝着多元化的方向发展，保证了思维的独立性，有利于创造性思维的培养。学习方式的交叉使学生的学习环境更加宽松、学习空间更加广阔，学生可以发挥思维的跳跃性和非线性，根据自己的实际情况确定学习步调和方式。

② 资源库的利用。

资源库中的资料和范例具有丰富性和实效性，为学生提供参考价值和专业水平较高的信息资料。资料库中的信息主要来源于生产实践、专业经典案例、学生的优秀作品等，保证了信息来源的多渠道性和内容的前沿性。边操练边选择优秀作品的资源库建设机制不但可以最大程度地激发学生的学习热情，还能够产生榜样力量，建立精益求精的学习氛围，有利于培养学生的团队精神和责任感。

③ 教学环境的建设。

教学环境建设的合理性、有效性是信息技术教学应用的基本保证，本案例着重运用了各种多媒体技术。多媒体不仅能够提供多重刺激，增强学习和记忆的效果，而且能与操作者进行互动，使学生和训练内容之间的相互作用以及师生之间的互动活泼起来，从而建立良好的授递环境，提高学生的学习效率。

练习与实践

一、练习题

1. 名词解释

（1）信息技术与职教课程整合　（2）翻转课　（3）虚拟实验

2. 简答题

（1）信息技术与职教课程整合的特点有哪些？

（2）信息技术与职教课程整合的意义是什么？

（3）信息技术与职教课程整合的基本模式有哪些？

3. 论述题

谈谈你对职业教育信息化的理解。

二、教学实践活动

1. 项目名称：职业教育×××专业×××课程信息化教学案例设计

2. 设计要求

（1）在自己所学专业所对应的中职或高职课程中选一个课例

（2）根据教学内容，选择合适的教学模式和教学媒体

3. 评价标准

信息化教学设计方案评价量表

评价项目	标准 1	标准 2	标准 3
选题（5 分）	优（4～5 分）	良（2～3 分）	一般（1 分）
	选题适于信息技术与课程的深层次整合，能激发学生的兴趣	所选课题比较能体现技术的优势，能激发学生的学习兴趣	所选课题不能体现技术的优势
课程概述（5 分）	优（4～5 分）	良（2～3 分）	一般（1 分）
	简洁、内容丰富，激发读者进一步阅读的兴趣	对课程进行概述	陈述不力，繁琐
教学目标（5 分）	优（4～5 分）	良（2～3 分）	一般（1 分）
	目标陈述明确，学习目标符合目标学习主题，学习目标针对不同的学习者	对学习目标进行了界定，一些目标符合学习主题，针对不同学习者有一些措施	学习目标不明确或与学习主题相关性不大，不能适应不同学习者的要求

续表

评价项目	标准 1	标准 2	标准 3
学习者特征分析（5分）	优（4~5分）	良（2~3分）	一般（~1分）
	详细列出学生的认知特征、起点水平和情感态度准备情况、信息技术技能等	列出部分学生的特征信息	信息或表不清楚或缺少许多
教学策略选择与活动设计（30分）	优（24~30分）	良（15~23分）	一般（1~14分）
	教学策略既能发挥教师主导作用又能体现学生主体地位，能够成功实现教学目标，符合学习者的特征，活动设计和策略一致，教学活动做到形式和内容的统一，活动要求表述清楚	教学策略既能发挥教师主导作用又能体现学生主体地位，能够较好实现教学目标，符合学习者的特征，活动要求表述清楚	不能很好地体现学生的主体，不能有效落实教学目标或多个目标不能落实，策略和活动不太一致，表述不清楚
资源、工具设计（10分）	优（8~10分）	良（5~7分）	一般（1~4分）
	资源能促进教学，发挥必需的作用，综合多种媒体的优势	技术运用效果较好，部分环节技术的优势并不明显	滥用技术，资源和工具的运用不恰当，不能发挥必需的作用
评价（10分）	优（8~10分）	良（5~7分）	一般（1~4分）
	有明确的评价标准，注重形成性评价，提供了评价工具	有比较明确的评价标准，比较注重形成性评价，提供了一些评价工具	评价标准不明确，只注重知识的考核，没有提供评价工具
创新性（10分）	优（8~10分）	良（5~7分）	一般（1~4分）
	教法上有创新，能激发学生的兴趣，既符合学生的年龄特征又有利于学生的学习以及高级思维能力的培养	教法有一定创新性，能激发学生兴趣，既比较符合学生年龄特征又有利于培养学生的能力	教法上一般，重在知识传授，很少关注学生高级思维能力和学习的培养
可实施性（10分）	优（4~5分）	良（2~3分）	一般（1分）
	方案简单可实施，对教学环境和技术的要求不高，可复制性较强	方案比较简单，对其他教师有参考性，但其他教师需要做一些修改才能实施	方案对环境和技术的要求较高，其他教师需要作较大的改动才能实施
规范性（10分）	优（8~10分）	良（5~7分）	一般（1~4分）
	规范，所有环节一致	比较规范，缺少一些设计过程，个别环节上有一些不一致的情况	格式比较随意，没有按照教学设计的流程设计，各环节各自独立，不能体现整体性

学习资源

- **参考书目**

[1] 张剑平，熊才平．信息技术与课程整合．杭州：浙江大学出版社，2007.

[2] 顾小清．信息技术与课程整合教程，上海：华东师范大学出版社，2008.

[3] Guiying Guo Qinglong Zhan Guangran Liu，Construction of a Training Model of Vocational

Skills in Information Technology Environment，Computer Network and Multimedia Technology，2009.12.

[4] 祝智庭．教育信息化：教育技术的新高地．中国电化教育，2001.

[5] 祝智庭．21 世纪的教育技术：走向教育信息化．中国电化教育，2002.

[6] 何克抗．e-learning 的本质——信息技术与学科课程的整合．电化教育研究，2002.

[7] 胜泉．信息技术与课程整合的目标与策略．人民教育，2002.

[8] 王琴，杜华，张舒予．信息技术与课程整合的三种模式．电化教育研究，2003.

[9] 余胜泉，何克抗．基于因特网的教学模式．中国电化教育，1998.

[10] 李克东．数字化学习——信息技术与课程整合的核心．电化教育研究，2001.

[11] 马宁，余胜泉．信息技术与课程整合的层次．中国电化教育，2002.

[12] 王晨，胡航．交互式电子白板在中职课堂教学中的应用．职业技术教育，2011,(5).

[13] 胡航，王超，庞明俊．交互：中职有效课堂教学的基础．职业教育研究，2013,(1).

[14] 王彩霞，刘光然．翻转课堂优化中职课堂教学探析．职教论坛，2013,(2).

[15] 何克抗，主编．信息技术与课程深层次整合理论．北京：北京师范大学出版社，2008.

[16] 陆宏，主编．信息技术与课程整合理念与实施．北京：首都师范大学出版社，2010.

- **相关网址**

[1] 研究型学习量规 http://www.learningspace.org/instruct/lplan/resrubric.html

[2] http://xdjyjs151.host.hstc.edu.cn/XDJYJS/net_course/moudle_4/images/6.doc